广州市人文社会科学重点研究基地资助

SHANGYE XIN BIANGE YU CHENGSHI SHANGYE KONGJIAN YANJIU

商业新变革与城市商业空间研究

张小英 著

·广州·

图书在版编目（CIP）数据

商业新变革与城市商业空间研究/张小英著．—广州：中山大学出版社，2021.10

ISBN 978－7－306－07254－2

Ⅰ.①商…　Ⅱ.①张…　Ⅲ.①城市商业—研究—广州　Ⅳ.①F727.651

中国版本图书馆 CIP 数据核字（2021）第 138442 号

出 版 人：王天琪
策划编辑：金继伟
责任编辑：金继伟　杨文泉
封面设计：曾　婷
责任校对：林　峥
责任技编：靳晓虹
出版发行：中山大学出版社
电　　话：编辑部 020－84110283，84113349，84111997，84110779，84110776
　　　　　发行部 020－84111998，84111981，84111160
地　　址：广州市新港西路 135 号
邮　　编：510275　　传　　真：020－84036565
网　　址：http://www.zsup.com.cn　E-mail：zdcbs@mail.sysu.edu.cn
印 刷 者：广州市友盛彩印有限公司
规　　格：787mm×1092mm　1/16　13.5 印张　242 千字
版次印次：2021 年 10 月第 1 版　2021 年 10 月第 1 次印刷
定　　价：48.00 元

如发现本书因印装质量影响阅读，请与出版社发行部联系调换

前　　言

随着新一轮科技革命的兴起，我国数字经济发展迅速，商业流通业迎来了新的变革。随着移动互联网、电子支付、大数据、云计算、人工智能等技术的普及推广，电子商务繁荣发展，新零售快速兴起，实体零售纷纷转型创新发展。电子商务作为新兴的商业业态，被誉为“商业业态的又一次革命”，对我国商业业态产生了深远的影响。当前，我国电子商务、新零售等商业新业态、新模式仍在发展中，可能面临诸多问题并呈现新的特征，对商贸流通业的影响巨大，需要学者们持续跟踪研究，不断丰富理论研究，为实践活动的开展提供理论支撑。国外商业业态发展较为成熟，电子商务发展较早，相关领域也积累了大量可以借鉴的研究成果。但是，与国外相比，我国商贸流通业在发展基础、政策引导、发展环境、消费者行为等方面存在诸多不同，商业业态的发展路径及商业模式、城市商业空间对商业业态的响应等都可能存在差异并影响其发展趋势。当前，我国电子商务交易规模虽然已位居全球首位，电子商务等的业态发展水平在部分领域已经超过其他国家，但可能面临一些前所未有的现实议题，需要我们关注研究。同时，互联网的普及及大数据的应用，为商贸流通及商业地理研究提供了新的数据来源和研究方法，有助于推动相关领域研究工作的创新。

正是在这样的时代及学术背景下，笔者从 2012 年开始就持续开展一系列相关课题研究，在几年持续跟踪研究的基础上形成本书。在数字经济快速发展的背景下，商贸流通领域发生了重大变革。本书以广州为研究地，通过消费者问卷调查、深度访谈及大数据挖掘分析等研究方法，以供给侧结构性改革为主线，从供给端全面思考电子商务、实体零售、新零售、专业批发市场等商业的一系列转型创新发展，从需求端考察消费者行为方式的变化特征，分析供需对接是否匹配，进而考察城市商业空间结构对商业业态革新的空间响应及未来发展走向。本书共分为六章。

第一章：绪论。对本书的研究设计进行说明，包括研究背景与目的、研究意义、研究内容与研究方法等。通过梳理研究理论基础，介绍研究地商业发展的基本概况。

第二章：数字经济时代广州电子商务发展路径研究。通过探讨电子商务企业的商业模式与空间组织特征及对城市商业空间结构的影响，进而探讨不同“地方”“空间”在商品链中的角色与分工，从而在更大的空间尺度上探讨城市商业空间结构。

第三章：数字经济时代广州实体零售转型发展路径研究。在全国深化供给侧结构性改革、着力振兴实体经济的背景下，深入了解广州实体零售采取的转型举措；在结合国内外新形势及新技术变革的背景下，探讨广州实体零售未来的发展路径，提出加快实体零售创新发展的对策建议。

第四章：数字经济时代广州新零售发展路径研究。以新“零售之轮”理论为分析框架，对盒马鲜生、超级物种等典型案例进行实证研究，探讨新零售的概念内涵、产生动因、商业模式；结合新兴技术发展趋势、零售业态竞争态势，进一步关注新零售未来的发展趋势，提出加快发展新零售的对策建议。

第五章：数字经济时代广州专业批发市场转型发展路径研究。在数字经济背景下，信息传播方式、渠道、效率都发生了质的变化，信息流成为带动资金流、物流、人流集散的关键性因素。本章以广州为例，分析当前广州专业批发市场面临的发展形势，在归纳总结国内专业批发市场转型升级路径选择及具体做法的基础上，结合广州专业批发市场的发展困境，提出专业批发市场转型升级的发展思路及其未来发展的对策建议。

第六章：数字经济时代广州城市商业空间结构演变特征研究。以商业网点POI① 大数据为基础，利用核密度估计法、GIS② 空间属性表达法等研究方法，探讨广州市商业空间分布特征、不同商业业态空间分布演变特征，结合广州中长期城市发展目标，提出广州商业创新发展及商业空间优化的建议。

笔者希望通过本书与更多学者同行探讨相关主题，共同进步。同时，由于笔者能力有限，成稿时间紧，书中仍有不少不成熟和有待完善之处，部分观点也有待进一步推敲，部分内容有待进一步通过实证研究。总之，不妥之处，敬请同行前辈和读者批评指正，以便笔者今后进一步研究和完善，继续为商贸流通业发展和商业地理学研究添砖加瓦。

---

① Point of Interest，兴趣点。在地理信息系统中，一个POI可以是一栋房子、一个商铺等。

② Geographic Information System，地理信息系统。它是在计算机软、硬件系统支持下，对整个或部分地球表层空间中的有关地理分布数据进行采集、储存、管理、运算、分析、显示和描述的技术系统。

目　录

第一章 绪论

第一节　研究背景与目的

一、研究背景

消费作为现代社会的一大主题，是人们生活最重要的组成部分，并在人们的生活中占据着越来越重要的位置。党的十九大报告明确提出“完善促进消费的体制机制，增强消费对经济发展的基础性作用”。党的十九届五中全会通过的《中共中央关于制定国民经济和社会发展第十四个五年规划和二〇三五年远景目标的建议》（以下简称《建议》）提出，加快构建以国内大循环为主体、国内国际双循环相互促进的新发展格局，并在“形成强大国内市场，构建新发展格局”内容中强调“全面促进消费”，“增强消费对经济发展的基础性作用，顺应消费升级趋势，提升传统消费，培育新型消费，适当增加公共消费”。近年来，消费对国民经济增长的贡献越来越大。2019 年，我国社会消费品零售总额 41.2 万亿元，同比增长 8%，连续 6 年成为经济增长第一拉动力，拉动国内生产总值增长 3.5 个百分点。近年来，网络零售保持着快速增长态势，市场规模不断扩大，成为拉动消费的重要力量。2019 年，全国网上零售额达 10.63 万亿元，同比增长 16.5%，其市场规模连续 7 年位居全球第一。其中，实物商品网上零售额为 8.5 万亿元，是 2012 年的 6.3 倍，实物商品网上零售额占社会消费品零售总额的比重从 2012 年的 6.3% 增长到 20.6%，比 2018 年同期增长 19.5%，高于社会消费品零售总额增速 11.5 个百分点，实物商品网上零售对社会消费品零售总额增长的贡献率为 45.6%。C2C（Customer to Customer）、B2C（Business to Consumer）、O2O（Online to Offline）[①]、直播电商、社群电商、拼购团购等新消费者模式蓬勃发展。其中，B2C 市场份额持续领先，B2C 网络零售额占网络零售总额比重达 78%，同比增长 22.2%，高于

① C2C：Consumer to Consumer（消费者对消费者）的缩写，主要是指个人与个人之间的网上交易。B2C：Business to Consumer（商家对客户）的缩写，简称为“商对客”，指企业通过互联网为消费者提供一个新型的购物环境，如网上商店，直接面向消费者销售产品和服务。O2O 即 Online to Offline，是指将线下的商务机会与互联网结合，让互联网成为线下交易的前台，这个概念最早来源于美国。

网络零售整体增速 5.7 个百分点。近年来，直播电商、社群电商增速明显，2019 年社交电商交易额同比增长超过 60%，明显高于全国网络零售整体增速；直播电商通过“内容种草”激发用户感性消费，进而提升购买转化率和用户体验，“直播带货”已成为 2019 年电商平台和商家的标配模式，有力地拉动了消费增长。

在数字经济蓬勃发展、消费转型升级、电子商务快速发展等新特征交织融合的背景下，国内外实体商业面临着巨大挑战和发展的不确定性。美国梅西百货、西尔斯百货、诺德斯特龙等国际知名百货集团销售均表现不佳，门店数量也在不断削减。2018 年 10 月 15 日，美国西尔斯百货申请破产保护，西尔斯百货在 2018 年关闭 142 家亏损门店。在“关店潮”的影响下，2018 年美国百货商店的销售额下降了 1.3%。根据普华永道会计师事务所调查报告显示，2018 年上半年，英国已有超过 2700 家零售商店宣布倒闭，平均每天达到 14 家；排在英国前 500 名的商业街有 2692 家商店关闭，新开业商家仅有 1569 家，商业街企业数量减少了 1123 家。造成零售企业数量减少的原因主要是电子商务市场崛起带来的压力。国内实体零售发展也面临诸多困境。根据联商网发布数据显示，2016 年，我国百货、购物中心及大型超市业态中有 46 家公司共关闭 185 家门店，其中百货及购物中心业态关闭 56 家门店。根据赢商网统计，2018 年，我国十大超市零售企业关闭了门店 44 家，重庆百盛万州店、广州广百太阳新天地店、沈阳新世界百货中华路店、苏州大洋百货、深圳天虹君尚百货中心店、厦门巴黎春天百货嘉禾店、贵阳国晨百货大西门店、重庆王府井百货解放碑店等一批百货门店关闭。当前，实体零售面临的挑战及转型发展也引起中央的高度关注。2016 年 11 月，国务院办公厅发布《关于推动实体零售创新转型的意见》（简称《意见》），对实体零售企业加快结构调整、创新发展方式、实现跨界融合、不断提升商品和服务的供给能力及效率做出部署，并要求各地区、各部门加强组织领导和统筹协调，加快研究制定具体实施方案和配套措施，明确责任主体、时间表和路线图，加快推进实体零售转型创新发展。零售企业也积极采取转型措施，包括探索线上线下融合、尝试利用消费者大数据进行分析和精准营销、调整业态配比等一系列转型措施。

近年来，随着电子商务流量增速的放缓，阿里巴巴、京东、腾讯等互联网巨头纷纷布局线下实体零售，苏宁、永辉等实体零售企业也纷纷推出新零售业态。2016 年，阿里推出了生鲜超市新模式——盒马鲜生。目前，盒马鲜生已在上海、宁波、北京、深圳、贵阳、杭州、苏州、广州等城市布局。2018 年 1

月，京东的首家线下生鲜超市 7FRESH 在北京开业，陆续在国内城市设置门店。永辉超市则推出了生鲜超市——超级物种，目前已在北京、南京、上海、深圳、成都等地开了几十家门店。2017 年 4 月，苏宁在徐州推出了全国首家“SU FRESH 苏鲜生”精品超市，截至 2019 年 10 月，全国门店已经达到 14 家。总而言之，全球尤其是中国商贸流通及商业业态正在发生巨大的变革。

二、研究目的

本书以广州为研究对象，通过大数据挖掘、空间分析法、问卷调查等研究方法，阐述在数字经济时代大背景下，新一代信息技术应用引起的商贸流通领域变革，对消费者行为、购物中心、专业批发市场等实体商业业态的影响及其转型发展进行思考，对未来商业发展及城市商业空间结构发展走向进行分析。基于数字经济时代背景下的商业业态发展趋势，判断城市未来商业空间结构的形态与特征，为城市抓住数字经济发展契机、促进商业转型升级和实现高质量发展、巩固并提升城市在全球国际商贸城市体系中的地位提供参考与借鉴。

第二节　研究意义

一、理论意义

自改革开放以来，我国商业繁荣发展，商业业态更新演进，出现了百货商店、杂货店、超市、巨型超市、便利店、专卖店、购物中心、仓储式商场等满足不同消费者需求的商业业态，商业业态相互作用，共同影响着我国城市商业空间结构。进入 21 世纪之后，新一代信息技术发展催生了电子商务这一新的商业业态，电子商务在我国兴起并繁荣发展，对传统零售业态、消费者购物行为方式等产生了巨大影响，催生了新零售等商业新模式，也对商品流通业的批发环节产生了重要影响，重塑了“生产—批发—零售”供应链模式，进而影响了商业活动的空间载体。当前，中国商业发展正经历着史上前所未有的新变革，商业领域也进行着诸多的实践创新。商业新变革时代，商业实践创新将给商业理论创新提供广阔的空间。在商业新变革的影响下，城市商业空间结构如何响应值得商业地理学者的高度关注，新商业业态的空间选址逻辑及空间分布规律也对传统商业地理学理论提出了新的挑战，有待进一步验证。与此同时，大数据技术拓宽了商业地理研究的渠道，比如 POI 数据、智能手机数据、公交智能卡数据、签到数据、出租车轨迹数据等提供海量的日常出行与消费信息，为传统商业地理研究的深化提供了新的视角。

本书以广州为研究地，在分析数字经济时代电子商务、实体零售、新零售、专业批发市场的发展特征及时空演变规律的基础上，探讨城市商业业态动态发展对城市商业空间结构的影响。本书的研究思路是先从“商业活动”切入研究，再探讨“商业活动”影响下的“商业空间分布特征”，电子商务相关章节还引入了“商品链”的研究视角，将商品联系基于从生产端到消费端的角度进行分析，这种基于联结和关系视角的研究，对比以往将商业视为某一个产业或环节的认识，是一种重要的革新，在空间响应上突破了传统的地理尺度（如某个城市）。本书的研究思路为城市商业空间结构研究提供了新视角，将有利于进一步拓展商业地理研究领域，对开拓商业地理学的研究领域具有重要的理论意义。本书不但采用了问卷调查、深度访谈等商业地理学传统研究手段来获取研究数据，还尝试通过大数据工具收集、分析、处理 POI 等多元大数据，采用 ArcGIS、QGIS 等新技术、新方法，对城市商业业态空间进行空间属性表达和统计分析，为商业地理学研究方法创新提供尝试。

二、现实意义

从广州城市发展角度来看，“十四五”时期广州提出建设国际商贸中心和国际消费中心城市的战略目标，专业批发市场、电子商务、新零售、购物中心、超市等商业业态是广州商贸业发展的重要组成部分，对增强广州国际商贸中心竞争力影响重大。在商业新变革的背景下，新技术快速迭代创新，商业新业态、新模式层出不穷，城市在商贸流通体系中的地位发生急剧变化。那么，对于如何把握机遇，立足自身优势，实现商业发展新的突破，商业地理学提供了一个新的视角。本书聚焦探讨电子商务、新零售等新兴的商业业态的运营模式及选址特征，消费者购物行为方式的改变，传统实体零售、专业批发市场的转型升级路径，提出城市商业创新发展的对策建议，对地方政府引导电子商务、新零售发展，推动实体零售转型升级，城市商业中心区合理规划布局具有重要的参考作用，有利于促进城市商业实现高质量发展，对广州加快建设成为国际商贸中心和国际消费中心城市具有现实意义。

党的十九届五中全会通过的《中共中央关于制定国民经济和社会发展第十四个五年规划和二〇三五年远景目标的建议》提出，加快构建以国内大循环为主体、国内国际双循环相互促进的新发展格局，并在“形成强大国内市场，构建新发展格局”基础上明确提出，“依托强大国内市场，贯通生产、分配、流通、消费各环节，打破行业垄断和地方保护，形成国民经济良性循环。优化供给结构，改善供给质量，提升供给体系对国内需求的适配性。……破除妨碍生产要素市场化配置和商品服务流通的体制机制障碍，降低全社会交易成本”。从全国商贸流通体系建设角度来看，广州作为我国国际商贸中心，在全国商贸流通体系中地位突出，是我国商贸流通体系中的重要枢纽。截至2019年，广州商贸业总体规模已连续32年位居全国主要城市第三位，其批发业、零售业发展水平位居全国前列，其电子商务、新零售等新业态发展也走在全国前列。选取广州为研究对象，探讨商业新变革下消费者购物行为方式的特点、电子商务与实体商业的互动关系及城市商业空间结构的响应，具有较强的代表性和典型性，有利于顺应商业新变革发展趋势、优化商业供给结构、提升商业供给体系对国内消费者需求的适配性，对国内外其他城市立足自身优势、把握发展趋势、推动商业高质量发展也具有一定的借鉴与参考意义，对我国完善商贸流通业体系，加快构建以国内大循环为主体、国内国际双循环相互促进的新发展格局具有一定的参考价值。

第三节　研究内容与研究方法

一、研究主要内容

本书的研究内容主要由六大章节组成。其中，第一章为绪论：对本书的研究设计进行了说明，包括研究背景与目的、研究意义、研究内容和研究方法等；梳理商业业态演变的研究理论基础，介绍研究地商业发展的基本概况。第二章为数字经济时代广州电子商务发展路径研究：探讨电子商务企业的商业模式与空间组织特征及对城市商业空间结构的影响，进而探讨不同“地方”“空间”“城市”在商品链中的角色与分工，从而在更大的空间尺度上探讨城市商业空间结构。第三章为数字经济时代广州实体零售转型发展路径研究：在全国深化供给侧结构性改革、着力振兴实体经济的背景下，深入了解广州实体零售采取的转型举措，结合国内外新形势，探讨新技术变革背景下广州实体零售未来的发展路径，提出加快实体零售创新发展的对策建议。第四章为数字经济时代广州新零售发展路径研究：以新“零售之轮”理论为分析框架，对盒马鲜生、超级物种等典型案例进行实证研究，探讨新零售的概念内涵、产生动因、商业模式，结合新兴技术发展趋势、零售业态竞争态势，进一步关注新零售未来发展趋势，提出加快发展新零售的对策建议。第五章为数字经济时代广州专业批发市场转型发展路径研究。在数字经济时代背景下，信息传播方式、渠道、效率都发生质的变化，信息流成为带动资金流、物流、人流集散的关键性因素。本书以广州为例，分析当前专业批发市场面临的发展形势，归纳总结国内专业批发市场转型升级路径选择及具体做法，在此基础上，结合广州专业批发市场的发展困境，提出专业批发市场转型升级的发展思路及其未来发展的对策建议。第六章为数字经济时代广州城市商业空间结构演变特征研究：以商业网点 POI 大数据为基础，利用核密度估计法、GIS 空间属性表达法等研究方法，探讨广州市商业空间分布特征、不同商业业态空间分布演变特征，结合广州中长期城市发展目标，提出广州商业创新发展及商业空间优化的建议。

二、研究技术路线

数字经济的发展与普及应用，推动了整个商贸流通业的变革与发展。新兴商业业态——电子商务的繁荣发展，打破了零售业的竞争格局，推动着商贸流通业同行竞争者——实体零售店的转型升级，催生了新零售的创新发展，改变了商贸流通业终端环节——消费者的行为方式，进而使商贸流通业上游环节——专业批发市场的竞争格局发生了调整，导致商贸流通方式、渠道的变革，进而也改变了生产制造商的空间选址。

“城市商业空间结构”是城市商业发展在空间分布上的体现，商业空间是城市商业的载体。在研究城市商业发展的变化规律基础上，再探讨城市商业空间结构演变特征，才能研究透彻城市商业空间结构演变的规律所在。

“商业新变革”导致商业业态结构、空间布局发生了重大调整（是靠近生产地还是靠近市场），进而导致城市商业空间结构发生调整，整个国家的商贸流通体系发生调整，城市在国家整个商贸流通体系中的地位也随之发生调整，进而决定了城市未来在国家整个商贸流通体系中的角色地位与发展走势。在建立以上分析逻辑的基础上，为提升城市在国家整个商贸流通体系中的地位而出谋划策，使之更具逻辑性、科学性、前瞻性。本书正是基于此逻辑思路设计篇章结构，将微观的消费者、商业业态发展案例与宏观的城市商贸流通业发展、国家商贸流通体系串联起来，将传统的问卷调查与新兴的大数据分析研究方法相结合，从时空两个维度探讨城市商业空间结构的演变及城市在国家商贸流通体系中的地位变迁。在此基础上，提出巩固和提升城市商贸竞争力和地位的对策建议。

本研究技术路线如图 1－1 所示。

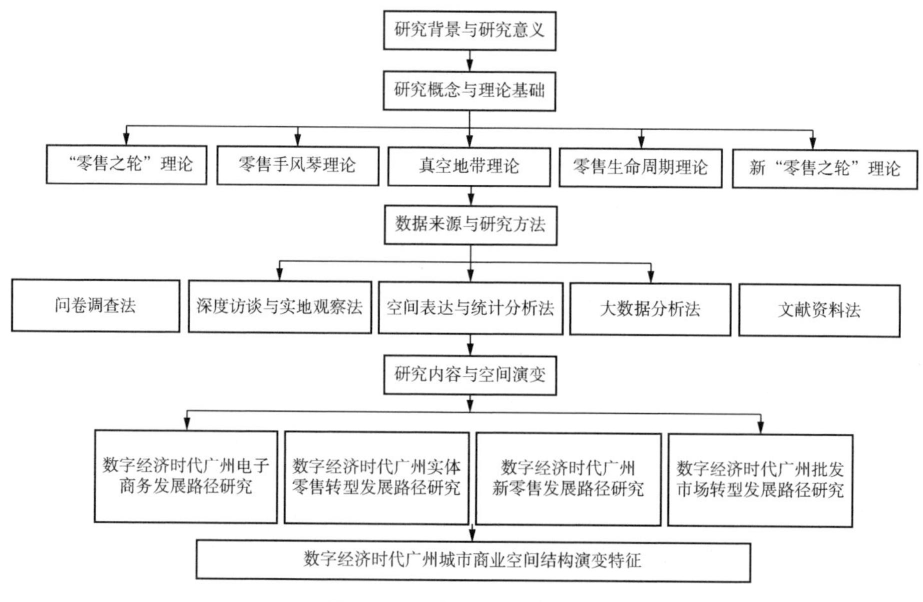

图 1－1　本研究技术路线

三、研究方法

（一）问卷调查法

本书主要采用实证分析的方法——问卷调查法，主要根据问卷设计的基本原则，将本书所关注的关键问题加以具体化，转化为可供消费者根据自己的切身体会进行选择的问题，作为本书分析的数据基础。

（二）深度访谈与实地观察法

本书采用访谈法对专业批发市场经营者、传统零售商、网购零售商、电子商务平台、运营商、消费者等有关人员进行访谈，访谈主要采用电话访谈、QQ 访谈、面对面访谈等方式进行，通过谈话录音、现场笔录、回忆整理等步骤形成调查资料。笔者还赴天河路商圈、北京路商圈、白云万达广场、沙河服装批发市场、火车站服装批发市场、广州仁洞淘宝村等地进行实地调研考察。

（三）空间表达与统计分析法

本书利用 ArcGIS 空间信息分析软件和 SPSS 数据分析软件进行空间属性表达和统计分析。主要空间分析方法有空间布局分析法、核密度分析法等，数理统计方法有描述性统计（descriptive statistics）、相关性检验（correlate test）等。

（四）大数据分析法

本书通过淘宝网、唯品会等电子商务平台获取大数据，并获取高德电子地图广州市域范围内商业网点 POI 大数据，建立 GIS 空间数据库，对采集的数据进行分类、聚类、汇总、合并、组合分级等多维度处理后再进行分析。

（五）文献资料法

本书主要通过网络进行文献资料的搜集，来源包括中国学术期刊网、中国优秀博士硕士学位论文全文数据库、超星数字图书馆、Elsevier Science 全文学术期刊网、谷歌/百度搜索引擎等。此外，笔者还登录政府、企业、专业批发市场网上交易平台等相关网站，有针对性地搜集一些专门信息。

四、研究创新之处

创新点一：从研究视角来看，长期以来，国内学者对城市商业业态及城市商业空间结构的研究多以中心地理论为基础，对商业网点的空间选址、商业中心区布局及商业空间结构等进行了大量实证研究。一些学者也开始从消费者行为的视角研究城市商业业态空间及城市商业空间结构。本书通过典型案例研究、问卷调查、深度访谈等方式，从城市商业业态发展和时空分布演变特征等视角进行动态研究，打破了商业地理学“静态”研究的局限性，有利于深化国内关于城市商业空间结构的研究。

创新点二：从研究方法来看，本书不但采用了问卷调查、深度访谈等商业地理学传统研究手段以获取研究数据，还采集了 POI 等大数据，采用 ArcGIS 新技术、新方法对城市商业业态空间进行了空间属性表达和统计分析。互联网技术的普及，大大提高了商业数据的可获取性、时效性，有利于突破商业地理学研究数据来源缺乏的局限。利用大数据开展商业空间分布研究的成果开始增多，而基于大数据的商业地理学研究尚处于起步发展阶段。本书尝试引入大数据技术、方法和工具来开展城市商业业态空间研究，将为商业地理学的研究方法创新提供新的探索。

创新点三：从研究思路来看，随着我国商业的快速发展，商业业态更新演进，商业业态遵循着“百货商店—杂货店—超市—巨型超市—便利店—专卖店—购物中心—仓储式商场—电子商业”的轨迹演进，间接影响了我国城市商业空间结构，传统静态、均衡的分析思路将显得越来越不合理，应注重从动态、综合的角度更好地把握城市商业空间布局的变化，探究城市商业空间结构演变规律。本书基于时空互动的研究思路探讨商业业态的时空演变规律及对城市商业空间结构的影响，将有利于进一步拓展商业地理学的研究领域。

创新点四：从研究对象来看，21 世纪初，电子商务在我国兴起并繁荣发展，被视为“商业业态的又一次革命”，它使企业突破了地理局限和空间距离束缚，直接与消费者在虚拟平台交易，不但影响了消费者购物行为、传统零售商和批发商销售行为，也重塑了商贸流通业的供应链模式，对传统城市商业空间结构的影响机制、发展过程及未来发展趋势都将产生重大意义。新型商业业态的出现对城市商业空间研究提出了新的课题。本书选取电子商务、新零售、专业批发市场等为重点，探讨电子商务及新零售的空间区位选择特征、城市实体商业网点时空演变特征及其对城市商业空间结构的影响等内容，试图揭示商业新变革背景下大都市商业空间的布局特征、时空演进及未来的发展趋势，有利于把握我国商业发展的前沿趋势，为构建双循环新发展格局提供实证研究支撑。

第四节　研究概念与理论基础

一、研究核心概念

（一）商业业态

《大英百科全书》对“商业”的定义是：“商业”一词源于拉丁语，意为在一定大尺度范围内，可以借助一定的交通工具，从一个地方到另一个地方的物品的买卖和交易，主要包括批发和零售两大类。

国外对零售商业业态的分类主要有以下几类：①百货店（department store）；②专业商店（category store）；③专卖店（specialty store）；④超级市场（supermarket）；⑤大型超市（hypermarket）；⑥便利店（convenience store）；⑦折扣商店（discount store）；⑧仓储式商店（warehouse store）；⑨购物中心（shopping center）；⑩家居改建中心（home improvement center）；⑪单一价商店（single price store）；⑫剩余品商店（outlet）；⑬杂货店（variety shop）；⑭邮寄（目录）商店（catalog retailing）；⑮访问（直接）销售（direct selling）；⑯自动售货机（vending machines）；⑰网上商店（internet store）。

2004年，国家质量监督检验检疫总局、国家标准化管理委员会联合颁布新的国家标准《零售业态分类》（GB/T 18106—2004）（国标委标批函〔2004〕102号）[①]，该标准于2004年10月1日起开始实施。《零售业态分类》新标准总体上将零售业态分为有店铺零售业态和无店铺零售业态；具体按照零售店铺的结构特点，根据其经营方式、商品结构、服务功能，以及选址、商圈、规模、店堂设施、目标顾客和有无固定营业场所等因素将零售业分为食杂店、便利店、折扣店、超市、大型超市、仓储会员店、百货店、专业店、专卖店、家居建材店、购物中心、厂家直销中心、电视购物、邮购、网上商店、自

① 国家质量监督检验检疫总局、国家标准化管理委员会：《零售业态分类》（GB/T 18106—2004）（国标委标批函〔2004〕102号），见中华人民共和国商务部网（http://www.mofcom.gov.cn/aarticle/b/d/200408/20040800269666.htm）。

动售货亭、电话购物 17 种业态，并规定了相应的条件。此标准与 GB/T 8106—2000 的主要差异是增加了折扣店、无店铺销售等业态，并对购物中心的种类进行了细分。目前，无店铺销售在中国已越来越普遍，电子商务、电视购物等方式已被很多人接受。作为一种重要的销售渠道，“无店铺”的内容也被纳入此标准中。

（二）电子商务

国际标准化组织（ISO）将电子商务定义为“企业之间、企业与消费者之间信息内容与需求交换的一个通用术语”。我们一般认为，电子商务有广义和狭义两个维度。广义的电子商务（electronic business，EB）也可以称为电子商业，是指利用不同形式的网络技术手段和其他 IT 技术所进行的企业所有的业务活动；狭义的电子商务（electronic commerce，EC）是指运用以互联网为主的网络技术而进行的商务交易活动，又可以称为电子商务的交易模式。根据新标准《零售业态分类》（GB/T 18106—2004）（国标委标批函〔2004〕102 号），网上商店（shop on network）是指通过互联网络进行买卖活动的零售业态。网上商店是无店铺零售业态的一种，无店铺零售业态是不通过店铺销售，由厂家或商家直接将商品递送给消费者的零售业态。关于电子商务模式，国内外学者对其主要讨论有三种模式：B2B、B2C 和 C2C。网上零售产业主要是指 B2C 和 C2C 电子商业部分，B2B 则属于电子商务部分。本书所使用的“电子商务”的概念以狭义概念为准，与国家标准的网上商店概念相一致，即包括 B2C 和 C2C 两种模式。

（三）消费者行为

消费作为人类社会客观存在的经济现象，是人们在社会经济活动中对物质产品和劳务的消耗过程和行为。关于消费者行为的定义，国外学者有着不同的说法，定义的侧重点也各不相同。代表性的定义主要有以下几种。Engel 于 1986 年将消费者行为界定为“消费者为获取、使用、处置产品所采取的各种行动及与这种行动有关的决策过程”。劳登（Loudon）和比塔（Bitta）在其合著的《消费者行为：概念和应用》（英文第二版，1984 年）一书中把消费者行为定义为“人们从事评定、获得、使用和处理产品服务的决策过程和身体活动”。维亚斯（Vyas）在其《消费者行为过程：构成和销售人员》（印度版，1983 年）中认为，消费者行为是人类行为的重要组成部分，“它的定义可以分为三方面，即人们①取得和使用产品与服务的活动；②在决定采取这些活动前的决策过程；③从这些活动过程中所取得的持续而有影响的经验。在这里，消费者行为学的研究者不仅要探索人们消费什么，而且还要探索人们在什么地方、是否经常及在什么情况下进行同样的消费”。西福曼（Schiffman）和卡乃克（Kanuk）在其合著的《消费者行为学》（英文第二版，1983 年）一书中，则认为消费者行为“即消费者在寻找、购买、使用、评定和处理希望满足其需要的产品、服务和思想时所表现出来的行为”，“研究消费者行为就是探索个人如何作出决策把自己可用的资源（金钱、时间、劳务）花费在与消费有关的项目上。这里包括人们买什么，为什么买，怎样买，什么时候买，在什么地方买以及是否经常买”。伍兹（Woods）在《消费者行为》（英文第三版，1981 年）中则认为：“狭义的消费者行为这个术语可以定义为人们在获得他们所用的东西时所进行的活动，如选购、比较、购买和使用产品及服务。”

（四）批发市场

自从 18 世纪批发商与零售商分离之后，批发业就一直承担着连接生产企业与零售企业的桥梁角色，在简化交易次数、扩大交易规模、加速交易过程、消除产销矛盾、提高交易效率方面起到了重要作用。目前，学者对“批发”一词的概念还未形成一致的认识，许多学者根据自己的研究角度和理解给出不同解释。例如，Anne T. Coughlan 等人的《营销渠道》一书将“批发”定义为向零售商、其他商人或工业、公共机构、商业用户进行商品销售的人或公司的活动；著名的营销专家菲利普·科特勒在《营销管理》一书中指出，批发是包括将商品或服务售予为了再售或企业使用而购买的人时所发生的一切活动。目前，学者对批发市场有两种不同的理解：第一种是场所论，即认为批发市场是商品经营者专门从事商品批零交易的场所，其批发的对象主要是企业、事业机构，而不是最终消费者；第二种是组织论，即认为批发市场是一种流通中介组织，这一中介组织专门为商品批量交易活动的双方提供服务。这两种解释从不同角度对同一个事物加以描述。一些现代化的批发市场往往具有商品集散功能、资源配置功能、价格形成功能、交易结算功能、信息中心功能、主题会展功能、综合服务功能等多项功能。

（五）城市商业空间结构

城市商业空间结构是城市商业活动中销售和消费因素相互作用的动态平衡

关系在商业业态及其等级、规模、组织等方面的空间体现。它有两重含义：一是内在的研究客体是销售和消费因素相互作用的动态平衡关系，具体来讲就是各种商业业态和细分市场在区位、规模、服务、形式和总量上相互决定过程中的协调和冲突关系；二是外在的表现形式是各种商业业态的规模等级空间网络结构，具体表现为不同等级商业中心在城市空间的分布。商业中心的服务半径和档次不同，级别也不同，低级商业中心的数量、吸引范围小，而高级商业中心的数量少，吸引范围大，从而构成了城市商业中心的等级体系。

二、零售组织演化规律理论

在国外零售学中，具有代表性的零售组织演化规律理论主要有“零售之轮”理论、零售手风琴理论、真空地带理论、零售生命周期理论、新“零售之轮”理论等。

（一）“零售之轮”理论

“零售之轮”理论是由哈佛大学商学院专家麦克奈尔（McNair）教授最早提出。他认为零售组织变革有一个周期性的、像一个旋转的车轮一样的发展趋势，新的零售组织都采用低成本、低毛利、低价格的经营政策。当它取得成功时，必然会引起他人效仿，激烈的竞争促使其不得不采取价格以外的竞争策略，诸如增加服务、改善店内环境等，这势必增加费用支出，使之转化为高成本、高价格、高毛利的零售组织。与此同时，又会有新的变革者凭借其以低成本、低毛利、低价格为特色的零售组织问世，于是轮子又重新转动起来。超级市场、折扣商店、仓储式商店都是循着这一规律发展起来的。该理论建立在四个基本前提上：①存在许多对价格敏感的购物者，他们愿意舍弃顾客服务、广泛的备选商品和方便的店址，追求较低的销售价格；②价格敏感性强的顾客的忠诚度通常为零，他们愿意转向售价更低的零售商；③新型零售商的运营成本通常比现有零售形式的运营成本更低；④零售商沿轮转攀升，通常能带来销售增长、目标市场扩大和商店形象的改变。

（二）零售手风琴理论

零售手风琴理论最早在1943年就被提出，布兰德（Brand）于1963年对其进行完善。1966年，赫兰德（Hollander）则将其命名为零售手风琴理论。

赫兰德借助手风琴在演奏过程中重复地张合这一现象来描述零售组织的演变，零售业态的商品线由宽变窄，再逐渐由窄变宽，就像拉手风琴一样，存在着交替现象，一方面向专业化发展，另一方面又从专业化向多元化方向发展。零售手风琴理论认为商品组合的变化比价格更能说明业态的演化。根据这一理论，美国等西方国家的零售业大致经历了五个时期：杂货店时期、专业店时期、百货店时期、超级市场/便利店时期、购物中心时期。

（三）真空地带理论

在麦克奈尔提出最初的假设后，阿里戈德（Agergaard）、奥尔森（Olsen）和阿尔帕斯（Allpass）提出，零售业的演进模型不是周期性的，而是一个螺旋上升的过程。螺旋运动理论认为，由于竞争压力而导致组织成本上升，或者由于竞争压力而强调组织的某种差异，会在两个等级的市场之间自动创造一种真空。真空地带理论（vacuum hypothesis）是由丹麦学者尼尔森（Nielsen）提出的，该理论根据消费者对零售商的服务、价格水平的不同偏好，解释新零售业态的产生。真空地带理论认为，零售业态只能提供低价格+低服务水平、中等价格+中等服务水平、高价格+高服务水平等组合中的某一种，并假定消费者希望的价格和服务水平的分布呈单峰形，而现存的零售业态只能满足消费者其中的部分需求，因而在零售市场上存在着一些空缺或真空地带，从两端加入的业态受业态内竞争的压力，被挤向消费者偏好分布的中心，两端部分则形成了“真空地带”。新进入者就以这个真空地带为自己的目标市场而进入零售业，从而产生了新的业态。

（四）零售生命周期理论

零售生命周期理论（retail life cycle hypothesis）于1976年由美国的戴韦森（Davidson）、伯茨（Bates）和巴斯（Bass）三人共同提出。该理论认为，如同产品生命周期一样，零售组织也有生命周期，也要经历创新、发展、成熟、衰退的不同阶段。零售机构生命周期还具有循环性的规律，呈现周期性交叉循环。该理论以美国的零售业为研究对象，指出各种新型业态从导入期到成熟期的过程正在逐渐缩短，如综合化与专业化循环就反映了这个规律。

（五）新“零售之轮”理论

1996年，日本学者中西正雄（Maso Nakanisi）在《零售之圈真的在转吗》

一文中提出了新“零售之轮”观点。该理论认为，业态变化的原动力是技术革新，并引入了“技术边界线”的概念加以阐述。技术边界线是指任何时期，受到当地管理技术水平、信息技术水平及物流技术水平等因素的限制，零售服务水平与零售价格水平的组合都具有一个限度，即保证某一服务水平必要的最低零售价格水平线。技术边界线受收益递减规律的影响，呈现为一条向右上方延伸的曲线。在技术边界线上方是高价格、高服务水平的组合，下方是低价格、低服务水平的组合。越接近技术边界线进行价格和服务组合的企业，越具有竞争优势；位于技术边界线左侧的企业则在竞争中处于不利地位。位于同一技术边界线上的企业，无论是在新业态，还是在老业态，都具有相同的费用与利润结构。新业态如果要提高服务水平（或降低价格），也仍然是在这一曲线上移动。新业态如果想要成长为主业态，有意义的价格和服务组合也仅限于技术边界线上，最有效的做法是突破原有技术边界线的物流、信息流、管理等技术革新，使技术边界线向右平移，形成新的价格和服务组合，以赢得市场竞争优势。

这些零售组织演化规律理论能从某个角度解释西方发达国家零售组织演进的道路，但这些理论也有局限性，不能解释所有零售组织演变与发展的情况。例如，“零售之轮”理论不能解释便利店的出现；零售生命周期理论不能解释专业店的持续发展；零售手风琴理论认为影响零售组织演变的决定性因素即商品线的宽窄，只是零售组织结构演变的一种现象，而不是真正的原因；运用真空地带理论难以解释日本便利店及日、美两国无店铺零售业的发展。

三、城市商业空间结构研究理论

纵观国外商业地理学理论的发展历程，根据理论发展时期、研究方法等，可以将城市商业空间研究理论分成三大理论流派。不同理论流派因其独特的研究视角而持续焕发出学术生命力，在商业地理学发展历程中经久不衰、相互融合、共同发展。

（一）中心地理论

1933 年，德国经济地理学家克里斯塔勒（Christaller）出版了《德国南部的中心地原理》一书，提出了中心地理论（central place theory），系统阐述了中心地的数量、规模和分布模式，还提出了中心地（central place）、中心货物与服务（central goods and service）、中心性（centrality）或中心度、服务范围等概念。1940年，德国经济学家廖士（Losch）出版了《区位经济学》一书，得出了与克里斯塔勒学说相同的六边形区位模型，他更多地从企业区位理论出发，提出了自己的生产区位经济景观，即通常被称为廖士景观（Loschian landscape），为中心地理论筑牢理论基础。针对中心地理论存在的不足，不少学者从不同角度对此理论进行改良和发展。1958年，贝里（Berry）和加里森（Garrison）对中心地理论做出了进一步发展，增补了中心地理论的假设，提出了"边际等级货物"的概念。从19世纪50年代起，中心地理论引起了世界各国众多学者对其进行进一步修正发展和实证研究。中心地理论是现代商业空间理论的基础，为商业空间结构研究提供了理论分析框架。

（二）空间分析学派

第二次世界大战后，地理学界经历了"数量革命"，计算机技术的发展及复杂的计量方法在城市地理学中发挥了作用，而且计算机技术的发展也使建立复杂的数学模型成为可能，空间分析学派随之产生。1965年，美国芝加哥大学地理系教授贝里（Berry）应用数量地理的研究方法，对芝加哥大都会区商业形态区位分布进行实证研究，提出"都市区商业空间结构模型"。1981年，英国学者波特（Potter）引入多变量功能方程（multivariate functional ordination），运用统计分析和图示的方法，得出商业区功能性质和它们的区位、易达性、功能性质、形态、发展规模、发展时期，以及社会经济性质的密切关系。空间分析学派改变了商业空间的研究方法，由定性描述转入定量分析，通过大量假设简化问题，并运用统计学和数学分析方法分析和说明问题，寻求事物发展的规律性，促进了商业空间结构的科学化发展。但空间分析学派因过分追求技术和空间分析的抽象化，其逻辑系统与实际商业空间结构相差甚远。

（三）消费者行为学派

从20世纪50年代末开始，学者们逐渐认识到空间分析学派将人地关系物化、忽视人在塑造城市商业空间结构中作用的局限性，消费者行为对商业空间结构影响的重要性逐渐引起学者们的关注。行为学派强调个人决策过程，从消费者的需求出发分析空间形式，考虑消费者行为差异对商业空间组织的影响。1958年，贝里和加里森第一次将消费者行为纳入理论架构，首次对消费者前往最近的商业中心购物的假设提出挑战。美国学者赖斯顿（Rushton，1971）

最先从消费者行为观点出发，研究城市商业空间结构问题，提出行为空间模型。道斯（Dows，1970）提出商业设施认知结构的程序，从商业设施潜在顾客的角度出发来判断大量的有关属性、看法、倾向性、评估变量等因素的重要性。大卫（David，1972）提出了“购物中心层次性系统发展模型”，将消费者行为及其社会经济属性纳入购物中心的层次结构的形成和变化中。1982 年，英国学者波特完全从消费者的知觉和行为的角度来探讨零售区位的分布问题，提出信息场与利用场的区别。

消费者行为学派认为，商业空间层次结构不仅来自经济法则，还来自消费者行为及社会经济属性，这正是该理论流派最大的贡献。但是，大部分行为学派把商业空间看成一个封闭的空间体系，忽视了外在自上而下的发展动力影响，这成为消费者行为学派理论最大的局限。而英国威尔斯大学地理系的道生（Dawson）于 1980 年提出“零售地理的制度性研究架构”，将零售活动放在更宽广的领域中研究，将商业空间看成开放的系统，其发展受到诸多外在因素的影响。

四、城市商业空间选择研究理论

城市商业空间选择研究理论以区位选择和市场区分析为主。区位选择主要注重需求方和区位因素的研究，市场区分析则将消费者和经营者的需求相结合。

（一）商业区位选择理论

比较常用的商业区位选择的研究方法有经验法则（rules of thumb）、排序法（ranking）、权重分析法（ratio method）、回归分析法（regression models）和区位分配过程（lacation-allocation procedures）等。前三种方法以日常经验为基础，使用在研究中主观色彩较浓。回归分析法和区位分配过程是数学模型在市场区位研究中的应用，使市场区位选择理论向更理性、更科学的方向发展。

（二）市场区分析理论

市场区分析理论围绕城市商业区吸引范围开展研究，其主要的研究理论及方法有两大学派：一是行为学派，其代表性理论有赖利（Reily）提出的零售引力法则（law of retail gravitation）；康纳斯引出的城市断裂点公式；1964 年赫夫从概率论角度提出的计算商业零售范围的公式，即零售引力模式；赖斯顿提出的引力模型框架（gravity model type format）等。二是非行为学派，其代表性理论有拉克斯麦南（Laksmanan）和汉森（Hansen）于1965年提出的社会引力模型和威逊（Wilson）于1969年提出的熵基模式（entropy-based model）。琼斯（Jones）和西蒙斯（Simmons）将地理信息系统作为一种方法运用于市场区研究。

五、国内城市商业空间结构及商业空间选择研究进展

与国外相比，我国的商业地理学研究起步较晚。改革开放以后，商业地理学也随着商业的发展而发展起来。早期，我国的商业地理学研究受中心地理论的影响颇深。从20世纪80年代初开始，宁越敏、杨吾扬、闫小培等国内一批学者选取北京、上海、广州、兰州等城市为研究对象，对城市商业空间结构及等级体系、商业中心区布局等进行了实证研究。随着改革开放进程的加快推进，我国城市商业实现了快速发展，城市商业空间也呈现出新的特点和趋势，从而引起学者们的持续关注。刘念雄对北京大型商业设施边缘化的趋势进行了探讨，认为由于城区人口外迁、购买力转移，市中心区的商业设施趋于饱和，市中心区用地和基础设施受到限制，边缘地带用地、交通及其他基础设施优势导致了大型商业设施的边缘化发展趋势。周尚意等研究认为，在北京市由向心集聚型向离心分散型过渡的阶段，城区大中型商场的重心移动与人口重心移动方向基本一致，但是时间上存在大约两年的滞后。这说明人口郊区化对大中型商场分布郊区化有正向带动作用。同时，大中型商场重心的偏移对人口的分布也有较大影响。张文忠等（2005）探讨了北京市商业布局的新特征和趋势，总结了不同业态的区位选择特征，提出商业空间发展呈现总体分散、局部集中，中心城区商业职能相对减弱，三环路和四环路周边地区商业发展潜力巨大等新趋势。宁越敏、杜霞等结合国内外商业发展新形势，以上海为例，对市区商业中心等级体系及其变迁进行了研究，探讨了各个等级商业中心的演变特征及机制，提出了上海商业结构新的发展趋势。许学强等（2003）富有创新性地利用GIS（地理信息系统）作为研究手段，研究了广州市大型零售商店的空间布局现状、影响因素和发展走向，并探讨了GIS在社会、人文领域应用的现状和前景。林耿等（2004）将产业、用地、交通、行为、历史、文化作为影响要素，系统分析了广州商业业态空间形成的机理，并对业态空间的效益进行

评价。齐晓迪（2006）以武汉为例，介绍了大型零售企业区位选择，分析了新的影响大型零售企业区位选择的因素，并提出了合理化区位选择的对策。李云辉等（2008）则对武汉市的商业设施空间布局的影响因素进行了分析。

随着新业态在中国的快速发展，一些学者开始关注大型购物中心对城市空间结构的影响。朱红等（2011）以长沙市为例，分析了大型购物中心对城市商业空间结构的影响机制。周慧（2011）也探讨了体验式购物中心与城市商业空间结构的互动关系。于伟等（2012）在采用虚拟变量对密度函数进行调整的基础上，借助扩展方法，引入时间变量，构建计量经济模型，测度北京零售业空间发展的变化与趋势，并利用GIS技术研究了以超市为代表的新型零售业的空间布局特征。研究显示，北京以超市为代表的新型零售业空间布局呈现大分散、小集聚的特征，没有表现出明显的等级性，集聚区域既包括近郊人口密集区，也包括远郊新城和城郊大型居住区。此外，于伟等（2012）还关注了在城市功能疏解背景下北京商业郊区化的新特点和趋势。

进入21世纪后，我国商业地理学研究除了继续关注城市商业区和网点布局外，越来越多的学者开始关注消费行为问题，试图通过消费行为解释商业业态实体空间的形成和演化机制，从消费者视角出发，研究城市商业空间结构，不再局限于基于物质空间的城市商业空间结构研究。一些学者以上海、北京、深圳、广州等城市为例，以问卷调查获取一手数据，探讨城市居民购物消费行为的时空特征及影响机制，选择从消费者行为视角出发，研究城市商业空间结构。在零售新业态发展的背景下，一些学者探讨了城市居民在大型超市购物、购物中心购物、网上购物的行为的时空间特征。

近年来，随着互联网技术的普及应用，一些学者开始关注互联网因素对传统商业空间的影响，探讨新商业模式下我国城市商业空间布局的演变方向。互联网技术的广泛应用与发展，也为城市商业空间布局研究方法创新提供了新机遇。越来越多学者开始尝试使用百度地图、高德地图等，从网上平台获取POI数据，开展商业空间布局相关研究，这可以有效克服传统商业空间数据采集难度大、时效性差等研究局限。一些学者开始运用POI数据开展城市商业中心识别及空间模式研究。POI数据也为城市商业空间布局研究及城市商业中心地等级体系研究提供了新思路，拓展了商业地理学传统的研究领域。一些学者则利用POI数据探讨城市人口、住宅、城市格局等因素与城市商业空间格局的关联性。一些学者开始深入研究不同商业业态、大型商业网点设施、餐饮、体验性商业、外卖商家等不同类型商业网点的空间分布特征及影响因素。一些学者开始利用不同时期的 POI 数据开展商业空间结构演变特征分析，使城市商业空间结构从“静态”研究向“动态”研究转变。总体而言，利用 POI 大数据进行商业空间布局研究已成为商业地理学定量研究的一种新方法，使研究广度和深度不断拓展。

综上所述，国内关于城市商业空间结构及商业业态空间的区位布局研究成果积累颇多，在研究视角、研究方法等方面不断地创新，结合城市发展新形势探讨城市商业空间结构的演变和趋势，奠定了我国商业地理学的理论研究基础。

第五节　研究地的选取及概况

一、广州经济社会发展概况

广州既是我国国家中心城市、广东省省会城市，也是珠江三角洲都市连绵区的中心城市。自改革开放以来，广州市一直保持稳定、快速、健康的发展，产业结构日趋合理，经济效益不断提高，经济和社会发展取得了举世瞩目的成就，具有很强的综合经济实力。统计数据表明，2019 年广州市地区生产总值达到 23628.60 亿元，人均地区生产总值达到 156427 元，按平均汇率折算为 22676 美元，进入高收入社会行列；第三产业增加值 16923.23 亿元，占地区生产总值比重 71.62 %；金融服务、信息服务、科技服务、商务服务等服务业加快发展，现代服务业增加值占服务业增加值比重达到 65.89%，服务经济主导地位越加明显。2019 年年末广州常住人口 1530.59 万人，城镇化率为 86.46%。

自改革开放以来，广州的商品经济迅速发展，全市社会消费品市场保持快速平稳运行的态势，市场规模大。2019 年，全年全市社会消费品零售总额达到 9551.57 亿元，商贸总体规模连续 32 年稳居全国各大城市第三位；批发和零售业商品销售总额达 71394.3 亿元，稳居全国第三位。批发和零售业增加值达到 3237.68 亿元，占全市地区生产总值的比重为 13.7%；商贸业一直是支柱性产业，批发零售业吸引就业人员 155.3 万人，占社会就业人员的 19.8%。

广州商都的历史源远流长，广州的商业基础深厚，实力雄厚，广州向来以

“人丰物阜，商业繁华”著称。自改革开放以来，广州的商都地位不断提高，与外界的贸易交流也愈加频繁，世界各地文化在此相互渗透，人们购物消费的模式发生了深刻变化，与欧美有了许多相似性。在20世纪90年代，各类商业业态在广州依次出现，从百货商店到专卖店再到购物中心，商业业态不断完善，商品类型也越来越广泛。目前，广州商业业态的种类囊括了百货商店、超市、便利店、专业店、专卖店、购物中心及电子商务等商业业态，种类多样且比较完整，与国际、国内大都市商业业态的演变及发展趋势保持一致性。因此，广州作为我国的大都市，其城市商业发展具有一定的代表性和典型性。

二、广州商业发展历程

“商因城建、城因商兴”，商业经济一直是广州经济的主流。2000多年来，广州一直处于珠江三角洲的中心枢纽位置，河网相连、三江交汇、八口入海，越秀、番山、禺山三山之脉自白云山蜿蜒而来。凭借其优越的地理区位，从汉代起广州就有了海上贸易。唐宋时期的海上丝绸之路（广州为其主港）通达波斯湾和东非等地。明清时期，广州更是成为全国唯一的对外贸易港口。作为古代海上丝绸之路的发源地，2000多年来，广州成为唯一没有关闭过的对外通商口岸。

自改革开放以来，凭借着良好的贸易基础，广州率先在商业领域进行一系列尝试和探索，并延续着商业的长期繁荣发展，广州的商业业态得到不断的丰富。广州的商业业态创新走在全国前列，如1981年开业的广州友谊商店，成为国内第一家自选超市；1993年，广州广客隆成为国内第一家货仓式商场；1993年开业的北京路佐丹奴成为国内第一家服装连锁专卖店；1996年开业的广州天河城成为国内第一家购物中心；2008年开创的唯品会成为国内B2C电子商务代表性企业。到2019年，广州地区生产总值达到23628.60亿元，实现社会消费品零售总额9551.57亿元，其规模连续32年稳居全国各大城市第三位（见图1-2）。综合广州市商业业态变化和社会消费品零售总额的增长情况，我们将改革开放以来广州市商业发展过程划分为四个阶段。

（一）1978—1992年：商业起步发展阶段

改革开放之初，为了探索改革开放的新路，党中央、国务院确定广东为全国改革开放综合实验区，广州作为改革开放综合试验区的中心城市、沿海开放

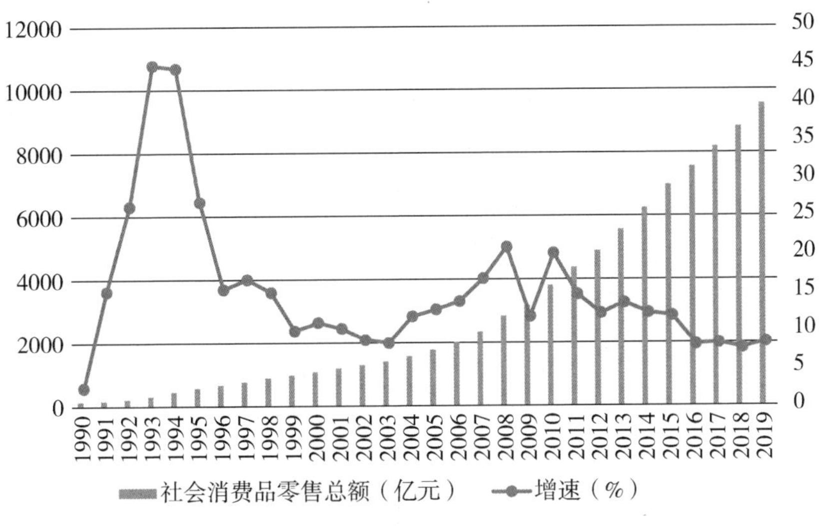

图1－2　1978—2019年广州市社会消费品零售总额

城市，担负起了改革开放先行一步的重任。为解决广大群众生活商品供应不足问题，广州商业领域首先吹响了改革开放的号角。广州市政府以流通为突破口，明确提出“打开城门，搞活流通”，欢迎各地商人来广州做生意，打破了计划经济时期的局面。在商贸流通方面，广州发展城乡集市贸易，兴办各种类型的行栏货栈，鼓励发展个体经济，全市商贸出现新兴繁荣的景象。1978年年底，广州第一家国营河鲜货栈成立，拉开了商业市场化改革的序幕。到1988年年底，全市已有货栈274个，各种经济联合体267个，农贸集市340个，17万多个体户。此外，广州逐步放开商品价格，发挥价格的市场调节作用，促进商品供给，逐步对蔬菜、鲜猪肉、水产品等主副食品放开经营。到1992年，所有主副食品价格和日用工业品的价格已全部放开。借鉴港澳等地商业发展经验，广州大力推动商业业态创新，在国内率先引入了超市的业态类型。1981年，广州开办了国内第一家自选商场——广州友谊商店。1987年，广州南方大厦开业的“24小时连锁便利店”也是国内第一家便利店。

1978—1992年，广州零售业刚刚起步，社会消费品零售总额呈现缓慢增长态势，社会消费品零售总额从1978年的17.63亿元增长到1992年的209.52亿元，城乡交易市场数量从1979年的141个增长到1992年的410个，成交额从1.27亿元增长到121.40亿元。该时期广州零售业的产业规模还较小，零售业的经营主体以本地国营企业为主。随着零售业所有制结构改革的推进，个体零售商开始发展起来，但外资零售企业还未进入广州商业领域。该时期零售业业态比较单一，百货店占据市场主体地位，以广百百货、友谊百货等国营企业为代表的大中型百货店成商业业态主流。这些百货店的经营面积总体规模不大、经营品种较多、商品档次较高，成为当时零售市场的高端消费场所。广州的城市商业中心区主要集中在越秀区，比较知名的商业中心有上下九商业街、北京路商业街、环市东商业中心区等。

（二）1992—2000 年：商业快速发展阶段

1992 年春天，邓小平同志视察南方并发表重要讲话，希望广东争取用 20 年时间赶上“亚洲四小龙”。20 世纪 90 年代中期，亚洲金融风暴使东南亚国家经济受到重创，给广州引进外资和外贸出口带来不利影响。在新形势下，广州提出要在“金融、科技、教育、信息、商贸、交通、文化、旅游等方面成为区域中心”。在此期间，广州继续大力引进和发展新兴商业业态，商业业态创新走在全国前列。

20 世纪 90 年代以来，广州以天河体育中心为核心，以商务办公、商业服务等功能为重点，引入了天河城、正佳广场等大型现代化购物中心，带动了区域性商业中心的快速崛起，在天河区逐步形成了多功能、复合化的商业和商务中心。在这一时期，广州初步从以北京路、上下九商业步行街为核心的单中心商业格局向多中心商业格局转变。

1992—2000 年，广州商贸业发展进入快速增长阶段。1999 年，社会消费品零售总额首次突破了 1000 亿元，是 1992 年的 4. 8 倍。2000 年，全年零售额超过亿元的大型零售商店达 29 家。

（三）2000—2012 年：商业质量提升阶段

迈进 21 世纪后，全球范围内区域经济一体化迅速发展，中国成功加入世界贸易组织，中国—东盟自由贸易区正式启动，中央政府与香港特别行政区共同签署了 CEPA（《内地与香港关于建立更紧密经贸关系的安排》），广州迎来对外开放新格局。2003 年，广东省委、省政府对广州提出了“围绕全面建设小康社会，加快率先实现社会主义现代化目标，以提高城市综合竞争力为核心，全力推进工业化、信息化、国际化，精心打造经济中心、文化名城、山水之都，进一步把广州建成带动全省、辐射华南、影响东南亚的现代大都市”的目标要求。2000 年以后，商贸物流、会展等服务业也逐渐成为广州经济发展的主导产业，广州作为服务业中心的地位得到不断强化。

广州继续引领着全国零售业态的创新发展，购物中心、超级市场、专营店、专卖店、便利店、折扣店、网上无店铺销售等商业业态竞相发展，形成了多渠道、多层次的市场销售格局。2001 年，广州以百货业为突破口，以产权改革为核心，推进国营商业战略性重组，将全市的百货整合为友谊和广百集团两大百货板块。一批国内外零售巨商纷纷抢滩广州，华润万家、百佳、好又多、家乐福、麦德龙、"7－11"、"OK" 便利、国美、苏宁等一批企业集聚广州发展。大型超市及连锁店快速扩张，促进了零售企业规模化、规范化发展，限额以上连锁总店从 2002 年的 50 家增长到 2012 年 149 家，连锁门店数量从 1134 家增长到 14859 家。

随着广州市"南拓北优、东进西联" 城市空间发展战略的逐步推进，广州市政府提出实施"四线三圈、两轴一带" 的商贸战略布局，形成了三圈层结构布局。广州在城市内圈层发展了一批都会级商业功能区，形成了以北京路步行街、上下九步行街、天河路商圈、环市东商圈、中华广场商圈等为代表的都会级商业中心，商业中心区的辐射影响力和现代化水平不断提升，广州大都市多中心的商业空间格局初步形成。2000—2012 年，广州全市社会消费品零售总额于2006 年突破2000 亿元，2008 年突破3000 亿元，2010 年突破4000 亿元，2012 年接近6000 亿元，达到5977.27 亿元。

（四）2012 年至今：商业转型创新发展阶段

2010 年，广州市委第九届第九次全会提出"把打造国际商贸中心和世界文化名城作为建设国家中心城市和全省'首善之区'的重要内容"，建设国际商贸中心成为城市发展的战略重点。2012 年，广州市委、市政府正式出台《关于建设国际商贸中心的实施意见》，标志着广州国际商贸中心建设进入实施阶段。2015 年，《广州市国民经济和社会发展第十三个五年规划纲要》进一步强调"三中心一体系"[①] 建设，重点建设"三大战略枢纽"[②]。2016 年 2 月，《国务院关于广州市城市总体规划的批复》将广州定位为"广东省省会、国家历史文化名城、我国重要的中心城市、国际商贸中心和综合交通枢纽"，从国家战略层面确立了广州国际商贸中心地位。党的十八大以来，广州市商业规模

① 三中心一体系：指国际航运中心、物流中心、贸易中心和现代金融服务体系。
② 三大战略枢纽：指国际航运枢纽、国际航空枢纽和国际科技创新枢纽。

持续扩大，社会消费品零售总额从 2012 年的 5977.27 亿元增长到 2019 年 9975.59 亿元，商业发展环境不断优化。自 2010 年起，《福布斯》5 次将广州评为“中国大陆最佳商业城市”第一名。

在这一时期，电子商务等新业态快速发展。广州电子商务等新业态发展走在全国前列，广州先后被评为“国家电子商务示范城市”“中国电子商务应用示范城市”“中国电子商务最具创新活力城市”，成功创建跨境贸易电子商务服务试点城市。2019 年，广州全市限额以上批发和零售业实物商品网上零售额为 1386.91 亿元，占社会消费品零售总额的 13.9%，同比增长 12.9%，拉动社会消费品零售总额增长 1.7 个百分点，增速高于全市社会消费品零售总额增速 5.1 个百分点。在网络购物的带动下，快递业快速发展，全市快递业务量连续 6 年保持全国第一，达 63.47 亿件，增长 25.3%。全市跨境电商进出口 385.90 亿元，同比增长 56.4%，占全市进出口的比重 3.86%，进出口额排名全国第二，其中出口 132.70 亿元，增长 171.7%，位居全国各大城市第三位；进口 253.20 亿元，增长 27.9%，进口额连续 5 年排名全国各大城市第一。电子商务企业的竞争力不断提升，阿里巴巴、慧聪网、京东商城、卓越亚马逊、苏宁易购等一批国内电子商务龙头企业在穗设立区域总部，唯品会等 10 多家龙头企业被认定为“国家电子商务示范企业”，广州华多网络科技有限公司等 30 多家企业被认定为“省级电子商务示范企业”。国家和省示范企业数量均居全省第一，被认定为“广州市电子商务示范企业”的有 50 多家。目前，广州已经形成了琶洲人工智能与数字经济试验区、广州云埔电子商务园区、广州荔湾区花地湾电子商务集聚区等一批电子商务集聚区。依托各区产业特色和比较优势；广州还形成了一批淘宝村，主要集中分布在白云、番禺、花都、增城等区。

为了吸引商场人流和抵抗因电商快速发展而带来的冲击，广州百货、购物中心等业态纷纷转型发展。如天河正佳广场投资 6.8 亿元打造全球首座室内空中极地海洋馆，发展以艺术氛围和国外商品为特色的买手制自有百货——HI 百货，并逐步开设演艺剧场、艺术馆等，加快从大型购物中心向超级体验中心转型；花城汇购物广场引进全国首个室内魔幻主题乐园——MAG 环球魔幻世界；5 号停机坪优化内部购物空间，开辟全新的中西餐饮食街，并在购物广场外开设一条酒吧街；太古汇、万菱汇、中环广场、凯德广场、K11 艺术购物中心、安华汇等一批新型购物中心相继开业，为广州零售业发展注入新的活力。

经过20多年发展，天河路商圈逐步发展成为都会级商业中心。天河路商圈集聚了太古汇、正佳广场、天河城、天环广场等23家大型购物中心，12家国际五星级酒店，300多个国际品牌，10000多个商家品牌。2017年，天河路商圈的商业面积达150万平方米，每天客流量超过150万人，节假日超过400万人，商圈的影响力和辐射力不断提高。珠江新城、白云新城、花都新华、番禺万博、萝岗万达广场等商业区逐步发展成为区域性商业中心，广州大都市多中心的商业空间格局更加明显。

第二章

数字经济时代广州电子商务发展路径研究

在我国电子商务快速发展的宏观背景下，本章以广州为研究对象，试图从商品链的角度，探讨电子商务企业空间组织及空间区位选择的特征，进而探讨不同规模城市在商品供应链中扮演的角色与分工，从城市群、区域等更大的空间尺度探索城市商业空间结构理论，试图揭示大都市商业业态空间的发展趋势，为商业地理学研究提供新视角，也对探究大都市电子商务发展的时空演变规律及未来发展趋势判断具有一定的实践意义。

第一节　研究思路与研究方法

一、研究背景及目的

商品交换、流通和消费一直是商业地理学的重要研究领域。近年来，消费和创新已经成为发达国家经济增长的主要驱动力。消费也对我国经济发展起到了推进性作用，消费城市日益繁荣，消费范畴不断拓展，消费层次不断提升，消费模式层出不穷，电子商务等消费新业态不断出现。为了应对消费新趋势与新问题，新商业地理学应运而生。新商业地理学认为，生产、交换、流通和消费是一个相互联系的整体，不应将他们分离开进行静态研究，应当将它们结合起来进行商品链或营销网络的综合研究。国外一些学者以苏格兰和英格兰交界地区 5 种不同零售类型为切入点，研究了不同零售类型的上游联系与当地投入供应商的关系的性质；另外一些学者则通过研究商品、消费者及其时空关系之间的联系推动了动态营销地理学的发展，以及通过对传统市场、虚拟市场（电子商务）等研究探索推动了市场生态学的发展。此外，商品流通的速度与效率的空间差异等问题也开始引起商业地理学者们的关注。新商业地理学研究试图以“异质、动态、开放”的新思维开辟新的研究领域，也努力克服传统商业区位及商业空间结构研究存在的“均质、静态、封闭”等的不足，深化对商品流通及市场网络系统的综合研究。

近年来，电子商务在国内外繁荣发展，被视为商业业态的又一次革命，其促使企业突破地理局限和空间距离束缚，直接与消费者在虚拟平台交易，不但影响了消费者购物行为、零售商销售行为，也重塑了零售业的供应链模式。国外对电子商务的相关研究已较多，研究的内容涉及电子商务对消费者行为的潜在影响、电子商务对零售业布局的影响、商品配送系统对电子商铺市场辐射范围的影响等。近年来，随着电子商务在我国的快速发展，电子商务研究也开始受到国内地理学者的关注。从目前的研究来看，国内地理学者对电子商铺区位研究处于起步阶段，电子商务或网络店铺的地理区位分布特征及影响因素等已成为商业地理学关注的重要问题。俞金国等（2010）以淘宝网为例，利用变异系数、标准差、电子商铺指数等多项指标分析我国淘宝网上电子商铺的空间分布特征。王贤文（2011）从空间计量经济学的角度，从省域和市域两个空间层次对中国的 C2C 电子商务发展及其演化机制进行实证研究。周章伟等（2011）通过对淘宝网 C2C 模式下网络店铺所在地的相关数据分析，以网民最常购买的八大商品所属行业为例，通过计算行业优势系数、基尼系数、集中度指数，分别分析不同区域内的行业分布模式和不同行业下的网络店铺集聚模式，揭示网络店铺区域分布特征。曾思敏等（2013）归纳总结了国外地理学者关于网上商店的区位问题及其空间扩散过程、网上零售对购物模式的组织和空间的影响、城市交通空间结构对网上零售的响应以及网上零售产业渗透对居住空间的影响四大方面的研究进展。曾思敏等（2013）还以我国淘宝网电子商铺为例，剖析网购交易完成的全过程中所涉及的服务空间、物质往来以及资金交付等，从微观角度对互联网下电子商铺的区位取向进行实证研究。钟海东等（2014）利用 ArcGIS 空间分析和空间统计功能，研究了中国 C2C 卖家的空间分布特征、空间发展趋势及其影响因素。一些学者对中国电子商务省域发展水平和空间分异进行研究。一些学者利用 GIS 空间分析和空间计量经济学的方法，研究了中国“淘宝村”的变化趋势、空间分布特征以及驱动因素。还有一些学者基于广州市居民网络购物行为调查问卷和电子地图兴趣点（POI）数据，探讨了个人社会经济属性、商品特征、空间环境及物流快递四类因素对居民网购频率的影响。

随着电子商务蓬勃发展，其对传统商业业态、消费者行为方式、城市商业空间结构的影响日益突出，关于电子商务对传统零售业、城市商业空间结构、消费者行为等方面的影响的相关研究也开始受到我国地理学者及相关业界的关注。汪明峰等（2010）通过对高校学生的购书行为调查，比较了网上购物对不同规模的传统书店产生的影响效应。一些学者通过消费者问卷调查与实地商家访谈，探讨了网上购物对实体零售的影响效应。汪明峰等（2011）通过对当当网的研究，初步探讨网上零售企业的空间组织及其影响因素。黄莹等（2012）利用 GIS 技术、SPSS 技术对在电子商务影响下的南京市经济型连锁酒店的空间扩张与组织进行实证研究。汪明峰等（2013）调查居住在城市不同区位的消费者的网上购物行为及其与传统购物出行之间的相互关系，分析网上购物对市区和郊区消费者行为的影响差异。邓清华等（2020）基于城市居民购物行为问卷调查数据，分析了网络购物影响下城市居民购买食品行为的一般特征和空间特征。一些学者在问卷调查基础上，分析南京市居民网络购物行为特征，并区分不同商品类型的居民网购行为特征差异；基于时空制约理论，利用问卷调查和活动日志数据，从时空制约的角度分析影响南京居民网购频率的因素。一些学者探讨网络在线消费对城市零售业和零售业空间所产生的影响与变化。

综上所述，近年来我国关于电子商务的地理区位特征、电子商务对消费者行为影响等方面研究日益增多，但目前的研究成果更多从全国、省域等宏观层面探讨电子商务的区位分布特征，从城市微观区域角度研究电子商务这一新兴业态的区位特征及形成机制的研究成果还不多，而从商品链及空间组织的角度进行动态研究的成果还较为少见。

在我国电子商务快速发展的宏观背景下，本章以广州为研究地，试图从商品链的角度，探讨电子商务这一新兴业态的不同商业模式的电子商务企业空间组织[①]及空间区位选择特征，进而探讨不同规模城市在商品供应链中扮演的角色与分工，从城市群、区域等更大的空间尺度探索城市商业空间结构理论，试图揭示大都市商业业态空间的发展趋势，为新商业地理学研究提供新视角，也对探究大都市电子商务发展的时空演变规律及未来发展趋势判断具有一定的实践指导意义。

二、数据来源及研究方法

本研究通过电子商务平台获取数据，有关统计数据来源以相关统计调查数

① 企业空间组织：空间组织研究是地理学的核心研究内容之一，企业空间组织的研究属于企业地理学或公司地理学的研究范畴。自 1960 年 McNee 提出企业地理（geography of the firm）的概念以来，地理学家着眼于企业空间行为，研究企业空间区位、企业空间结构、企业空间行为及其与区域之间的相互关系。随着企业内外部环境的变化，企业地理学的主体研究内容也在不断变化。综观研究内容，企业空间组织研究可归纳为两大类：一是关于单个企业内部空间组织的研究，如企业区位研究、企业组织战略研究、企业空间扩张研究等；二是关于多个企业之间空间联系的研究，包括产业区、地域生产综合体、增长极、产业集群等。

据及各个年份《广州市统计年鉴》为主。本章所采用的研究方法主要是利用ArcGIS空间信息分析软件和SPSS数据分析软件对采集来的数据进行空间属性表达和分类、聚类、汇总、合并、组合分级等多维度统计分析。

第二节　我国电子商务的兴起与发展

一、我国电子商务发展现状

我国电子商务正处于快速发展阶段，市场交易额规模保持持续快速增长的态势，我国已成为全球最大的网络零售市场。根据中国互联网络信息中心（CNNIC）发布的《第45次中国互联网络发展状况统计报告》[①] 显示，截至2020年3月，我国网民规模达到9.04亿人，是2006年的6.60倍，互联网普及率达到64.5%，比2006年增加了54个百分点（见图2-1）。我国手机网民规模达8.97亿人，网民中使用手机上网的比例为99.3%，我国网民人均每周上网时长达到30.8小时。

随着互联网普及率的提升，我国网络购物市场规模也快速壮大。根据统计显示，2019年，全国网上零售额达10.63万亿元，其中实物商品网上零售额达到8.52万亿元，占社会消费品零售总额的比重为20.7%。[②] 截至2020年3月，我国网络购物用户规模达7.10亿人，网民使用网络购物的比例为78.6%，比2006年提高了54.1个百分点（见图2-2）。“十三五”时期，在经历多年高速发展后，我国网络零售交易额增速放缓，网络消费市场逐步进入提质升级的发展阶段，电子商务已经成为我国零售业业态发展的重要组成部分。

当前，我国电子商务进入高质量发展阶段，市场交易额规模保持持续快速增长态势，电子商务已经成为我国零售业业态发展的重要组成部分，已成为居民消费的重要渠道。随着互联网技术的发展及电子商务商业模式的创新发展，我国电子商务发展呈现普及化、移动化、社交化、全球化及线上线下融合的发

① 受新冠肺炎疫情影响，本次《中国网络购物市场研究报告》电话调查截止时间为2020年3月15日，故数据截止时间调整为2020年3月。

② 数据来源：中国统计局。

图2-1　2006—2019年全国网民数及互联网普及率

图2-2　2006—2019年全国网购用户规模及网购渗透率

展趋势。依托珠三角雄厚的工业制造基础，广州门类齐全的批发市场体系，发达的现代物流业，良好的信息基础设施，居民互联网、移动互联网领域的应用优势，广州电子商务发展水平位居全国前列，涌现出一批电子商务代表企业，电子商务产业集群初步形成。因此，研究广州电子商务企业的空间组织及形成机理具有一定代表性。

二、我国电子商务发展趋势

(一) 普及化趋势

近年来，电子商务的应用开始向产业链上游延伸，向销售、批发、生产制造等环节不断渗透，B2C、B2B①、C2C、O2O 直播电商等商业模式不断发展演化，互联网逐步改变经济组织方式和重塑产业发展模式。以网络购物为例，网络购物群体的年龄跨度增大，向全民扩散，在网络经济发展环境下，消费主力逐步从线下实体消费向线上虚拟消费转移。据 CNNIC（中国互联网络信息中心）数据显示，截至 2020 年 3 月，我国网民以 20～29 岁、30～39 岁网民为主流，占比分别为 21.5%、20.8%，41～49 岁、50 岁及以上网民占比为 17.6% 和 16.9%，互联网持续向中高龄人群渗透，网络购物人群也向中高龄人群渗透。

(二) 移动化趋势

近年来，手机、平板电脑等移动终端产品不断涌现并更新换代，移动支付便捷化，为消费者使用移动设备进行网络购物提供了有利条件。移动网络购物发展迅速，引领了网络购物市场。根据 CNNIC 调查显示，手机网络购物用户规模达 7.07 亿人，占网络购物用户规模的 99.6%，占手机网民的 78.7%。

(三) 社交化趋势

随着互联网经济及分享经济的深入发展，越来越多消费者乐于在社交网上分享购物体验。同时，受到越来越多的社交网络分享体验的影响，社交电商依托社交媒体或互动网络媒体，通过分享、内容制作、分销等方式实现了快速发展，推动了网络购物向社交化趋势发展。近年来，社交电商增长势头迅猛，已经发展成为网络消费的新生力量。根据中国互联网协会《2019 中国社交电商行业发展报告》数据估算显示，2019 年，社交电商交易额同比增长超过 60%，明显高于网络零售的增长速度。

---

① B2B 即 Business to Business，指企业对企业透过电子商务的方式进行交易。

（四）体验化趋势

随着自媒体、直播全民化快速发展，网红、直播等形式推动网络购物向体验化、娱乐化、内容化方向发展。电商平台也加大内容领域投资，新的流量集聚有效促进了特定品类的交易转化。VR/AR（VR 指虚拟现实，AR 指增强现实）等技术在网络购物领域的推广应用也提升了购物体验，新技术推动了零售业态的创新变革。直播电商快速增长，成为网络消费的新增长点。根据 CNNIC 调查显示，截至 2020 年 2 月，直播电商用户规模达 2.65 亿人，占网购用户的 37.2%，占直播用户的 47.3%。

（五）全球化趋势

中国消费者对海外优质商品的旺盛需求，中国制造在海外市场的畅销，以及跨境支付体验的不断完善，推动着我国网络购物向全球化发展。近年来，随着国内各大电商平台设立跨境电商平台、跨境物流条件改善以及我国明确跨境电商“按照个人自用进境物品监管”性质、降低行邮税率及扩大跨境电子商务综合试验区，在这些利好因素的影响下，跨境电商实现快速增长。根据海关总署公布的数据显示，2019 年，通过海关跨境电商管理平台零售进出口商品总额达 1862.1 亿元，增长 38.3%。[①]

（六）线上线下融合

线下线上融合也成为未来电子商务的发展趋势。一方面，电商网站加快布局线下网络，既有京东、当当、卓越等专业电商互联网企业向线下纵深发展，另一方面，线下零售业态 O2O 升级，积极探索线上商业模式。苏宁、国美等传统线下商业连锁巨头在互联网电商领域进一步拓展。2017 年，阿里巴巴与上海百联、欧尚等零售企业开展战略合作；京东建立多个线下京东之家体验店和专卖店，反映出电商企业正在加速走向线下。团购网站、生活服务类网站不断涌现，线上线下互动融合的购物模式不断涌现，并带来业务模式、用户体验的新突破，互联网线上、线下的商业整合已成为商业零售领域的重要发展趋势。

---

① 资料来源：海关总署，http://www.scio，gov.cn/xwfbh/wqfbh/42414/index.htm，2020 年 1 月 14 日。

第三节　广州电子商务发展现状分析

在网络经济和电子商务快速发展的宏观背景下，广州明确提出了“智慧城市”和“网络商都”发展战略，出台了《广州关于加快电子商务发展的实施方案》等一系列支持政策，成立了广州电子商务行业协会，规划建设了几大电子商务产业集聚区，大力推进电子商务产业发展，电子商务的发展水平走在全国前列。2019 年，全市限额以上批发和零售业实物商品网上零售额为 1386.91 亿元，同比增长 12.9%，增速高于全市社会消费品零售总额增速 5.1 个百分点。全市跨境电商进出口额为 385.90 亿元，同比增长 56.4%，占全市进出口的比重 3.86%，进出口额全国排名第二，其中进口额连续 5 年排名全国各大城市排名榜第一。在网络购物的带动下，快递业快速发展，全市快递业务量连续 6 年保持全国第一，达 63.47 亿件。2019 年，“双十一”投递快递量排名前 10 城市榜单显示，广州日寄发快件量位居榜首，日投递快递量位居第三。目前，广州成为了“国内贸易流通体制改革综合试点城市”“国家电子商务示范城市”“国家移动电子商务试点示范城市”“跨境贸易电子商务服务试点城市”并获国务院批复为“跨境电子商务综合试验区”。从总体发展水平来看，广州电子商务发展水平位居全国前列。近年来，广州不但产生了唯品会、环球市场、晶东等一批国内知名的电商企业，而且还集聚了大量的中小网络零售商。据调研所知，珠三角雄厚的工业制造基础、广州门类齐全的批发市场体系，为网络零售商提供了丰富的货源，发达的现代物流业，良好的信息基础设施建设，居民互联网、移动互联网领域的应用优势，以及发达的行业信息资讯等优势都对广州电子商务发展起到重要的推动作用。

第四节　广州电子商务企业的案例分析

本部分重点以商品链为研究切入点，以唯品会、淘宝商铺等为案例，探讨电子商务这一新兴业态的商业模式特征，探讨 B2C、C2C 等不同电子商务企业的空间组织特征与形成机制，进一步探讨不同城市在商品供应链及环节中的功能及地位。

一、B2C 电子商务企业空间组织特征

（一）唯品会（B2C 模式）商业模式

唯品会的商业模式属于 B2C 模式，初创为“纯鼠标”电商企业。其供应链组织、销售方式、仓储管理、物流配送及售后服务组织模式如下（见图 2 - 3）。一是供应商。唯品会通过大批量采购、跨季度商品采购、计划外库存采购等多种合作模式与品牌方、代理商、品牌分支机构、国际品牌驻中国办事处等商品供应商合作，目前已拥有 13000 多个品牌合作商，对进口的商品需要供应商提供过关单据等进关文件，通过正规渠道采购商品。二是销售方式。唯品会通过公司专业拍摄或供应商提供的图片，将商品信息上传到唯品会网页（www. vip. com）进行限时特卖；消费者通过浏览网页，获取商品信息。唯品会通过买手团和消费大数据分析，在海量商品中根据消费者喜好、需求，匹配推介合适的产品，实现精准销售，实现了超过 70% 的客户复购率和超过 90% 的老客户贡献率。三是仓储管理。唯品会仓储管理采用“零库存”模式，特卖商品一周开售四期，每期推出 8 ～ 12 个品牌，限售时间一到，库存商品就从仓库撤走，腾出空位上架新单品。四是物流配送。唯品会采用“干线 + 落地配”的物流模式，消费者下订单后，商品由唯品会系统根据实际库存情况选择发货库房，从全国五大库区（华北、华东、华南、西南、华中五大物流中心）配送至目标城市，再选择当地的快递公司或自建配站点做“送货上门”的二次落地配送给消费者。2015 年年底，全国范围内唯品会正在使用的仓储面积约 160 万平方米，自建自营落地配站点有 1306 个，超过 86% 的订单由唯品会自有物流完成配送。2019 年 11 月，唯品会终止自营的品骏快递，将配套服务委托顺丰。五是售后服务。唯品会通过在线客服及电话客服为消费者提供服务，推出了 365 天客服热线，“7 × 15 小时微笑守候”，超过千名在线客服及电话客服为顾客解答疑问。唯品会有统一售后服务中心，消费者如果申请退换货，则将商品寄送到唯品会售后中心进行统一处理。

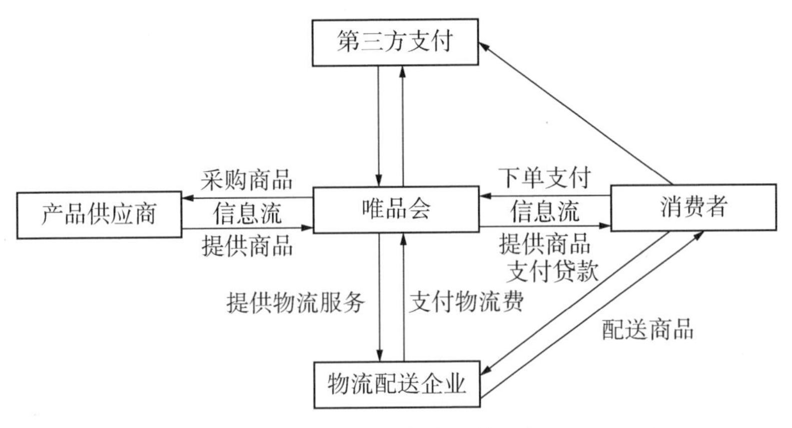

图2－3　唯品会商品链示意

（二）唯品会的市场空间组织模式

唯品会作为B2C电子商务典型企业，初创为“纯鼠标”零售企业，其服务范围和市场范围已经辐射到全国，远远超越单个城市的空间局限。唯品会的空间扩张路径如下：从2008年仅有1个华南物流中心，发展到2015年在全国设立了五大物流中心，自建自营落地配站点1306个，送货上门服务覆盖全国范围，突破359个城市，提供货到付款的城市达到223个。唯品会的消费者市场以国内市场为主，用户空间分布已经涵盖一、二、三、四线城市，相对于传统零售业态的市场辐射范围已大大延伸。唯品会的企业空间组织及空间扩张特征主要表现为以下几个方面。

一是市场的地域范围。从城市等级体系来看，唯品会的空间扩张已经覆盖一、二、三、四线城市，市场规模已经从2009年净营收0.19亿元增长到2015年净营收402亿元，年总订单达到1.931亿单。从用户空间分布来看，唯品会的主要用户主要分布在二、三、四线城市。从交易额来看，2014年第1季度，一线城市用户贡献的交易额占比12%，二线城市占比39%，三线城市占比27%，四线城市为22%。二、三、四线城市用户交易总额占比高达88%。唯品会以品牌折扣的市场定位影响着其用户的空间分布特征，随着企业的品牌影响力及战略选择调整，其用户空间分布特征也发生变动与调整。

二是物流组织网络模式。唯品会的分销体系以五大物流中心为中心向周边区域辐射。截至2012年，唯品会先后在消费能力较强的华南、华中、西南、华北建立了区域库区，向华南、华中、西南、华北地区的消费者提供物流配送服务。2014 年，唯品会又设立了华中物流仓储中心，提升了华中地区的物流配送效率。2015 年年初，唯品会自建的鄂州二期仓库、肇庆物流园等投入运营，物流运转效率及配送能力得到大幅提升。截至 2015 年年底，唯品会形成以全国五大库区为中心的物流配送网络（见表 2-1）。唯品会五大库存中心的服务范围存在明显差异，华东区、华南区、华中区的面积远小于华北区和西南区。其物流网点布局遵循行政级别越高的城市物流配送效率越高，同一级别城市的网点覆盖率从物流中心向外围呈递减趋势，实现了省级行政区全覆盖、地级市覆盖率高于县级行政区的多层级结构，形成了“总部—区级物流中心—省级及地级市直接配送城市—第三方物流配送”的分区域多层级的空间组织模式，物流配送网络逐渐由单枢纽轴辐式网络向多枢纽轴辐式网络变迁。随着市场的扩张，唯品会形成了基于不同服务时限等级的快递配送网络，这与顺丰速运、圆通快递等企业的空间组织模式有类似之处。

表 2-1　唯品会全国物流仓储中心分布情况

区域物流中心	投入使用时间	所在地	物流仓储面积	服务范围
华南仓储中心	—	佛山南海普洛斯物流园	3 万平方米	华南地区
华南仓储中心	2012 年 12 月	佛山顺德国通物流园	6 万平方米	华南地区
华东仓储中心	2012 年 9 月	江苏昆山淀山湖物流中心	2.4 万平方米	华东地区
西南仓储中心	2012 年 10 月	四川简阳	—	西南地区
华北仓储中心	2012 年 11 月	北京，2013 年迁至天津武清	—	华北地区
华中仓储中心第一期	2014 年年底	湖北鄂州	—	华中地区
华中仓储中心第二期	2015 年年初	湖北鄂州	—	华中地区
肇庆物流园	2015 年年初	肇庆大旺	—	华南地区

三是空间等级特征。唯品会物流配送时效受企业市场需求、物流中心设置及区域物流条件差异等影响，呈现区域分布差异性和城市等级性特征，表现为长三角、珠三角、京津冀都市圈，以及中西部以武汉、成都为中心的人口密集、经济发达的大都市区向外围递减的空间分布特征。首先，由于唯品会采用“自建干线网络 + 配送点”的物流模式，其配送网络布局是根据自身发展实力

及市场范围而扩张，其在经济发达地区的物流配送网点建设密集，在经济不发达地区网点稀疏。其次，由于唯品会的总部设在广州，其最早的物流仓储中心设在佛山顺德，然后才在华东、华北、华中及西南地区设立仓储中心，因此，其整体扩张趋势为由东向西、由南向北，表现为在东部沿海城市的物流配送时效明显高于西部地区或者东北地区的情况。

从城市等级特征来看，唯品会配送实效存在着城市等级差异性。其配送时效从行政级别高的主要城市逐步向行政级别低的中小城市呈现从高到低的等级特征明显，其与企业中高端市场定位、互联网普及率、交通网络发达情况等相适应。

（三）唯品会空间组织的影响因素及作用机制

1. 电子商务技术改变零售商空间组织模式

在传统实体零售模式下，消费者要获取商品信息，需要光顾实体店，即以人流为媒介，实现信息流、资金流及物流的交换流动。因此，人流成为交易环节中的关键因素，消费者的易达性成为实体零售选址的重要因素，其商圈的辐射范围更多取决于消费者的出行范围。在电子商务发展背景下，消费者要获取商品信息，只需上网就可实现，零售商可以通过电子商务平台（虚拟平台）实现商品的集中展示与交易，并通过物流配送的方式将商品送达消费者手中。互联网成为消费者获取商品信息的渠道，电子商务模式以信息流为先导，实现信息流、资金流及物流的流动。因此，信息流成为电子商务交易环节中的关键因素，电子商务企业有别于传统实体零售业态的空间组织模式。

2. 信息配套设施的普及影响 B2C 企业的市场服务半径

信息配套设施的普及影响到 B2C“纯鼠标”企业的服务半径及范围。由于“纯鼠标”企业没有实体店铺支撑，其商品信息传达主要依赖互联网来实现。其服务半径范围理论上可扩大到互联网普及及物流配送可及的范围，其地理空间超越了单个城市范围，扩大了城市的吸引力与辐射半径。互联网的普及程度影响着信息传达的范围与边界。与此同时，信息的传递还会受到另外一些因素的阻碍，使得企业的服务范围有特定地域范围，如不同地区的消费者在文化品位、审美观和价值观存在差异等，不同行政级别的城市的消费者对国际国内品牌的知晓度及认同度存在差异，将影响其在唯品会上的消费选择及消费行为。

3. 电子商务企业内部组织实现了空间分离

鉴于企业业务发展需要、企业发展战略选择、地租成本、物流成本、信息资讯传递等因素，唯品会作为电子商务企业，其不同功能实现了空间分离（见图2－4），其总部设在广州，客服中心也在广州，研发中心在广州和美国硅谷，大数据处理中心在上海，金融业务设在上海嘉定、广州越秀，售后处理中心设在佛山顺德，物流仓储中心分布在全国五大区域五个不同城市，其企业的内部部门组织空间布局实现了地理空间的分离和不同地区的分工协作。在信息技术发展和广泛应用的背景下，电子商务企业内部组织表现出空间分离的趋势，从而导致劳动力的空间分工以及不同城市的分工合作。电子商务企业中，以知识及信息为基础的总部及研发部门、数据处理部门，需要大量研发人才及技术创新人才，需要靠近行业资讯中心，其区位趋向于高质量劳动力集中、科技创新活力较强、行业资讯发达的地区。物流仓储中心需要配备物流仓储劳动力以及占地面积大的仓储用地等，区位选择弹性大，土地空间、土地成本、劳动力成本成为其区位选择的重要因素。金融资本环节则需要在金融企业集聚或金融资讯集中、金融人才集聚的区位。售后服务中心是企业了解消费者的重要窗口部门，与企业总部战略选择具有密切联系，其区位会更加接近总部或者创新中心，便于沟通与响应。

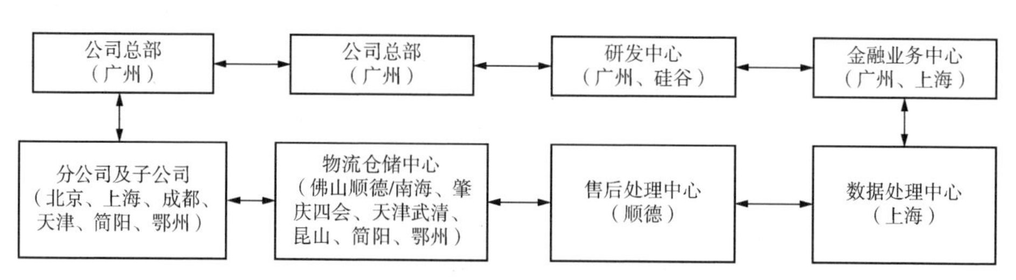

图2－4　2015年唯品会公司组织架构及所在地示意

4. 物流配送模式影响B2C企业的市场扩张规模

物流配送是B2C“纯鼠标”企业完成商品交易的重要环节，物流配送服务水平及效率影响消费者的购买体验，是B2C企业实现市场扩张的重要支撑条件。空间组织不同的B2C企业会相应采用不同的物流方式进行配送，其仓储配送中心区位及数量也会根据市场定位、市场规模、密度等条件来确定。

二、C2C 电子商务企业空间组织特征

淘宝商铺在城市中的空间分布特征表现为多核心集聚发展的格局，并呈现集聚与扩散并存的空间演变趋势。根据阿里研究院发布的《2015 年中国淘宝村研究报告》显示，广州有 38 个淘宝村，主要集中在白云太和镇与人和镇、番禺南村、花都狮岭、增城新塘、从化太平等（见表 2－2），其中白云区进入 2015 年全国十大淘宝村集群行列。根据阿里研究院发布的《1% 的改变：2020 年中国淘宝村研究报告》显示，广州淘宝村增长到 192 个，是 2015 年的 5.05 倍（见表 2－2）。根据实地考察及访谈发现，从区位选择因素来看，产业集聚成为淘宝商铺空间区位选择的重要影响因素，交通便利性、地租成本优势等因素对电子商务的空间选址影响依然存在。此外，信息基础设施及信息资讯交流等因素也成为电商集聚发展的重要影响因素，其影响作用将在“广州电子商务布局特征及影响因素分析”内容中详细说明。

表 2－2　2015 年、2020 年广州市淘宝村情况

所在区	2015 年淘宝村	2020 年淘宝村
白云区	东华村、西成村、高增村、鹤亭村、大沥村、和龙村、龙归社区、和龙村、穗丰村、大源村、犀牛角村	人和镇：汉塘村、新兴村、明星村、高增村、人和村、西成村、矮岗村、凤和村、岗尾村、方石村、大巷村、太成村、鸦湖村、秀水村、鹤亭村、建南村；太和镇：龙归社区、白山村、和龙村、米龙村、大源村、石湖村、头陂村、沙亭村、大沥村、谢家庄村、营溪村、草庄村、田心村、柏塘村、北村村、夏良村、南村村、园夏村、南岭村、永兴村；钟落潭镇：龙岗村、长腰岭村、五龙岗村、白土村、马洞村、黎家塘村、湴湖村、红旗村、雄伟村、纲领村、乌溪村、大罗村、小罗村、安平村、白沙村、良田村、金盆村、光明村、陈洞村；江高镇：塘贝村、水沥村、双岗村、茅山村、小塘村、何布村、南岗村、珠江村、江村村、泉溪村、大岭村、大石岗村

续表2－2

所在区	2015年淘宝村	2020年淘宝村
番禺区	里仁洞村、坑头村、樟边村	桥南街道：蚬涌村；大石街道：涌口村、河村、礼村、植村、猛涌村、冼村、会江村、官坑村、大兴村、北联村、山西村、大维村、东联村、大山村；洛浦街道：沙溪村；石壁街道：石壁一村、大洲村、屏山一村、屏山二村、都那村；大龙街道：茶东村、新水坑村、傍江东村、新桥村；南村镇：坑头村、市头村、板桥村、梅山村、樟边村、江南村、里仁洞村、官堂村、塘西村、新基村、员岗村、陈边村、草堂村；化龙镇：草堂村、西山村、眉山村；石楼镇：南派村、赤岗村、赤山东村；沙湾镇：福涌村；石碁镇：前锋村、海傍村、低涌村、长坦村、雁洲村、石碁村、官涌村、南浦村、永善村、莲塘村、小龙村、凌边村、金山村、桥山村、文边村
花都区	益群村、新扬村、合成村	花城街道：杨二村；花山镇：平东村、龙口村、新和村、平山村、平西村、永乐村、红群村；花东镇：保良村、李溪村、凤凰村、山下村、三凤村、象山村、秀塘村、竹湖村、联安村、北兴村、莘田二村；狮岭镇：马岭村、中心村、西头村、义山村、军田村、前进村、振兴村、联合村、合成村、益群村、新扬村、旗新村、新民村、新庄村、瑞边村
增城区	白江村、东洲村、久裕村、上邵村、白石村、朱村	荔城街道：庆丰村；永宁街道：长岗村、岗丰村、翟洞村、简村；荔湖街道：三联村；宁西街道：郭村；新塘镇：久裕村、东洲村、白江村、坭紫村、白石村、上邵村、瑶田村、新何村、甘涌村、麻车村、沙头村
从化区	太平村	江埔街道：新明村；城郊街道：大夫田村、新开村；太平镇：飞鹅村
南沙区	—	黄阁镇：东湾村；东涌镇：万洲村、细沥村、小乌村、大简村、大同村；榄核镇：人民村

资料来源：根据阿里研究院发布的《2015年中国淘宝村研究报告》及《1%的改变：2020年中国淘宝村研究报告》整理。

第五节　广州电子商务布局特征及影响因素分析

本部分将从城市这一微观空间尺度来探讨不同电商企业类型在城市中的空间区位特征及其区位影响因素。结合研究的目标性与数据的可获取性，选取广州电子商务龙头企业及淘宝村、电子商务产业园等作为主要研究对象进行电子商务区位布局及其影响因素研究。

一、广州电子商务空间布局特征

（一）多核集聚布局的特征明显

广州电子商务企业及网上店铺的多核集聚布局发展特征明显（见表2-3）。目前，广州大型电子商务企业周边或电子商务产业园集聚了一批电商企业、电商服务商、物流配送企业等相关行业，形成了电子商务产业集群。琶洲人工智能与数字经济试验区已经引进了腾讯、阿里巴巴、唯品会、小米、科大讯飞、YY语音等电商龙头企业，形成了电商企业集聚发展态势。以唯品会为龙头的白鹅潭电子商务集聚区则集聚了一批电子商务服务企业。根据阿里巴巴研究院发布的《2015年中国淘宝村研究报告》数据显示，广州已经形成了38个淘宝村，主要集中在白云区、番禺区、花都区、增城区、从化区等城市外围地区，白云区形成了由21个以上淘宝村连片发展构成的集群，发展成为淘宝镇[①]，淘宝村的集聚现象明显。2020年，根据阿里研究院发布的《1%的改变：2020年中国淘宝村研究报告》显示，广州淘宝村增长到192个，也主要分布在白云区、番禺区、花都区、增城区、从化区、南沙区等城市外围区域。与2015年相比，空间分布特征在已有淘宝村基础上向外围拓展的趋势明显。总

---

① 淘宝村、淘宝镇：根据阿里研究院的定义，“淘宝村”是大量网商聚集在某个村落，以淘宝为主要交易平台，以淘宝电商生态系统为依托，形成规模和协同效应的网络商业群聚现象。淘宝村的经营场所在农村地区，以行政村为单元，电子商务年交易额达到1000万元以上，村内活跃网点数量达到100家以上，或活跃网店数量达到当地家庭户数的10%以上。一个镇、乡或街道符合淘宝村标准的行政村大于或等于3个，即为“淘宝镇”。

体而言，广州电子商务多核集聚发展的空间布局特征显著。

表2-3　2015年广州市主要电子商务产业园区

地区	电子商务产业重点功能区	代表企业
海珠区	琶洲人工智能与数字经济试验区	腾讯、阿里巴巴、唯品会、小米、科大讯飞、YY语音等
荔湾区	白鹅潭电子商务集聚区	唯品会（总部）
海珠区	广一国际电子商务产业园	—
海珠区	龙腾18电子商务产业园	广州十七岁服饰有限公司等
海珠区	广州之窗商务港	—
海珠区	海珠南华西电子商务产业园区	—
白云区	广州市民营科技园	白云区跨境电子商务中心进驻
白云区	211跨境电商产业园	—
白云区	林安跨境电商产业园	—
白云区	圣杰电子商务产业园	—
白云区	红风电子商务创业园	—
番禺区	卡奔优品跨境电商平台	—
番禺区	电子城·国际创新公园	—
番禺区	岭南国际电子商务产业园	爱尚影品文化传播有限公司、广州九美化妆品有限公司（总部）、广州它淘网络科技有限公司等
番禺区	淘商城电子商务创意产业园	—
番禺区	广东国际创客中心	—
黄埔区	状元谷电子商务产业园	酒仙网等
黄埔区	广州电子商务产业园	广州谷歌公司、广州新浪微博公司、广州搜狗公司
黄埔区	国家电子商务创意产业园	—
花都区	美东电子商务产业园	—
花都区	狮岭皮革皮具原辅材料电子商务产业园	—
花都区	聚包包电子商务产业园	聚包包等

续表 2-3

地区	电子商务产业重点功能区	代表企业
花都区	菜鸟电商产业园（菜鸟智能骨干网）	菜鸟物流等
花都区	中远华南区总部	中远集团等
花都区	TIT 跨境电子商务产业园	—
花都区	广州空港跨境电子商务试验园	—
花都区	广州万达文化旅游城 O2O 跨境电商产业园	万达集团等
从化区	从化农村电子商务产业园	阿里巴巴农村淘宝从化服务中心、苏宁易购、京东、梦芭莎等
增城区	新塘电子商务产业园	—
增城区	牛仔谷—国际电子商务产业园	—

（二）靠近商品集散地的特征明显

广州电子商务企业及店铺区位选择靠近产业链上游供应商或者专业批发市场的特征也很明显。电子商务集聚区所在的区域具有优势行业的特征明显，正是依托原有优势行业的产业基础，促使区域电子商务企业实现快速集聚发展和发展水平快速提升。如花都狮岭的皮革皮具产业集群衍生出聚包包等电商龙头企业及一批电商商铺集聚周边，开展以皮革皮具为主导的网上交易活动。增城新塘淘宝村与增城新塘的牛仔产业集群，白云区的服装鞋帽等产业批发集群与白云人和镇、太和镇的淘宝村也具有密切关联性。

（三）分布于城市近郊区的特征明显

目前，广州的电子商务集群主要集中在白云区、番禺区、花都区、从化区、增城区等城市近郊区及外围区。近年来，跨境电商快速发展，跨境电商则多分布于花都、南沙、黄埔等靠近海关的区域，这与传统实体商业设施靠近消费者或者人口密度较大地区为主的空间布局特征有所差异。电子商务企业可以实现商品信息的网上展示，无须关注消费者的易达性问题，因此，在其起步期往往考虑降低生产成本、生活成本，多选择非中心城区的居民区或者城中村等成本较低的区域，同时考虑与商品供应方或批发商的交通便利性，从而电子商务集群在城市层面的空间分布表现为集聚发展与均衡分布并存的布局特征。

二、广州电子商务区位影响因素分析

广州电商企业空间发展格局的形成是受产业集群、交通便利性、地租优惠、信息资讯发达、龙头企业带动或政策引导、规模效应等诸多因素共同作用的空间表现。此外，信息基础设施及信息资讯交流等因素也成为电商集聚发展的重要影响因素。随着电子商务行业的发展，新的商业业态类型出现，不同因素的作用及影响也将出现新的特征。

（一）商品供应商的接近性

由于电子商家可以通过网络及物流配送的方式完成与消费者的交易活动，因此，在选择区位时会选择靠近供应商或者批发商及物流发达的区域，即向制造商、供应商、分销商、批发商靠近的布局，有利于提高交易效率与降低交易成本。电子商务的空间布局与产业集聚具有密切联系。

（二）通信及运输网络的易达性

信息通信基础设施及交通运输网络是支撑电子商务行业发展的基础设施。通信基础设施的普及和信息技术的广泛应用，使电子商务行业区位选择可以在更大的地域空间中考虑，即使是处于经济相对落后的地区的电子商家，只要有通信网络及物流配送网络就可以实现网上交易活动，这使得电子商家具有更大的区位选择弹性。与传统实体零售企业靠近消费市场及优先考虑交通易达性的区位选择因素有所不同，电子商家更多考虑发达的通信网络的易达性、物流网络易达性以及与供应商的交通可达性。部分服务型或者虚拟产品的电子商务企业甚至会考虑弱化运输网络的易达性。

（三）资讯信息的易获取性

对电子商务企业来说，信息的重要性大大提升。信息的快速流动与传递，对电商企业获取信息、运用信息、保持创新提出了更高要求。因此，电子商务产业的区位趋势要求信息的易达性。电子商务企业的信息主要包括网络平台规则信息、市场信息、消费者信息、政策信息等，因此，电子商务企业一般选择资讯发达的区位集聚，有利于实现同行之间、上下游企业之间面对面的沟通交流与创新活动开展，从而保持自身持续的活力与竞争力。如番禺的仁洞村主要以服装、鞋、帽为主营业务，这些行业更新周期较短，对市场信息敏感度要求高，集聚在这里的淘宝商家们平时会进行频繁的互动交流，共同研讨淘宝平台的规则变化，及时调整发展战略，定期光顾专业批发市场以便了解流行趋势、获取行业信息等。

（四）龙头企业带动或政府引导作用

电商企业空间布局，受龙头企业的带动效应及政府规划引导因素影响较大，如荔湾白鹅潭地区已经吸引了唯品会等电子商务龙头企业及中小电子商务企业落户，打造千亿级电子商务集聚发展区；又如广州市政府规划建设海珠琶洲人工智能与数字经济试验区，吸引国内外电子商务与移动互联网总部企业落户，建设亚太地区电子商务总部示范基地，对电子商务龙头企业的集聚产生巨大的推动作用。广州各区政府通过产业扶持政策、城市规划引导、招商引资、地租优惠等诸多措施，规划建设电子商务产业园发展，积极培育与引进电子商务及相关企业入驻，对电子商务行业的集聚发展也发挥了重要作用，如黄埔状元谷电子商务产业园，在黄埔区政府的大力支持下获批首批国家级电子商务产业园，已集聚了一批电子商务企业及相关配套服务企业。

（五）具有地租成本优势

电商企业属于新兴业态，在创业初期需要考虑创业成本的控制。鉴于电子商务产业对交通区位选择的弹性较之传统零售商业大大增加，电子商家更倾向于选择租金、创业成本、生活成本相对较低的区域，因此，城市边缘区、非中心城区地段、城市中的住宅楼宇、产业园等成为重要空间载体，而城市中心商务区等租金较高昂地区则不在电子商家的考虑范围。

（六）风险投资可获取性

电商企业属于创新型企业，其投资属于高风险投资，投资的收益不可预见性高，因此，电商企业在初创期往往需要风险投资的支持，能否获得风险资本以及风险资本投资机构的性质与区域也成为电子商务企业选择区位的考虑因素之一。

（七）空间集聚效应

空间集聚效应有利于提升电子商务企业竞争力。电商企业属于创新型企业，信息资讯的传播及分享对企业发展至关重要，企业集聚有利于面对面交流，获取行业资讯，促进企业管理理念、合作发展战略、行业新规则、危机应对策略等隐性知识的传播；企业集聚有利于提升企业对第三方物流配送企业的谈判话语权，降低物流配送成本；企业集聚有利于形成由电商企业、服务商、上游批发商、物流配送方等不同群体组成的生态圈，有利于需求供给的有效对接，也有利于催生创新。随着集聚到达一定程度，集聚发展所带来的规模经济效应会被产生经济、社会、环境等问题的规模不经济效应所抵消，如地租提升、环境容量饱和、基础设施饱和等，此时，集聚效应将转化为分散效应，从而在新区位形成新的集聚。

由于电子商务企业具有与传统实体商业不同的企业组织特征，当传统实体商业支撑其商业交易活动实现的区位因素发生了重大变化，传统区位理论中相关影响因素的作用也将发生变化。需要注意的是，影响电子商务区位选择的因素众多或复杂交织在一起，其集聚原因既包括众多企业或个人自然集聚而成，也包括政府或企业通过建设电子商务产业园区吸引企业或个人集聚而成。电子商务企业的区位选择及空间集聚是各因素共同作用的结果，不同因素对不同电子商务企业集群的作用强度有所差异，在具体分析中，应找出其中影响较大的因素，对其进行重点讨论。本节重点结合实地考察及访谈总结提炼一些重要因素进行探讨。

第六节　电子商务对城市商业空间结构的影响分析

一、电子商务发展强化所在城市在全国商业空间结构体系中的地位

从区域层面来看，电子商务企业的集群化发展，强化了所在城市在区域商业空间结构中的等级地位，特别是随着电商龙头企业的集聚，业务所及的市场地域范围超出了城市实体空间范围，市场空间扩张至全国乃至全球范围，扩大了所在城市商业商圈的辐射范围，强化了所在城市的资金流、信息流、物流的聚集效应和控制能力，吸引了更多的电子商务企业及电子商务配套服务企业集聚发展，提升了新业态比例，形成了“实体商业网络”和“虚拟商业网络”

共同支撑的新型城市商业空间网络，拓展了城市商业的辐射能级与辐射范围，增强了城市在全国城市商业空间等级体系中的能级。

二、电子商务空间布局促进城市商业空间结构向均衡化发展

从城市内部电商企业区位空间布局来看，电子商务这一新兴业态的空间布局特征及选址影响因素有所差异，电商企业及电商商铺往往靠近产业链上游的专业批发市场或生产基地，如白云三元里的服装电子商务集群、花都狮岭皮革皮具电子商务集群、增城牛仔电子商务集群。南沙、白云、花都等区依托海港、空港、保税区等通关优势，发展跨境电商集群，从化则发展农村电子商务。从广州电子商务的空间布局总体情况来看，各个区域依托特色产业集群、控制商务成本和物流成本等形成了各具特色的电子商务集聚区，其空间布局表现为多核心集聚发展的格局。与以等级为突出特征的传统城市商业空间结构有所不同，电子商务促进城市商业空间结构向扁平化、均衡化方向发展。

三、电子商务发展促进城市传统商业业态的转型升级

电子商务这一新兴商业业态的出现，一方面对传统商业业态形成了一定的冲击，另一方面也加速了传统商业业态的转型升级。目前，电子商务对服装、鞋帽、电脑/通信数码产品及配件、日用百货、家用电器、化妆品及美容产品、箱包、书籍音像制品等易于标准化的产品品类的零售市场冲击较大，而对于难以标准化并注重消费体验的奢侈品、餐饮服务、电影休闲娱乐等消费品的影响相对较小。不同零售业态受到电子商务的影响是不同的，其中，家电等专业店，服装、鞋帽专卖店，传统百货店等商业业态受到的冲击较大，购物中心、便利店、生鲜超市等商业业态受到的冲击相对较小。在电子商务快速发展的背景下，传统商业业态也积极加入电子商务领域，探索 O2O 模式，促进线下线上融合发展，利用电子商务促进自身转型升级。以万达广场为例，在电子商务深刻影响实体商业业态的背景下，万达广场采取减少零售业态占比，尤其是服装类零售业态占比，提高书店、教育培训、美容美发、餐饮等生活类业态占比的策略，更加强调购物中心体验消费的特色；同时，通过加强供应链的管理能力，促进采购、物流、配送、商品管理、营销的信息化管理，探索与其他电商平台的合作，发展电子商务业务，促进自身的转型发展，线上线下融合发展。

广百等实体业态也积极探索 O2O 模式，在实体店布局 WiFi 等信息基础设施，采用微信信息推送等营销方式，以及开展微信注册会员、微信抢红包、展示促销等活动，开发商城 App 软件，推出支付宝支付、微信支付现代交易方式，调整业态比，提高休闲餐饮等业态比，提升用户购物体验。购物中心内部的餐饮、电影院等也积极加入“互联网 +”的营销模式，加入在线团购活动，增加用户在线评价功能，使用微信支付、支付宝支付等支付方式。服装、鞋帽等品牌店采取线上线下差异化营销模式，通过提供不同款式、同款同价、提升实体体验服务等方式，减少电子商务对实体店的冲击，促进线上线下共赢发展。

四、电子商务发展改变了城市消费者的购物出行方式

消费者购物出行的距离及范围选择在网络购物兴起及盛行的背景下，将有所改变。一方面，消费者通过网购满足了购买服装、鞋帽、家电、食品等一部分需求，购物出行的动机更多以餐饮、休闲、服务等目的为主，选择“购物”的占比呈现明显下降趋势，从 2008 年的 48.6% 下降至 2012 年的 40.0%，再下降到 2017 年的 26.90%（见表 2-4）。购物出行的频率也发生了显著的变化，消费者购物频率也呈现明显下降的趋势，选择“一周 2 次以上”的占比从 2008 年的 21.8% 下降至 2012 年的 12.0%，选择“一个月或数月 1 次”的占比则从 2008 年的 29.1% 上升至 42.2%（见表 2-5）。另一方面，网上购物的活跃度进一步带动实体购物的活跃度，消费者线上线下互动更加频繁，消费者将就近选择购物目的地进行比照，或者选择有特色的购物目的地等的体验消费行为频率增多。到了 2017 年，购物中心业态结构纷纷转型，增加餐饮服务、休闲娱乐等体验性业态比重，消费者光顾购物中心的频率则有所提升，选择“一周 2 次以上”的占比回升到 17.3%，选择“一个月或数月 1 次”的比例从 42.2% 下降到 14.0%。因此，网上购物行为将对消费者的日常购物目的地的选择产生影响，消费者更倾向于就近购物或者特色化消费，这使得城市商业空间结构更加扁平化。电子商务的兴起与发展逐步改变消费者购物出行习惯，电子商务成为消费者购买日常消费品的一个销售渠道，线上商店让消费者可以通过网络购买日常消费品，分流了消费者购物出行比例，提升了以旅游、餐饮、会友等体验及社交为目的的出行比例，消费者可以有更多的精力与时间进行线下体验式消费活动，有利于体验式消费发展，进而影响城市消费空间布局以及城市居住空间结构、城市交通网络等方面的变化。

表2-4　2008年、2012年、2017年消费者光顾购物中心目的汇总

（单位：%）

购物动机	2008年	2012年	2017年
购物	48.6	40.0	26.9
就餐	12.3	19.6	18.7
娱乐/休闲	50.4	49.4	35.4
会友	15.7	8.1	15.5
旅游	2.8	7.1	3.5

表2-5　2008年、2012年、2017年消费者光顾购物中心频率汇总

（单位：%）

光顾频率	2008年	2012年	2017年
一周2次以上	21.8	12.0	17.3
一周1次	22.1	17.8	38.7
半个月1次	27.1	27.2	30.0
一个月或数月1次	29.1	42.2	14.0

第七节　广州加快发展电子商务的对策建议

基于以上对电子商务企业空间组织及对城市商业空间结构的影响研究，本节结合广州加快发展电子商务，为促进国际商贸中心城市的建设提供若干思考与建议。

一、注重培育引进骨干型、平台型企业，强化广州现代贸易投资枢纽

B2C、B2B及平台型电商企业作为新的销售渠道出现，具有强大的供应链组织能力，其市场交易量大，衍生了金融服务、信息服务等相关服务需求，是信息量、资金流、物流的集散中枢，有利于带动所在城市的贸易及经济发展。

因此，要充分发挥广州高端人才、金融资本、信息技术、商贸流通业发达的优势，营造良好的创新创业环境和商务营商环境，引进和培育发展电子商务龙头企业及相关配套服务企业发展，促进现代快递物流、网上金融等关联行业发展，促进网上贸易中心的形成，进一步巩固提升广州作为商流、信息流、资金流和物流集散中枢的作用，强化广州的现代贸易投资枢纽功能，加强与全国各级城市的分工协作，共同形成基于流量经济的虚拟与实体相融合、城市与城市相关联的新型贸易网络格局。

二、注重营造适应创新创业环境，催生一批植根性强的本土优秀企业及产业集群

电子商务企业属于创新型企业、轻资产企业，其发展初期往往选择创业成本较低、工作生活配套相对齐全、靠近商品供应商的区位发展，这种集聚发展易于交流与传播隐性知识。广州应密切关注城市中新商业业态、新商业模式的发展，关注影响其区位选择的影响因素及发展条件，如产业支撑、金融资本、人才支撑、地租成本、信息基础设施条件等，通过小区微改造、旧楼宇改造等手段挖掘城市中可利用的空间载体，提供孵化器、科创园区、电子商务产业园等企业发展载体，推进商事制度改革等便利化营商环境，使更多新技术应用、新业态、新商业模式集聚创新发展，营造良好的创新创业环境，促进一批新型中小微企业发展壮大，催生更多的植根性强的本土骨干企业及产业集群。

三、注重传统业态与新型业态协调发展，促进实体商业空间与虚拟商业空间共生共存

在电子商务发展的背景下，传统空间尺度的多维拓展与空间扭曲，使商业空间不仅仅存在于实体空间中，赛博（cyber）商业空间的发展将成为新的重要商业空间的组织形式。从城市商业业态发展的角度来看，电子商务只是一种商业业态，分流了部分消费需求；从长远发展来看，电子商务将与其他商业业态实现共生发展。在电子商务快速发展的背景下，购物中心、百货等实体业态应结合自身优势与特色积极调整业态比或根据消费者行为习惯的改变调整营销策略，实现自身转型发展。广州作为国际商贸中心和国际消费中心城市，其商

业业态发展一直走在全国前列，在大力推进电子商务、跨境电商等新业态发展的同时，也应注重主题购物中心等体验型商业业态的发展，促进商业与文化、旅游、会展等融合互动发展，共同支撑广州建设国际商贸中心城市和国际消费中心城市。

第二章

数字经济时代广州实体零售转型发展路径研究

在全国深化供给侧结构性改革，着力振兴实体经济的背景下，本章以需求端为切入点，调查研究消费者行为特征变化，思考广州经济发展面临的问题及新形势，了解广州实体零售采取的转型举措，结合国内外新形势及新技术变革背景，探讨广州实体零售未来发展路径，提出加快实体零售创新发展的对策建议，以期助推广州传统商贸转型升级，进一步增强广州作为国际商贸中心城市的竞争力。

第一节　研究思路与研究方法

一、研究背景及思路

在数字经济蓬勃发展、消费转型升级、电子商务快速发展等新特征交织融合的背景下，全球包括中国商业正在发生着巨大的变革，国内外实体零售业面临着巨大的挑战和发展的不确定性。美国梅西百货、希尔斯百货、诺德斯特龙等国际知名百货集团销售均表现不佳，门店数量也在不断削减。2016 年，梅西百货总销售额 257. 8 亿美元，同比下降 4. 8%；净利润额 6. 11 亿美元，同比下降 43%，全年关闭 40 余家门店。折扣百货诺德斯特龙 2016 年销售额 145 亿美元，同比增长 3. 6%；净收入 3. 54%，同比下降 41%。2018 年 10 月 15 日，美国西尔斯百货申请破产保护，在 2018 年关闭了 142 家亏损门店。在关店潮的影响下，2018 年，美国百货商店的销售额下降了 1. 3%。根据普华永道会计师事务所的调查报告显示，2018 年上半年，英国已有超过 2700 家零售商店宣布倒闭，平均每天达到 14 家，排在英国前 500 名的商业街有 2692 家商店关闭，新开业商家仅有 1569 家，商业街企业数量减少了 1123 家。造成零售企业数量减少的原因主要是电子商务市场崛起带来的压力。

近年来，国内实体零售发展也面临诸多困境。根据联商网发布的数据显示，2016 年，我国百货、购物中心及大型超市业态中有 46 家公司共关闭 185 家门店，其中，百货及购物中心业态关闭 56 家门店。根据赢商网统计，2018 年，我国十大超市零售企业关店 44 家，重庆百盛万州店、广州广百太阳新天地店、沈阳新世界百货中华路店、苏州大洋百货、深圳天虹君尚百货中心店、厦门巴黎春天百货嘉禾店、贵阳国晨百货大西门店、重庆王府井百货解放碑店等一批百货门店关闭。当前，实体零售面临的挑战及转型发展也引起中央的高度关注。2016 年 11 月，国务院办公厅发布《关于推动实体零售创新转型的意见》（以下简称《意见》），对实体零售企业加快结构调整、创新发展方式、实现跨界融合、不断提升商品和服务的供给能力及效率做出部署，并要求各地区、各部门加强组织领导和统筹协调，加快研究制定具体实施方案和配套措施，明确责任主体、时间表和路线图，加快推进实体零售转型创新发展。零售企业也积极采取转型措施，包括探索线上线下融合、尝试利用消费者大数据进行分析和精准营销，调整业态配比等一系列转型措施，出现了无人超市、无人便利店等一系列“新零售”。

全国实体零售占社会消费品零售额的比重仍在90%左右，实体零售在引导消费、扩大生产、惠及民生方面都发挥重要作用。当前，国内外学者也十分关注电子商务对实体零售影响、实体零售转型发展等问题。国外学者较早关注电子商务发展对传统零售的影响。一些学者通过对加拿大、荷兰等地的消费者进行问卷调查研究，认为电子商务发展对传统零售具有创造效应。一些学者通过对美国、德国消费者进行问卷调查数据分析，发现电子商务具有替代效应。国外学者通过对特定区域消费者进行问卷调查，采用数据统计分析方法研究电子商务对传统零售的影响，研究结论具有较强的地域特点，其研究结论也不一定适用于其他地区。当前，国内一些学者也开始探讨中国电子商务发展对实体零售业所带来的影响及实体零售的转型道路。一些学者研究认为，电子商务在一定程度上抑制了传统零售业的发展。一些学者则以北京、泉州等城市为例，剖析了电子商务对实体零售造成的影响，探讨了实体零售未来转型升级的路径。一些学者研究指出，实体零售商要在未来转型升级，需通过经营模式的转型，使线上线下融合经营和服务升级以使消费者效用升级，实现对零售实体商需求依存度增强的目的。一些学者研究认为，实体零售和网络零售的协同成为零售企业未来发展的趋势。从研究视角来看，目前，学界更多地从电子商务对实体零售的冲击及影响角度，探讨未来实体零售的转型发展，而从消费端需求变化的研究视角探讨实体零售存在的问题及未来转型发展的研究相对少见。从研究方法来看，目前，学界对实体零售转型的探讨主要以定性分析为主，定量分析研究仍有待提升。可见，这一主题还有待继续深化研究和关注。

在宏观大背景下，广州实体零售也面临着转型压力。2018 年，广州限额以上有店铺零售业零售额（以下均为限额以上口径零售额）为 2331.27 亿元，同比增长7.0%。其中，大型超市零售额下降，百货店增速低位运行，大型超市同比下降3.5%，百货店同比增长1.1%，专卖店、专业店、便利店分别同比增长9.6%、8.6%和13.3%，实体商店零售额增速明显低于网上商店零售额增速（15.4%）。广州作为“千年商都”和国际商贸中心城市，实体零售业态创新一直走在全国前列，其零售业发展现状及面临问题具有典型性和代表性。在经济发展新常态和零售业发展新形势下，调查研究广州实体零售转型发展现状，归纳梳理广州实体零售转型发展模式，探讨广州实体零售转型发展的未来路径，有利于促进广州实体零售加快转型步伐，巩固广州作为国际商贸中心的地位，也有利于深入思考国内实体零售所处的发展阶段及特征，为国内城市实体零售创新转型提供“广州版本”。

近年来，国内外实体零售发展困境引起广泛关注，学者们对实体零售业转型发展的研究也不断深入，但研究的广度与深度仍有待提升。特别是在我国深入推进供给侧结构性改革，习近平总书记对广东工作做出重要批示，明确要求广东为全国推进供给侧结构性改革提供支撑的背景下，从供给与需求相匹配的视角，探讨如何推进传统零售业的供给侧结构性改革，从而提高有效供给、促进需求端与供给端有效对接，这也是思考实体零售转型升级路径的一个重要维度。因此，本章拟以需求端为切入点，以消费者为中心，深入研究消费者行为特征变化，思考实体零售，特别是大型百货、购物中心等实体零售发展面临的问题及新形势，梳理研究广州实体零售转型创新举措，结合国内外新形势及新技术变革新趋势，探讨实体零售未来的发展路径，提出加快实体零售创新发展的对策建议，为这一主题研究提供一种新的视角（见图3-1）。

本章的研究思路分为三个步骤。

（1）需求端分析。消费者行为特征分析。通过问卷调查数据处理分析，把握消费者行为方式、购物出行方式、购物动机、购物偏好等呈现哪些新特征。

（2）供给端分析。实体零售业态分析。通过走访考察购物中心、百货等实体零售业态的经营现状及特征，采取哪些转型创新举措及其取得的成效，还存在哪些短板或者困境难以突破；比较网络购物与实体零售的优缺点，分别挖掘二者的发展潜力，为消费者需求提供有效供给。

（3）转型路径分析。实体零售在商贸流通体系变革中创新发展。新一代信息技术、人工智能、大数据、区块链等新技术蓬勃发展，将促使生产组织及流通组织方式产生颠覆性变革，消费者、生产者、渠道商等不同环节在流通体系中的地位与角色也将发生变化。实体零售业的转型创新发展也应放在科技变革及流通变革的时空维度下思考，探索未来转型创新道路，转型成为“新零售”。

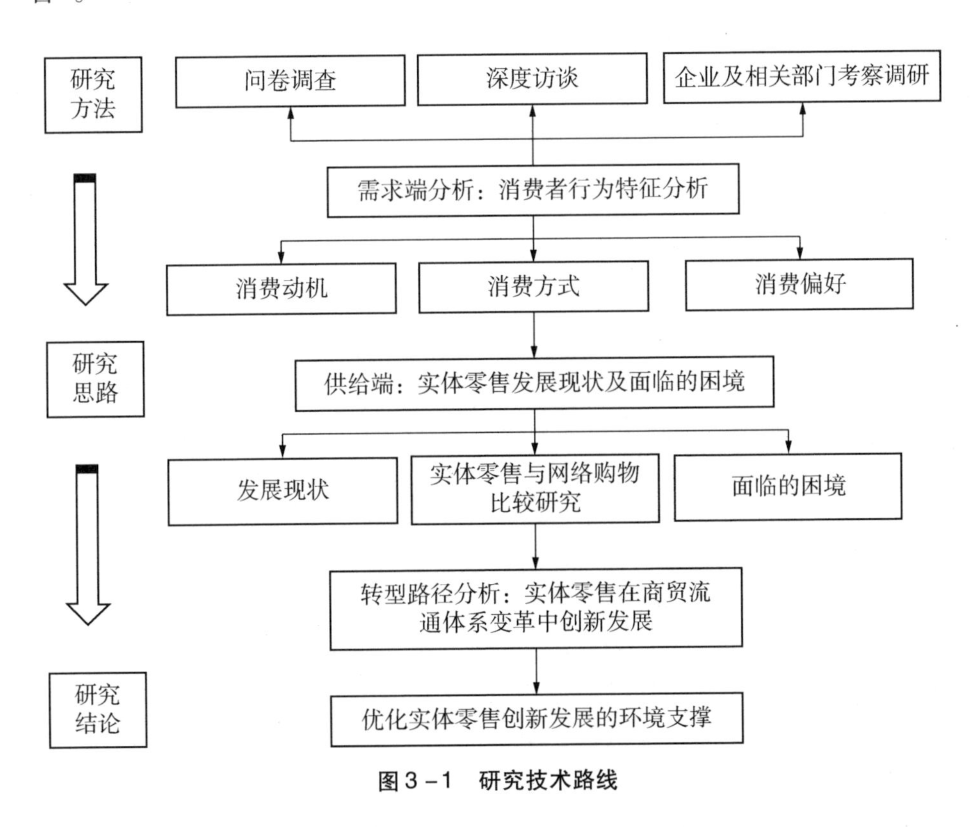

图3-1　研究技术路线

本章初步的假设或观点如下。

假设一：零售的本质是围绕消费者的需求，提供适合的商品和服务。在互联网经济发展背景下，消费者的生活方式和消费方式发生了巨大变化，如出行动机、购物方式、搜索信息方式、购物偏好等均发生了重大变化，实体零售原有的商品及服务供给模式难以满足消费者需求。

假设二：实体零售面临的困境不能简单归因于电子商务的快速发展对其形成的冲击。从商业业态演变历程来看，各种业态都有其自身的优点，能满足消费者某方面需求，把握消费需求变化是实体零售创新发展的关键所在。

假设三：零售变革的根本动力来源于技术发展、消费升级及零售内部竞争演变的三大推动力。实体零售转型发展的思路是以供给与需求相匹配为出发点，以整个供应链整合创新为思考维度，以技术创新应用为重要突破口，对未来发展之路进行整体性谋划。

二、数据来源及研究方法

文章以定量分析为主、定性分析为辅，问卷调查、访谈与实地考察互为补充。

（1）问卷调查。本研究主要采用实证分析的方法——问卷调查法，主要是根据问卷设计的基本原则，将本研究所关注的关键问题加以具体化，转化为可供消费者根据自己的切身体会进行选择的问题，作为本研究分析的数据基础。

调查问卷共包括 23 个问题，有单选、多选题，主要包括两大部分内容：消费者属性信息和消费者行为认知调查。消费者属性包括性别、年龄、婚姻状况、学历、职业、收入等；消费者行为认知以消费者行为特征与消费认知为依据设计相应的问题，消费者行为特征涉及消费动机（如来此的目的、消费计划等）、消费行为（如所用交通工具、停留的时间、光顾的频率、是否有人陪伴、消费金额等）等内容，消费认知则包括消费者对不同商业业态选择的偏好，对网络购物和实体店购物的评价等。

2017 年 5 月初完成问卷设计后，为了检验设计完成的问卷是否具有很好的信度和效度，以便对问卷题目进行筛选与调整，在正式发放问卷之前，我们进行了试调查。试调查共发放问卷 10 份，回收问卷 10 份。2017 年 7—8 月，在对问卷进行调整后，在天河城、中华广场、万达广场三个大型商场进行调查，并同时发放在线问卷调查。问卷采取随机拦截形式，以被调查者自己填写为主。消费者问卷共发放 400 份，回收的有效问卷 363 份，有效回收率为 90.75%，符合抽样调查和研究的要求。

（2）实地调查法。本研究采用访谈法对购物中心、百货等大型零售企业相关工作人员以及政府商务部门人员进行访谈调查，并选取代表性的商业综合体进行考察调研，实地考察了白云万达广场、中华广场、天河城，调查商业综合体不同楼层的业态分布、配套设施以及客流情况（见图 3-2）。

（3）统计分析方法。本研究利用的统计分析软件有 SPSS 18.0、Excel 2010。主要数理统计方法有描述性统计（descriptive statistics）、卡方分析（chi-square analysis）和相关性检验（correlate test）等。

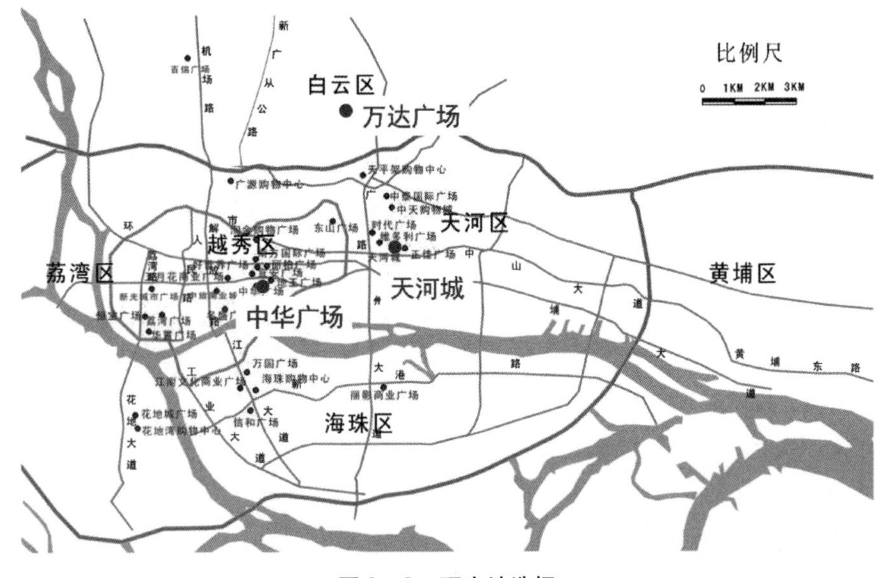

图3－2　研究地选择

第二节　实体零售发展现状及面临困境分析

一、发展现状

（一）购物中心转型调整初见成效

根据商务部数据显示，2017年中国购物中心发展指数为68.5，同比上升1.3，高于荣枯线18.5，表明整体购物中心市场处于持续回暖和向好通道内。为了吸引商场人流和抵抗电商快速发展带来的冲击，广州购物中心加快调整业态比例，提高儿童城、美食城、游乐城、竞技馆等体验式商业业态占比，创新商业模式，打造特色活动空间，以期满足消费者体验需求（见图3－3）。天河路商圈、白云新城商圈、中华广场商圈等商圈都在推进转型发展步伐。例如，天河正佳广场投资6.8亿元打造全球首座室内空中极地海洋馆，发展以艺术氛围和国外商品为特色的买手制自有百货——Hi百货，并逐步开设演艺剧场、艺术馆等，加快从大型购物中心向超级体验中心转型；花城汇购物广场引进全国首个室内魔幻主题乐园——MAG 环球魔幻世界；5 号停机坪优化内部购物空间，开辟全新的中西餐饮食街，并在购物广场外开设一条“酒吧街”；凯德广场根据市场需求动态调整业态，通过定期举办各类主题活动吸引人流（见图 3－4）。天河城、中华广场、白云万达广场等购物中心内部业态也都进行了不同程度的调整，增设了线上线下互动体验设施、餐饮美食、休闲娱乐、儿童游乐场等，业态类型更加丰富多元。

图 3－3　互动体验设施

图 3－4　主题体验活动

（二）百货商店销售仍处低迷状态

2014—2017 年，百货店零售额均呈现负增长，2017 年百货店增速下降 2.6%，2018 年增速有所回升，同比增长 1.1%，表明现阶段百货店发展仍处于低迷状态（见图 3－5）。为了转变经营状况，广州百货业大力推进结构性调整，推动门店向多业态发展。广百积极拥抱互联网技术，加快线上线下的融合，推出广百购物 App，在京东到家上线广百超市，推出微信公众号、微信会员卡，推广电子支付等举措（见图 3－6），并举办“广百之夜”、广百旅游节、广百婚庆节等大型营销活动，联手品牌开展主题促销、员工内购会等多主体销售活动，优化提升消费者购物体验满意度。广州友谊集团推动越秀金融控股集团股份有限公司上市，积极探索商贸企业与金融机构联动发展，创新发展“百货＋金融”双主业模式，推进互线上线下融合发展，开设了线上门户网站，推出了“友谊网乐购”等交易平台，对国金商店服务设施和部分品类、品牌组合进行调整优化，在友谊 OUTLETS 购物中心、正佳店等各大门店组织节日主题性促销活动，在节日配套商品、节日促销吸客力、体验式营销等方面表现佳，节日销售量明显提升。其他一些百货店也加快转型升级，推出 O2O 移动互联商业模式，发展“零售业＋互联网”模式，建立或应用现有的网络购物平台，发展线上线下联动的新型营销模式。一些百货店加快推动与文、商、旅融合发展，通

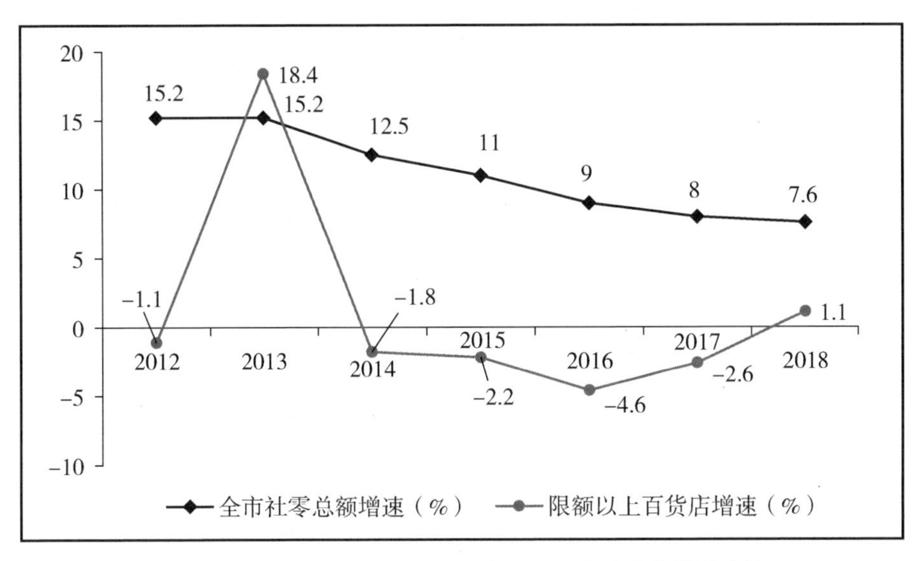

图 3－5　2012—2018 年广州市限额以上百货店零售额增速情况

过配合广府庙会、广州园林博览会等主题展览活动，在百货商场及周边设立老字号品牌展区，吸引大批外地旅客游览，提升消费者体验式消费。

图3－6　百货店推行移动支付

（三）超市加快转向多渠道营销

近年来，广州限额以上超市零售额呈现波动下滑趋势，2012—2018 年平均增速为6.41%，低于社会消费品零售总额增速；2018 年同比下降3.5%，增速比2017 年回落6.7 个百分点（见图3－7）。究其原因，天猫、京东等电子商务企业拓展生鲜食品等商品品类经营业务，对实体超市形成一定的冲击和分流影响。随着线下竞争进一步加剧以及顾客消费习惯改变，广州超市已经普遍推广微信、支付宝等电子支付方式，并尝试通过发展移动端销售平台，拓展线上销售渠道，优化送货上门服务，大力推进超市社区业态发展，如广百超市已尝试拓展跨境购业务，加入京东到家平台，提供2 小时内快递到家的一站式服务体验，实现线上线下全渠道营销策略。线下举办主题营销活动也成为超市吸引客流的一个渠道，如广百超市积极开展内购会、路演、会员活动等销售主题活动，利用微信平台提前宣传，引导线上消费者光顾，推进线上线下互动融合，促进线下客流及销售额提升。

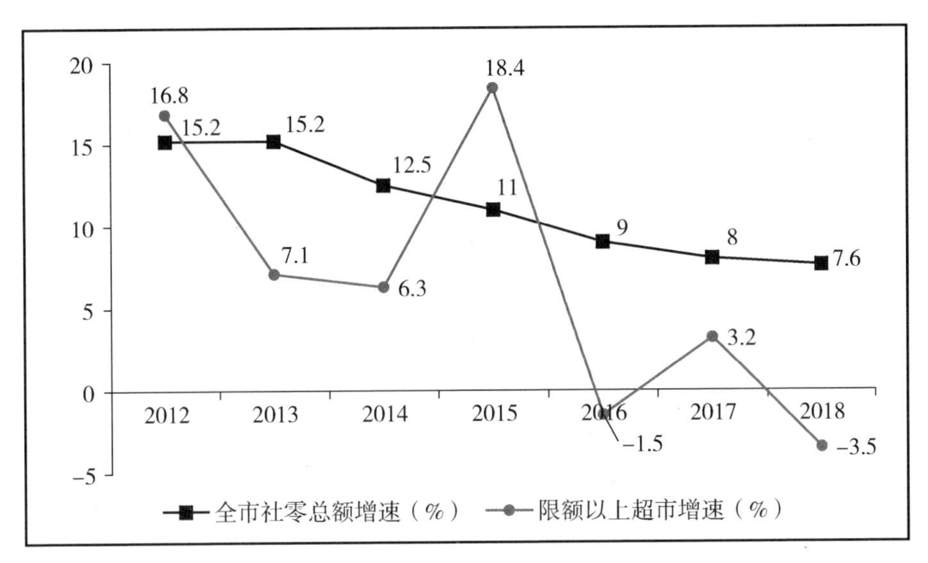

图3-7　2012—2018年广州市限额以上超市零售额增速情况

（四）便利店市场需求进一步扩大

根据商务部发布的《中国便利店景气指数报告》数据显示，2018年第二季度便利店行业总体景气指数为70.25，高于荣枯线20.25，便利店市场仍处于健康发展区间。生活节奏加快、“90后”消费群体崛起、人口老龄化等趋势催生了快捷消费的需求，促使便利店的市场需求进一步扩大。广州便利店业态实现良好发展态势，2018年，便利店零售额为84.24亿元，同比增长13.3%。龙头企业通过收购兼并逐步完善网点布局、做大规模、提升效率、降低成本，各品牌连锁商继续完善网点布局，7-11、全家、喜事多、美宜佳等便利店在社区、商圈和地铁站附近增开网点，进一步满足人们对即时消费的需求。针对消费群体逐步转向时尚消费人群，便利店整合体验业态，充分挖掘便利店端口价值，主推兼具餐厅功能、一店多能的O2O模式。在这些便利店中，很多都增设简餐、快递收发、洗衣等多种生活服务，满足社区居民的生活服务。在商品的结构、数量等方面，便利店中的商品主要以购买频率高的食品、饮料、烟酒、日常用品等生活必需品和快速消费品为主。8字便利店等根据不同顾客群体的喜好，推出多样化产品组合，提高营销转化率，同时借力电商平台大数据分析，为店铺圈定潜在消费客群提供依据，扩大零售额和利润额。全家便利店把握着社区生活的入口，沿旅游景点及沿线布点，与电商形成明显互补。其特征是扩大店内购物空间与休闲区，丰富熟食和饮品款式品种，店内设有餐饮区；发挥“一店多能”的优势，拓展羊城通售卡与消费、银联消费、电影卡、网游点卡、即开彩票、鲜花代订、票务代售、EMS快递、电话套卡和充值服务、拉卡拉等更多商务功能，利用便利店24小时服务的特点，实现金融服务社区化、便民化，使便利店场景价值得到提升，进一步巩固便利店一站式社区生活服务平台的搭建。

（五）专业店和专卖店实现深度洗牌

广州专业店和专卖店在广州零售业业态中占比最大，二者占全市限额以上有店铺零售总额的2/3，商品涵盖所有品类。2018年，广州专卖店、专业店商品零售额分别增长9.6%和8.6%。专业店多选址商业中心以及百货店、购物中心内，以销售具体种类的商品为主，体现了专业性、品种丰富、选择性多的特点，采用柜台销售或开架面售方式，经营灵活、转型快、优势明显。因此，专业店占全市限额以上零售业态约40%，对零售发展带动明显。当前，专业店和专卖店已进入新一轮洗牌，其中电器卖场、儿童商业以及快时尚品牌最引人关注。家电专卖店出现撤并调整，门店经营情况波幅较大，数量有所下降。一些新的连锁品牌如“千鲜汇”“佳鲜农庄”“盐津铺子”“伊份”等陆续布局广州，专卖店正处于新旧更替的良好局面。

二、面临的挑战

（一）消费方式改变引起供需方不匹配

基于消费者行为特征的分析发现，当前光顾实体零售的消费者的消费动机、消费模式、消费内容、商业业态选择等都发生了变化。在消费方式方面，消费者对网络接纳度、融合度更高，已经形成网上购物习惯，移动网络购物日益普及。数据显示，75%的受访者表示自从有了网上购物，外出购物“次数有所减少”或“次数减少很多”。消费者在超市、便利店等线下实体店使用手机线上支付结算的习惯逐步形成。消费者经常选择的支付方式，电子支付占比达到60%，现金支付仅占30.3%。消费者更注重消费体验。调查数据显示，消费者光顾商场选择购物动机的占比从32.2%下降到26.9%，73.4%的消费者认同“人们越来越注重体验消费”。在此背景下，实体零售业要抓住消费方式转变特征，加快推进转型升级，让商品更有竞争力，并在商品品类、服务质量、流程管理等方面有所提升。然而，实体零售难以在短时间内快速转型以满足消费者需求新特征，从而造成需求与供给之间不相匹配，这成为实体零售持续发展面临的重大难题。

（二）新兴零售模式加剧商业业态竞争

随着互联网普及发展，新一代信息技术的不断完善和更新，新兴零售模式的涌现，如 B2C 模式、C2C 模式、O2O 模式、新零售快闪店、无人便利店、无人超市等，加剧了商业零售业态的竞争态势。在 2012—2018 年，广州限额以上网上商店零售额年均增速 77.7%，明显高于社会消费品零售总额增速（见图 3－8）。网上商店作为一种新的业态方式，其种类多样、价格优惠、送货上门、分期付款等优势，对消费者，特别是年轻消费群体的吸引力较大，其发展对实体零售业态造成一定冲击。百货店的业态类型较为单一，受电商冲击

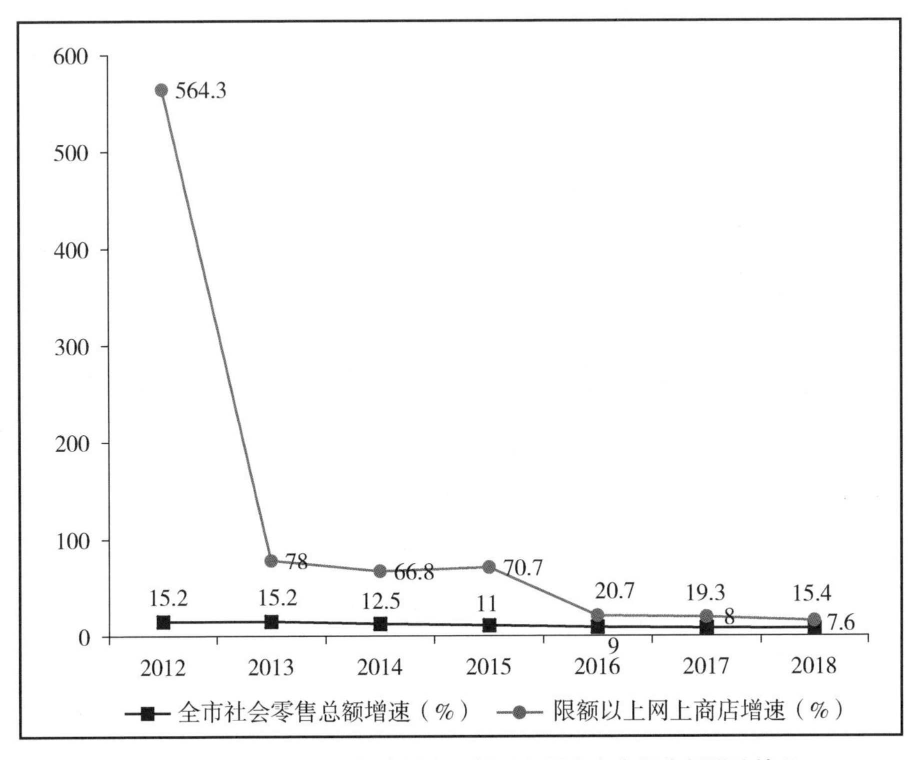

图 3－8　2012—2018 年广州市限额以上网上商店零售额增速情况

比较明显。在2012—2018年，广州限额以上百货店零售额年均增速仅为0.8%，比社会消费品零售总额平均增速少了10.4个百分点，2012—2017年连续6年均呈现负增长。2018年，百货店零售额同比增长2.6%，表明现阶段百货店发展仍处于低迷状态。广州限额以上超市零售额也呈现波动下滑趋势，2012—2018年平均增速为6.4%，低于社会消费品零售总额增速，2018年同比下降3.5%。总而言之，随着商业新业态新模式加入零售市场，实体零售受到不同程度的竞争所带来的冲击，并正积极探索转型创新发展道路。

（三）实体零售服务水平有待提升

实体零售自身也存在一些“痛点”，影响消费者的购物体验。问卷调查数据显示（见图3-9），实体零售购物体验存在不少让消费者“吐槽”的地方，比如“商品价格贵”“路上耗时长”“搜索商品耗时长”“结账排队时间长”等成为消费者普遍反映的问题。实体零售如何在提高消费者购物效率、优化购物环境等方面实现创新，更好地提升消费者的购物体验是其实现转型升级应考虑的重要问题。

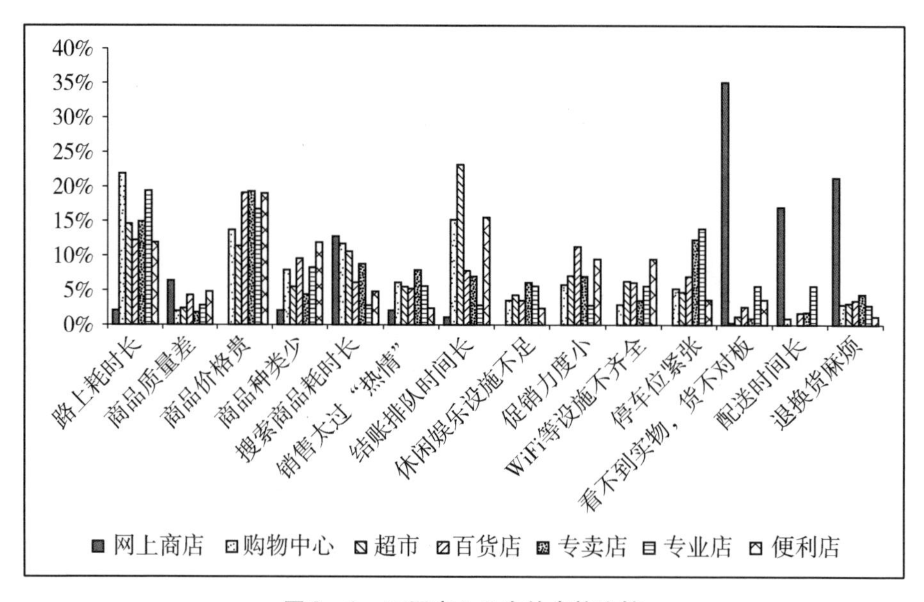

图3-9　不同商业业态的劣势比较

（四）实体零售运营成本处于上升通道

近年来，商业物业成本及人力资源成本逐年攀升，传统实体零售运营成本随之提高。根据普华永道《中国零售企业营运资本管理调查》结果显示，中国零售企业经营费用（特别是房租、人工和水电）的逐年提高蚕食了利润空间，导致整体利润率处于下滑态势。一方面，城市商铺、仓库价格上涨迅速，租金也不断提升，实体企业租赁商铺营业租金普遍上涨。另一方面，实体零售店人力成本等运营成本也在上升。招工难、留人难推动了员工薪酬水平普遍上涨，零售业人力成本不断攀升。总之，广州零售业企业受租金、劳动力、库存周转等运营成本上涨影响，企业利润下滑，商品价格居高不下，实体店商品价格难以与网店商品竞争，企业转型创新发展迫在眉睫。

（五）转型创新发展难以有较大突破

当前，广州实体零售企业经营模式的品牌化与差异化表现不足，应对竞争策略仍以价格战为主要手段，以促销活动为主要方式，营销手段单一，经营理念和管理手段创新不足。虽然一些实体零售通过引入电子支付、线上下单线下配送等新方式推进转型升级，但是颠覆性、革命性创新不足，运用大数据分析、运用新技术优化供应链管理等举措尝试不足，取得的效果也甚微。以百货业为例，广州百货商店积极探索电商新模式，广百打造“广百荟”电商平台，摩登百货推出“摩登网”平台，广州友谊商店推出零售微信服务号“广州友谊”，但广州百货业依旧延续着传统的联营返点或柜台租赁等经营模式，转型成效甚微，企业营收及净利润连续下降。例如，2012—2016 年，广州友谊商店总营收及净利润 5 年连续下滑，总营收从 2012 年的 44.6 亿元逐年下降到 2016 年的 26.97 亿元，净利润从 3.82 亿元下滑到 2.27 亿元。在互联网背景下，实体零售企业推进线上线下融合困难重重，转型升级动力不足，缺乏互联网发展理念，技术与人才支撑不足，影响着零售企业的转型升级，难以快速响应数字经济时代消费者的新需求。

第三节　实体零售消费者行为特征演变分析

一、消费动机变化：购物目的性减弱，社交目的性增强

从消费者光顾目的来看，消费者光顾商场具有多目的性，休闲/娱乐和购物的比重均较大，可见，商场在满足消费者购物需求的同时，也成为消费者的休闲空间。从2012年和2017年横向比较来看（见图3－10），消费者选择购物的比重有所下降，从2012年32.2%降至2017年26.9%；娱乐/休闲比重从39.8%降到35.4%；旅游从5.7%下降到3.5%；就餐与会友的比重有所提升，分别增加2.9个百分点和8.9个百分点。这也说明了消费者光顾大型商场的动机有所变化，购物动机有所弱化，就餐及会友等社交目的性进一步增强。近年来，我国电子商务快速发展，网络零售持续高速增长。2017年，我国实物商品网络零售交易额达到5.48万亿元，是2012年的4.4倍，网络零售市场交易总额占社会消费品零售总额的比重也从2012年的6.1%上升到15.0%。随着电子商务的日益普及，消费者日常购物的渠道更加多样化，网上商店的发展在一定程度上分流了部分实体零售业态的市场份额。

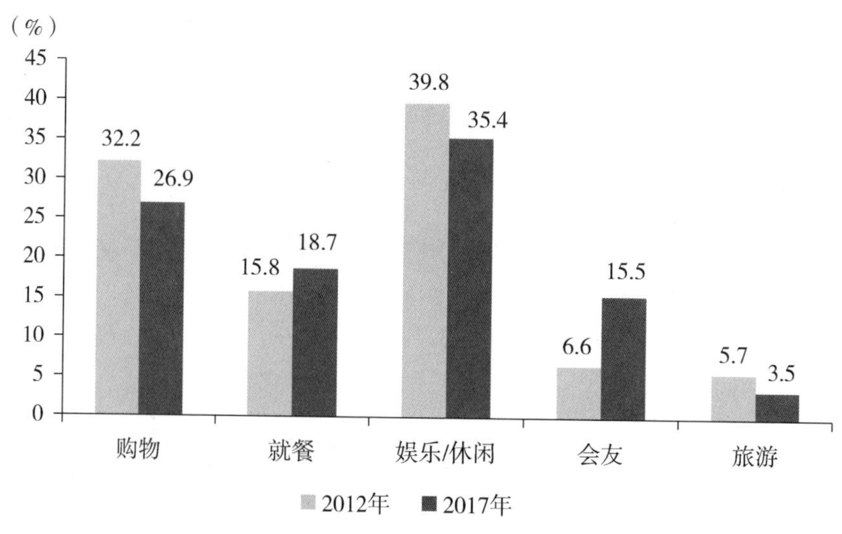

图3－10　2012年、2017年消费者光顾动机情况比较

进一步考察消费者的社交情况发现（见图3－11），消费者在商场购物活动过程中表现出很强的社会性，有79.3%的消费者选择在有人陪伴的情况下进行购物活动，选择自己一个人的情况仅仅占20.7%。可以看出，消费者在购物过程中更乐意与家人、朋友等相伴，在购物过程中可以征求同伴意见。大型商场不但是购物的空间，还是联系亲情、友情的平台，成为消费者交流感情、传递信息的交往空间。

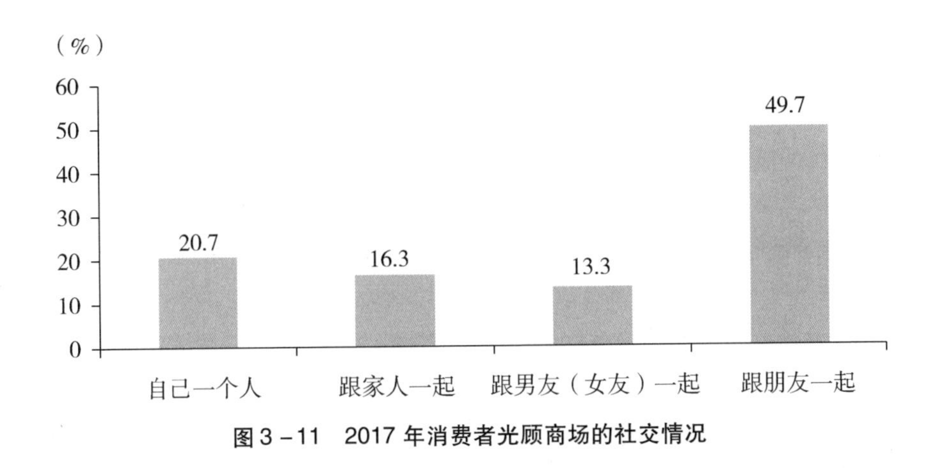

图3－11　2017年消费者光顾商场的社交情况

二、消费内容变化：快速消费品受网购分流较大，体验性服务及非标准化品类不降反升

大型商业中心拥有百货店、超市、专业店、专卖店、便利店等多样化业态形式，销售的商品种类众多，涵盖了食品、日用品、服装、电器等生活消费品，可以满足消费者一站式消费需求。对比2012年与2017年的问卷数据显示（见图3－12），消费者在大型商业中心选购的商品类型也发生了一定变化。最显著的变化是选择“游乐场/滑冰”的占比从2012年3.3%增加到2017年19.0%，选择“食品/日用品”的占比也从22.0%增加到26.1%，选择“家私”从0.2%增加到4.1%，而选择“就餐”从15.0%下降到1.8%，选择“服装”“皮包皮具”“化妆品”“电器、电子产品”等的比重则有不同程度的下降。在网络购物兴起及盛行的背景下，消费者在实体商店购买商品的类型发生了变化。消费者通过网购满足了购买服装、皮包皮具、化妆品等一部分消费

需求，在实体商场更多以休闲、服务等消费为主。

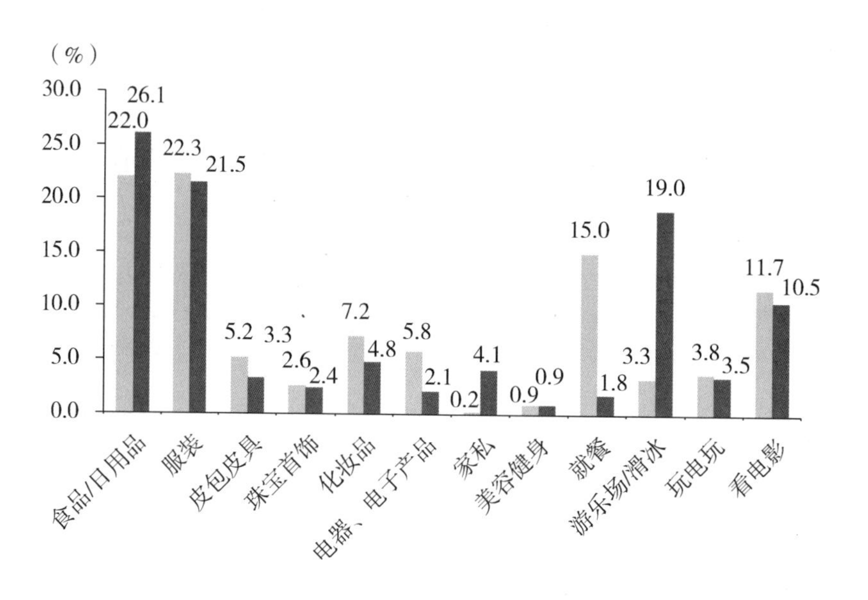

图3－12　2012 年、2017 年消费者购买商品类型情况比较

这与电子商务的快速发展及互联网普及化背景下消费者消费行为方式改变密切相关。近年来，随着电子商务发展环境的日渐成熟与相关技术的普及应用，网上购物也呈现出以淘宝为代表的 C2C 模式，以京东、天猫为代表的 B2C 模式，以京东超市、天猫超市为代表的网上超市，以唯品会为代表的品牌特卖形式，等等。线上多样化的经营模式与线下实体商业业态经营商品有所重叠，也为消费者提供了更多的选择。根据 CNNIC《2015 年中国网络购物市场研究报告》显示（见图 3－13），服装鞋帽、日用百货、书籍音像制品、电脑/通信数码产品及配件、家用电器等商品位于网络购物商品品类的前列，即网上购物主要分流了实体店这些品类的市场份额，而如游乐场等体验性服务受到网上购物影响相对较小，消费者选择在实体店购买这些商品的比重反而提升。总而言之，服装、日用百货等生活快消品及标准化较高的品类受网上购物分流影响较大，体验性活动及非标准化商品品类受网上购物影响较小。

从购物频率比较来看（见图 3－14），消费者每周网络购物的频率略低于实体购物的频率。从网络购物和实体购物在日常消费采购支出的比例来看，实

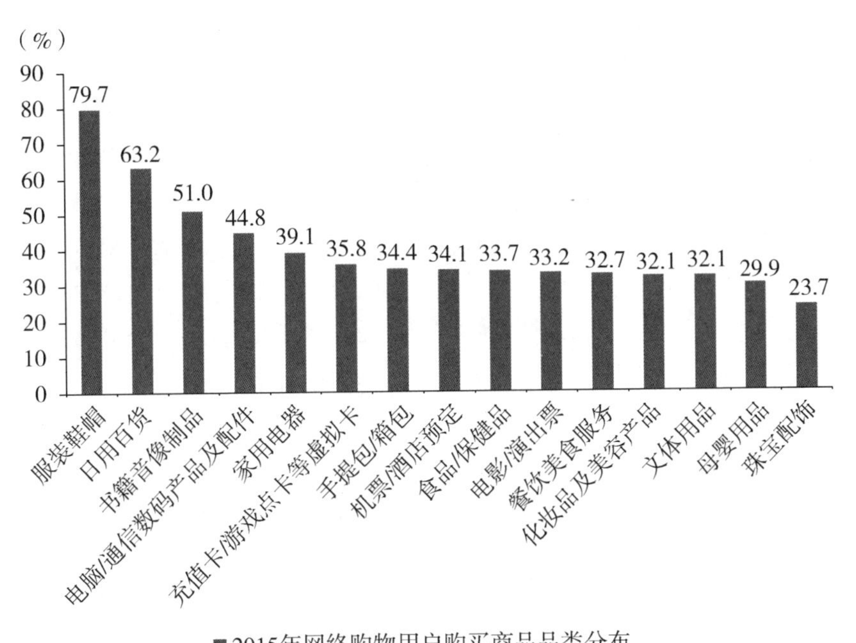

图3－13　2015年网络购物用户购买商品品类

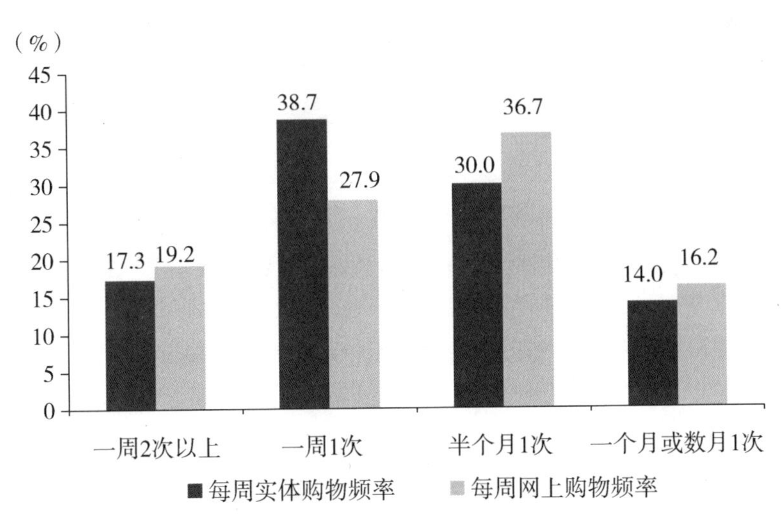

图3－14　实体购物频率与网上购物频率比较

体购物消费占比不及网络购物的消费占比。究其原因，一方面，手机购物用户增长迅速，拓展了购物场景，激发了购物增量，增加了购物次数，网络购物成为众多网民的一个消费习惯，网上购物频率逐步提升，已接近实体购物频率。另一方面，由于低价、送货上门等优势，消费者购买服装鞋帽、日用品等生活快消品多选择网上购物，这些占日常开支比重较大，使得网络购物的消费金额在日常消费采购中比重略高于实体店采购比重（见图3－15）。当然，日常消费采购商品不包括外出就餐、休闲娱乐等消费支出。从消费者主观认知情况来看，当被问及“自从有了网上购物后，平时外出购物次数变化情况”时，有52.3%的消费者认为“次数有所减少”，有22.7%的消费者认为“次数减少很多”，不到3.0%的消费者认为“次数有所增加或者增加很多”（见图3－16）。由此可见，网上购物确实影响了消费者外出购物的频率及消费金额，网上购物对传统实体零售造成了一定的冲击。

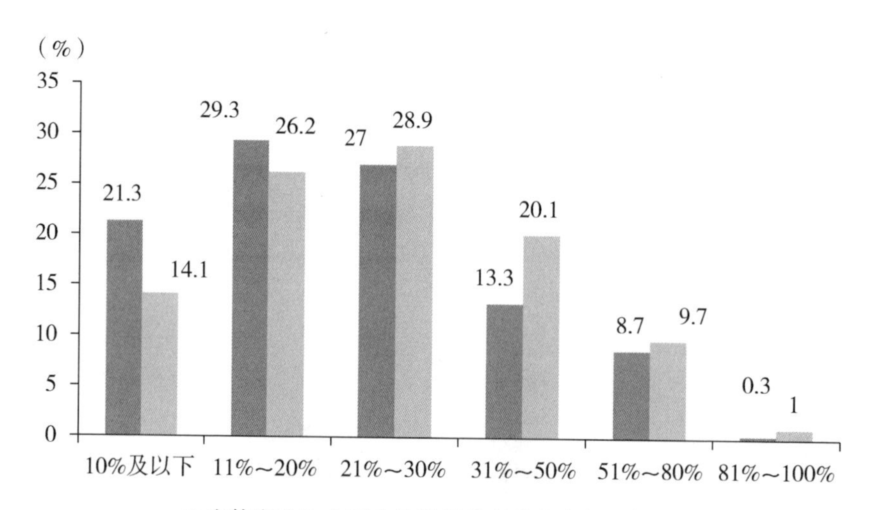

图3－15 实体购物频率与网上购物日常消费支出比较

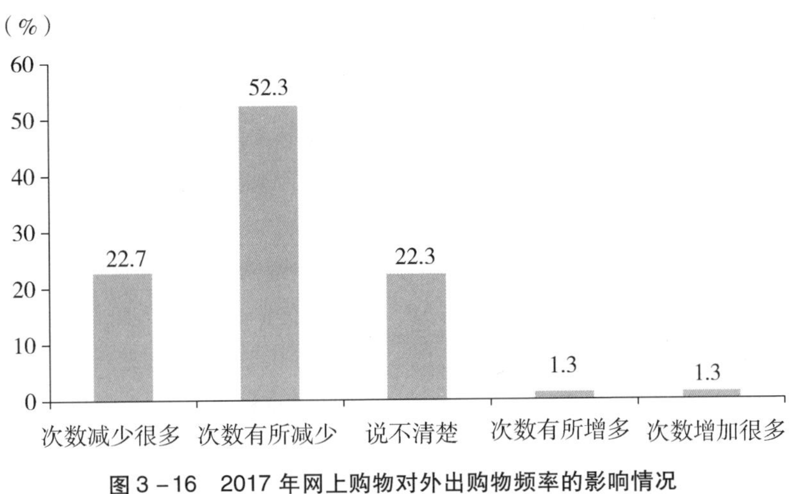

图3-16　2017年网上购物对外出购物频率的影响情况

三、消费习惯改变：线上线下互动频繁，线下消费更加方便快捷

随着新一代信息技术的广泛应用，互联网普及程度显著提升，特别是移动互联网的快速发展，深刻改变了人们的工作、生活方式。在互联网普及广泛应用的背景下，消费者的消费行为方式也发生了重要变化，移动互联网主导地位强化。根据中国互联网络信息中心发布的第41次《中国互联网络发展状况统计报告》显示，截至2017年年底，我国手机网民规模达7.72亿人，互联网普及率为55.8%，超过全球平均水平8.8个百分点。网民中使用手机上网的比例由2016年年底的95.1%提升至97.5%，手机上网比例持续提升。手机在人们生活中扮演着重要角色，成为线上线下互动联系的重要纽带与终端。从“逛街过程中使用手机的情况”统计数据可知（见图3-17），用手机“在线支付”占比达到21.1%；手机用以“查找商家信息”占比达到18.7%，也说明了线上获取商家信息已经越来越普遍；“规划出行路线等”占比达到18.4%，说明手机让逛街出行变得更加舒适和便捷；“获取优惠信息/优惠券”以及“对比价格”也成为消费者在逛街过程中使用手机的重要方面，占比均在10%及以上，通过线上线下价格对比，消费者具有更多选择，消费也更加理性；此外，“拍照片”及“分享朋友圈”也成为消费者逛街过程中的一项活动内容，消费者将逛街场景分享到朋友圈，实现线上线下社交的目的。可见，在移动互

联网日益普及的背景下，消费者线上互动也日益频繁，场景化越来越凸显，线上线下实时互动也让实体消费更加方便快捷，商家商品信息搜索更加便利，价格更加透明，同时也达到了消费者线下场景体验、线上分享的社交目的。

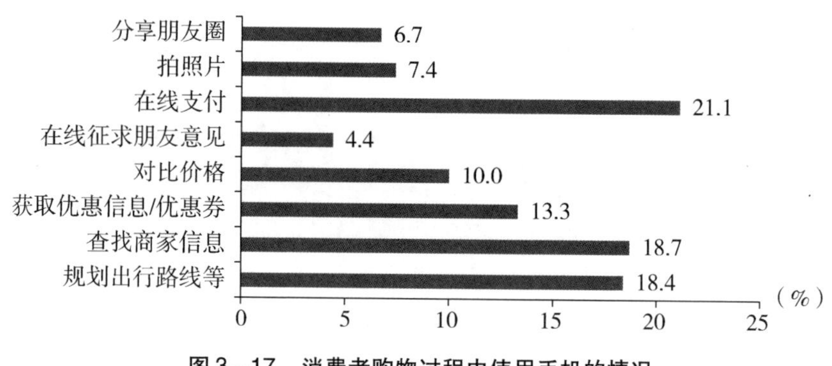

图3－17　消费者购物过程中使用手机的情况

随着新媒体的发展，电视、报纸等传统媒体作为商品广告推荐渠道的地位有所弱化。如图3－18所示，消费者获取商品信息渠道更加多元化，“网上搜索信息”“朋友圈/社交平台信息”“互联网视频网页广告”等线上传播渠道日益成为消费者获取商品信息的重要渠道，合计占比达到45.2%；“电视、报纸”“户外媒体广告”等传统媒体渠道占比仅为20.8%。可见，在互联网时代，消费者通过线上获取商品信息的重要性日益凸显，消费者行为方式的改变要求实体店的商品信息发布渠道以及营销手段及时作出调整与转变。

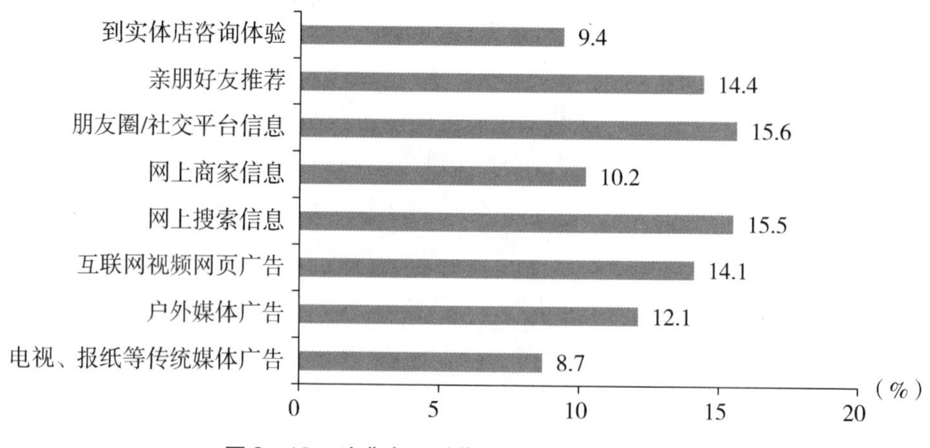

图3－18　消费者平时获取商品信息的主要渠道

《中国互联网络发展状况统计报告》数据显示，2017 年，我国移动支付用户规模达 5.33 亿人，线下场景使用特点突出，网民在线下消费使用手机网上支付比例由 2016 年年底的 50.3% 提升至 65.5%。网民在线下购物时使用过手机网上支付结算的比例达到 61.6%。根据本次问卷调查数据显示（见图 3－19），消费者经常选择的支付方式——电子支付占比达到 60.0%，现金支付仅占 30.3%。调查结果与全国调查情况相类似，消费者在超市、便利店等线下实体店使用手机网上支付结算的习惯逐步形成。

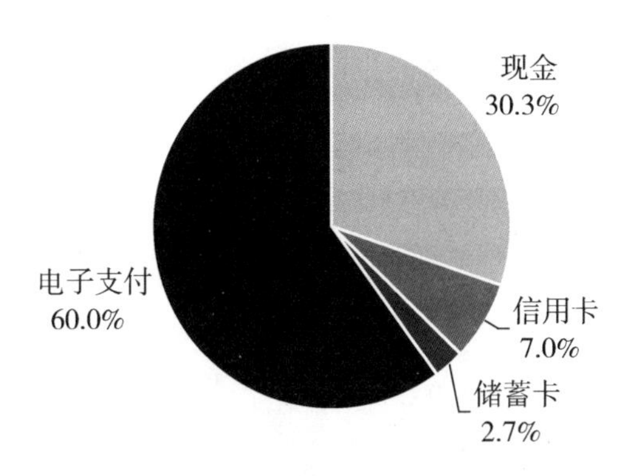

图 3－19　消费者经常采用的支付方式情况

四、消费模式转变：消费模式转型升级，体验消费特征日益凸显

1999 年，美国约瑟夫·派恩二世（B. Joseph pine II）和詹姆斯·吉尔摩（James H. Gilmore）合著的《体验经济》将体验定义为“企业以服务为舞台，以商品为道具，以消费者为中心，创造能够使消费者参与，值得消费者回忆的活动”。体验经济就是通过企业提供最终的合理的商品和服务，满足消费者的各种体验而获得收益的一种全新的经济型态；其是经历了产品经济型态、服务经济型态之后细分化出来的一种全新的经济型态，最根本的属性就是使每一个消费者以个性化的方式参与到经济供给物之中。从国际规律来看，当人均地区生产总值突破 6000 美元时，消费模式开始转型。当人均地区生产总值突破 1 万美元时，消费者用于文化、健康、休闲等体验经济的消费能力将大大增强，消费模式也从“节约原则”转向“快乐原则”。从消费经济层面来看，2017

年广州人均地区生产总值已到达 1506788 元（折合 22317 美元），已经进入消费升级阶段。从消费者微观层面来看，消费者的消费观念愈加成熟，注重情感需求和个性化诉求，对服务消费、购物体验等需求越来越高。从消费者对“逛街是一种放松休闲的好方式”的情感认同的数据结果来看（见图 3－20），有 65.6% 的消费者都比较赞成这一观点（包括基本同意和完全同意），逛街的目的不单单是购买商品，消费者的情感性、社交性需求在逛街过程中也得到了满足。从消费者认知来看（见图 3－21），有 73.4% 的消费者认同人们越来越注重体验消费（包括基本同意和完全同意）。给消费者带来感受丰富的消费体验是实体零售企业实现转型升级的重要维度。

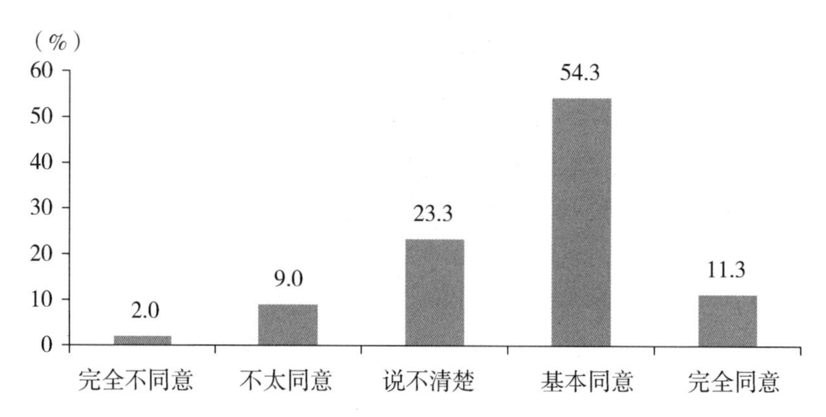

图 3－20　消费者对“逛街是一种放松休闲的好方式”的情感认同

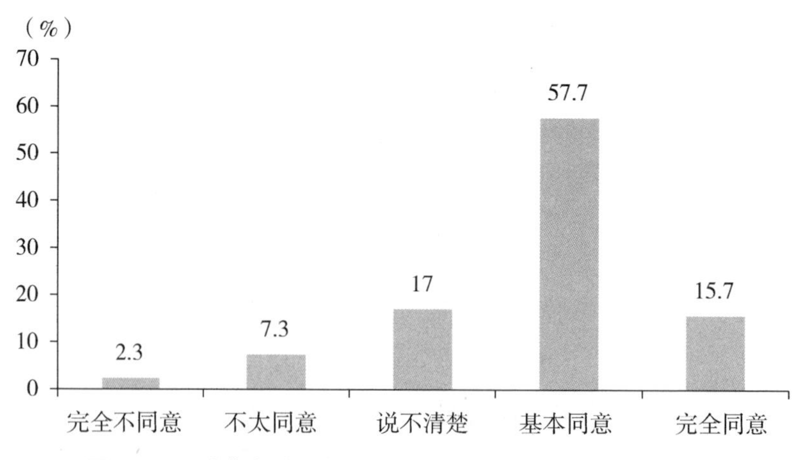

图 3－21　消费者对“人们越来越注重体验消费”的情感认同

五、消费出行空间改变：消费出行范围扩大，商业业态空间加速分化

大型商业中心包罗万象的商品服务类型，可以满足消费者多样化的需求。在互联网经济快速发展的宏观背景下，消费者购物出行行为已经悄然发生了改变，选择消费目的地的偏好也有所改变。根据问卷数据统计结果显示，“购物环境优越”“商品种类齐全”和“餐饮/休闲娱乐设施多”是消费者光顾大型商场的三大重要因素。对比 2012 年与 2017 年的数据显示（见图 3－22），消费者对餐饮休闲配套设施的重视程度进一步提升，选择“餐饮/休闲娱乐设施多”的比重由 2012 年的 14.9% 增长为 2017 年的 20.6%；消费者对“商品档次高”和“商品种类齐全”的重视程度也有所提升。总而言之，实体零售空间不单单是购物的空间，还是体验互动的空间、人与人交往的社交空间，消费者不但消费商品，还在消费空间。

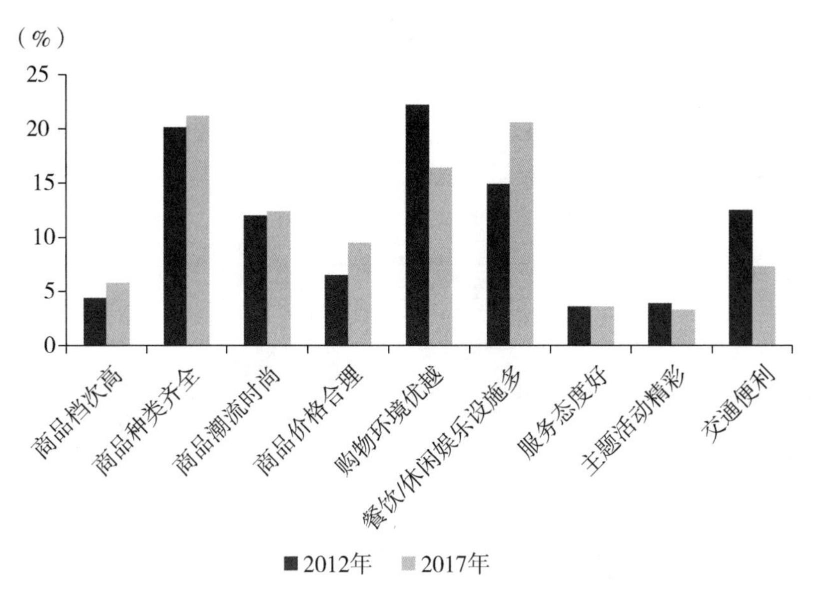

图 3－22　2012 年、2017 年消费者光顾大型商场的主要因素

随着休闲娱乐或者社交目的性的增强，消费者愿意花更多时间去想要去的购物目的地。从光顾频率来看（见图 3－23），消费者光顾商场的频率不减反升，选择“一个月或者数月 1 次”的比重明显下降了 12.7 个百分点，其他选

项均有所提升。消费者在商场的停留时间有所延长（见图 3-24），选择“半天”“超过半天”的比重有所提升，而选择“1～2 小时”的比重从 55.2% 下降到 37.0%，消费者愿意花更多时间在商场中逗留。

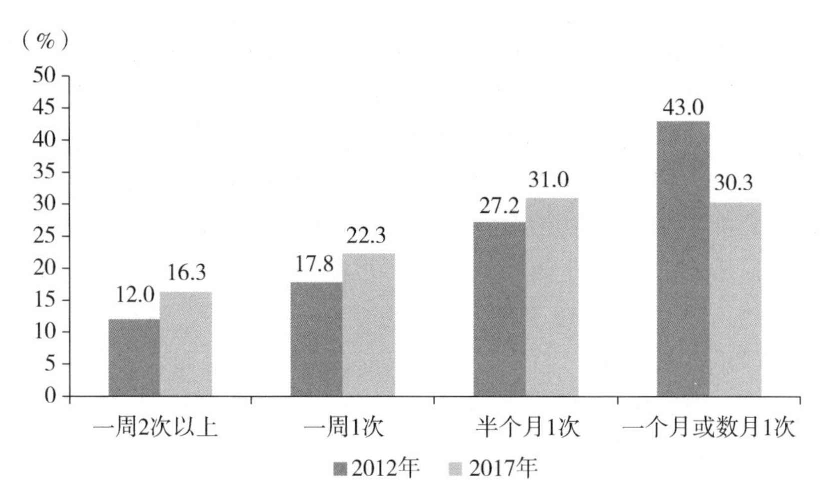

图 3-23　2012 年、2017 年消费者光顾商场的频率

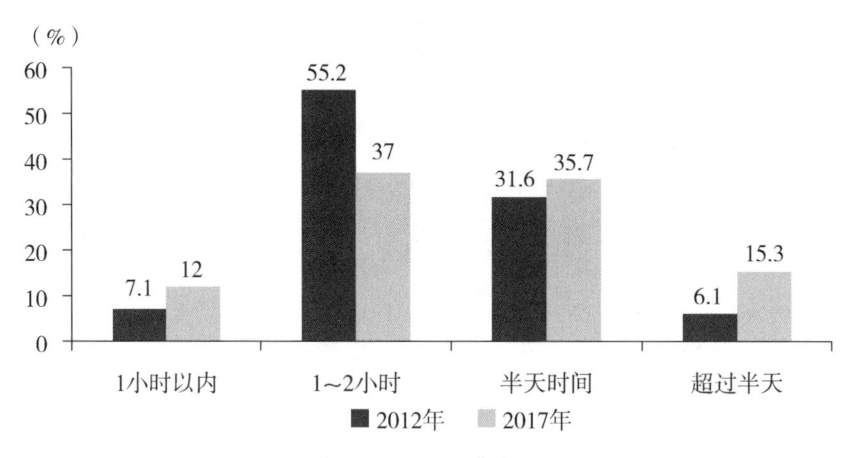

图 3-24　2012 年、2017 年消费者在商场停留的时间

究其原因，一方面，随着互联网的普及，市民在线办理业务急剧增加，很多需要面对面完成的传统业务，如银行业务、政务业务、办公洽谈等一系列活动都可以在网上办理，被动式社交活动减少，而人对沟通交流的社交需求依然存在，促使人通过就餐、休闲娱乐、逛街、旅游等活动满足主动社交需求和体

验需求。另一方面，网上购物渠道也分流了部分生活必需品的日常采购活动，节约了时间与精力，也让人有更多的时间开展社交活动及其他休闲活动。加上生活水平及收入水平的提高，城市软、硬件环境不断优化，人们的休闲时间更多，休闲方式也更加多样化，这也意味着商品种类齐全、餐饮休闲配套设施多、体验活动丰富的商业中心更受欢迎，不同等级商业中心的分化将加剧，无法适应消费者需求变化的商业中心将被淘汰，而能够快速响应消费者需求调整经营战略的商业中心将更加繁荣发展。

居民出行方式的选择，一方面受到交通基础设施配套水平的影响，另一方面受到自身经济条件及观念等影响。一般商场交通条件较为完备，有多条公交线路及地铁站经过，并且配备有停车场等设施，因此，消费者可以选择多种交通方式到达。从消费者交通方式的选择情况来看（见图3－25），在公共交通方面，选择公交车的比重有所下降；选择地铁的比重有所上升；选择出租车的比重从2012年的6.5%下降到2017年的3.1%；而网约车的出现，分流了出租车部分市场份额，占到4.2%，二者合计占比7.3%；选择私家车出行的比重有所上升，提高了1.5个百分点，也体现了市民购物出行交通方式选择的变化。从消费者前往商场的车程情况来看（见图3－26），消费者购物出行的平均车程延长了，说明消费者购物出行空间有所扩大。究其原因，一方面，城市交通出行方式的不断便利化为消费者购物出行空间的延伸提供了支撑；另一方

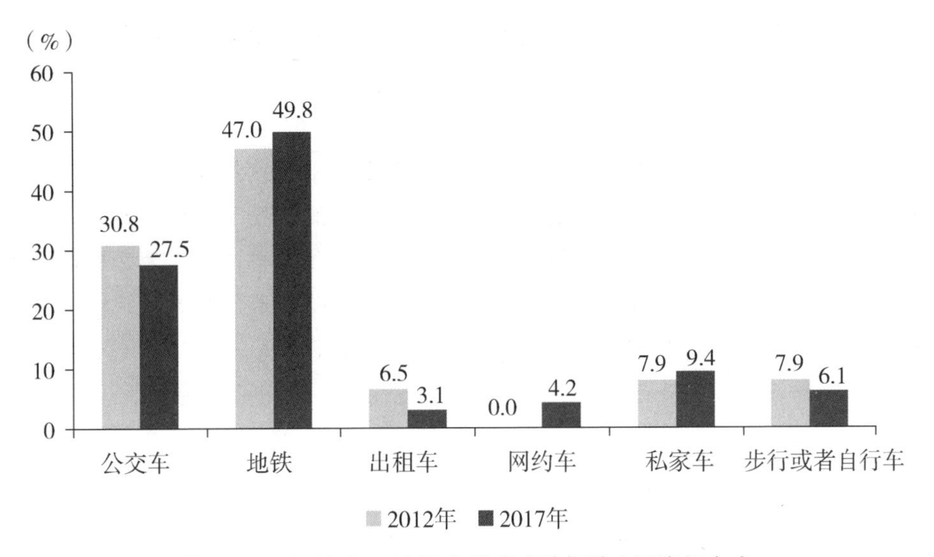

图3－25　2012年、2017年消费者选择的交通出行方式

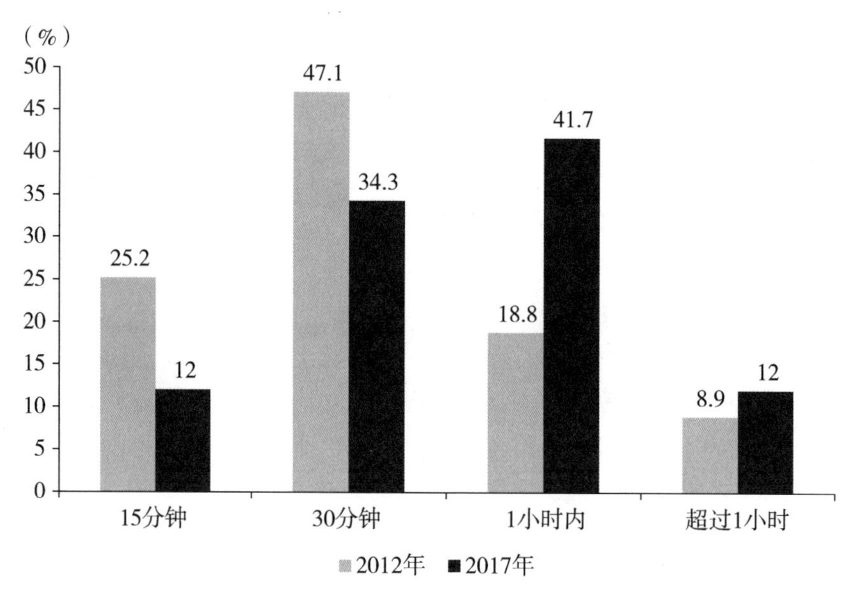

图3-26　2012年、2017年消费者前往商场的车程

面，消费者也更有意愿选择自己偏好的商场或者更高等级的商业中心进行购物消费，这与其购物动机的改变密切相关。

第四节　促进实体零售创新发展的路径选择

基于上述分析，实体零售面临着发展的困境，不仅仅归因于电子商务的快速发展，其本质是在互联网深刻改变人们生活方式的背景下，消费者的消费观念、消费动机、消费方式、消费行为模式发生了变化，实体零售消费者正经历着由关注商品消费、价格消费向关注品质消费、体验消费、服务消费转变的阶段。在新背景下，实体零售业应关注消费者的需求变化，顺应新技术发展潮流，发挥自身优势，从提升有效供给的视角，探索未来创新发展路径，以满足消费新需求。

一、以消费者需求为中心，提升消费体验

在新的零售市场环境下，各种新兴商业业态出现，业态竞争加剧，消费者需求发生深刻变化，满足消费者需求成为实体零售转型的关键。当前，电子商务成为消费者购买日常消费品的一个销售渠道，线上商店让消费者可以通过网络购买日常消费品，减少了消费者外出购物的时间，消费者可以有更多的精力与时间进行线下体验式消费活动，这有利于体验式消费发展。实体零售企业应以消费者为中心，实现从以传统商品销售为中心的卖方观念向以服务消费者为中心的买方观念转变，关注消费者需求和消费行为演变。

坚持实体零售店以消费者需求为中心的发展理念，依托数据分析等技术支撑，提升销售员的服务品质，优化购物环境，增强消费者的忠诚度和黏度。充分发挥实体零售店可直接与消费者接触的天然优势，通过优化产品结构、提升综合服务质量（含售前、售中、售后）、优化商业业态组合、增强消费者互动等多样化方式，把消费者逛街定义为一种“休闲方式”，促进实体零售从“买东西的场所”转变为消费者“体验的场所”，优化购物空间布局，营造主题式、场景式购物空间，增加消费者互动体验活动，实现消费者、活动、空间的良好互动，提升消费空间价值，满足消费者购物、体验、社交等多种需求，提升消费者的购物体验。

二、线上线下融合发展，实现跨渠道销售

随着互联网发展，线上信息传播渠道已经成为消费者获取商品信息的重要渠道，消费者通过比价、微信社交、朋友圈、拍照视频等各种互联方式实现线上线下活动的互动分享，增强了整体的购物体验感受。在此背景下，实体零售应充分发挥自有优势，积极推进线上线下融合互动发展。一是通过线上渠道，拓展商品信息传播渠道。结合当前消费者更多依靠手机、电脑等线上渠道获取商品信息的习惯特征，实体零售可通过开设线上交易平台、设置微信公众号、建立会员微信群、加入大众点评等主流信息搜索平台、投放网络广告、线上开展优惠促销活动、及时推送店内产品更新情况等多种方式，实现精准化营销，实现商家与消费者的信息对称，增强商品信息在网上的曝光率，提高消费者搜索信息的效率，将线上消费者引流到线下实体店消费，提高消费者的购物效率

和愉悦体验。二是打造线上线下交易平台，促进全渠道互动消费。实体零售商可结合自身实力及资源，通过自建平台或加入天猫、京东等主流开放平台，拓展线上业务，通过差异化商品供应，实现线上线下错位发展，部分商品也可以通过线上线下同价策略，促进销量整体提升；尝试推出线上线下比价、线上订单线下提货、线上选择线下交易等多种方式，形成线上线下融合发展局面。此外，实体零售商继续推广微信、支付宝等移动支付终端的结算服务，实现结算方式的转型，提供 WiFi、打印照片、主题化场景设置等方式，提升消费便利性和消费增值服务。三是加强线下线上合作，引入线上品牌的线下体验店。充分发挥实体店的体验优势，促进线上品牌形象展示，提升消费者对线上产品的认知和接受度，增强消费者的体验感。

三、优化供应链管理，实现供应链流程再造

充分利用互联网新技术，推进供应链管理整合再造，提升实体零售业核心竞争力。一是从粗放式物业管理方式转向精细化服务管理方式转变。实体零售业态要改变传统依靠收租盈利的思维，从业态的品牌组合、功能组合、购物环境打造、人性化服务等全方位入手，积极为消费者营造良好的购物空间和提供人性化服务。二是将互联网技术与供应链优化管理相结合。通过消费信息挖掘与处理，形成可衡量、可分析运用的大数据，充分利用大数据优势为供应商、品牌商提供数据信息，降低销售库存，为制造商降低成本。三是推进物流智能化发展，优化仓储运输智能化管理水平，降低流通成本。通过数据化管理优化供应链管理，实现供应链上下游企业的协同发展，提高商品供给的效率，推动供给侧结构性改革。

四、创新多元化盈利模式，提升整体盈利水平

当前，实体零售企业应打破传统挣取产品差价这一较为单一的盈利模式，通过整合自身资源优势，积极开拓多元化盈利模式。一是营销服务盈利。在互联网经济背景下，拓展网络营销手段，打造多元化营销服务平台，为供应商提供产品推广服务，增加实体零售门店盈利点。二是增值服务盈利。实体零售企业应充分发挥网点优势，与线上交易平台公司合作，开展仓储物流、及时配送、就近退换货、维修等服务配套项目，有利于降低供应商或入住商户的经营

成本，促进消费者购物体验的整体提升。三是会员服务盈利。一些实体零售可以尝试实行会员制模式，提供优质会员服务，提高消费者的黏性和忠诚度，同时拓展盈利点。此外，可以探索消费金融等新的盈利点，改变过分依靠销售利润的单一盈利模式，或者借鉴东京零售业的租赁模式，调整零售业态比，提升体验式业态的比重，实现实体商场转型发展。

五、新兴技术创新应用，打造商业新零售

新技术蓬勃发展，对生产组织及流通组织方式将产生颠覆性变革，消费者、生产者、渠道商等不同环节在流通体系中的地位与角色也将发生变化。新兴技术是推动零售变革的新动力，有助于顺应消费者个性化、多样化、智能化、体验性需求，有利于降低成本、提高效率。实体零售业的转型创新发展应放在科技变革及流通变革的时空维度下思考，探索转型创新道路，转型成为“新零售”。一是实现以新兴技术应用推动实体零售转型创新发展，加大实体零售技术创新研发投入，推进人工智能、移动终端应用、物联网、大数据、云计算、模拟现实（VR）、区块链等新技术在实体零售领域应用推广，探索无人便利店、无人超市等新零售和新商业模式。二是运用新技术改造升级传统实体零售，如在商店设计“智能屏幕”，展示更多商品类型，提供消费者选购；采用二维码标签技术，实现扫码结算和电子支付。采用人脸识别技术，收集分析消费者消费行为数据，重新建立业态与消费者之间的互动关系，实现商品信息精准推送；应用电子货架等促进店内商品结构优化和陈设优化，增设各具特色的互动体验区，提升消费者购物体验，满足消费者新的生活方式需求。

第五节　促进实体零售创新发展的保障措施

一、发挥政府的引导作用，促进实体零售转型发展

充分发挥政府规划引导的作用，加强实体零售业转型发展的顶层设计，以优化业态结构和空间布局为总体目标，推进盘活存量与做大增量相结合，优化

全市大型商圈空间布局，推动社区零售网点网络化发展，做大做响国际化商圈知名度，优化品牌消费环境，推进各类商圈主题化、特色化发展，引导业态雷同、功能重叠、市场饱和的业态退出市场或者转型创新发展，引导零售企业实施错位发展，调整优化商品结构，推进供给侧结构改革力度，满足消费者多样化消费的需求。

二、构建公平竞争的营商环境，激活市场主体活力

加强商贸流通市场的统一监管，促进线上线下公平竞争。加大力度打击制售假冒伪劣商品、侵犯知识产权、不正当竞争、商业欺诈等违法行为，不断完善网络经营者的资格审查和市场监管。建立社会信用体系，建立健全线上线下零售企业及相关主体信用信息平台，建立守信激励和失信惩戒的机制，为实体零售与线上零售营造公平竞争的营商环境。

三、加大扶持力度，促进新零售发展壮大

深化改革创新，推进简政放权，降低零售企业制度性成本，切实减轻企业的税费负担，贯彻落实“营改增”税收政策，增强政策的实效性和操作性，激发零售企业转型创新发展的内生动力。发挥政府新型产业扶持资金及投资基金等的作用，引导社会资本加大对零售新业态、新模式及新技术应用的投入力度。鼓励银商合作，完善综合服务措施，探索构建以大数据为依据的综合金融服务体系。探索发展供应链融资等金融支持方式，拓展零售企业融资渠道；研究探讨通过应收账款、存货、仓单等动产质押融资模式改进和完善小微企业金融服务，通过担保贷款等拓展小微企业融资渠道，鼓励支持商业新业态、新模式发展壮大。

四、发挥协会的纽带作用，推进业内共谋转型发展

充分发挥广州商业总会、广州市百货业商会等零售相关协会、第三方机构的行业引导与服务支撑作用，为零售企业转型发展提供技术、管理、咨询、信息等支撑服务，通过策划主题论坛、商业会展、学术交流会等多种形式，为各类业态零售商、服务商、供应商、互联网运营商以及业界专家学者等相关主体

搭建信息共享、交流合作平台，促进实体零售转型创新发展。搭建人才培养平台，加大对专业性技术人才的培养力度，推动相关行业高端人才对接合作，构建多层次零售人才队伍，提升实体零售业态的综合创新能力。

第四章

数字经济时代广州新零售发展路径研究

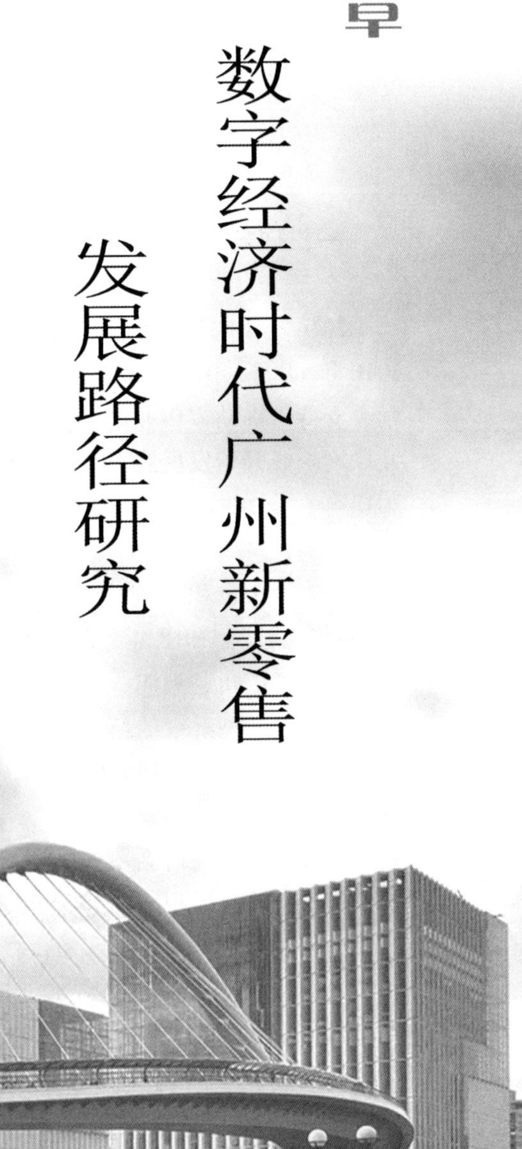

本章以新“零售之轮”理论为基础，以盒马鲜生、超级物种等新零售企业为案例，探讨新零售的概念内涵、产生动因、商业模式，结合新技术发展，进一步关注新零售未来发展趋势，提出广州加快发展新零售的对策建议，对广州建设国际消费中心，增强国际商贸中心竞争力具有重要意义。

第一节　研究背景与研究方法

一、研究背景及思路

2016年10月，马云首次提出“新零售”概念，引起了业界广泛关注。2016年11月，国务院办公厅印发《关于推动实体零售创新转型的意见》，鼓励、支持、推动零售业创新发展。随着电子商务流量增速的放缓，阿里巴巴等互联网企业开始发展线下实体零售。2016年，阿里巴巴推出了“盒马鲜生”，2018年，京东推出了“7FRESH”，永辉、苏宁等实体零售企业也开始推出“超级物种”“SU FRESH苏鲜生”等新零售业态，探索实体零售转型升级之路。国内城市也积极创造良好环境，大力吸引新零售项目入驻，致力于打造“新零售之城”。2018年，阿里巴巴启动建设“新零售之城”，北京、上海、杭州、深圳、广州、天津、福州等城市纷纷加入。可见，新零售的发展的已经成为城市商业转型升级的新动力，其满足和创造了新的消费，并将重塑城市间商业发展的地位及经济增长的格局。

新零售的实践探索引起了学者们的高度关注并促使其开展一系列理论研究。学者们开始探讨新零售的概念内涵、表现特征等。徐印州（2017）认为新零售产生的深层根源可以简单地归结为技术、消费和市场三个方面。杜睿云、蒋侃探讨了“新零售”的内涵、动因。鄢章华（2017）认为“新零售”的产生主要基于技术和网络基础设施的日益发展完善以及消费的不断升级，“新零售”相关研究需要结合新的营销理论，从新业态、新人群、新品牌、新技术等维度，重新构建人、货、场之间的关系。赵树梅等（2017）探讨了“新零售”的含义、模式及发展路径。一些学者则认为“新零售”的核心，实则为渠道、技术变革带来的经济效率提升与社会效益增加，一方面表现为零售商库存和消费者支付等成本的降低，另一方面体现为中间环节减少、客户体验提升以及物流交付更加便捷等。一些学者则探讨新零售与传统零售转型升级的互动关系，新零售行业相对于传统零售行业的优势，新零售对百货店、便利店、超市等的影响，预判未来零售业的发展趋势。一些学者开始尝试阐述传统百货商场在新零售时代转型的必要性，并对新零售时代传统百货商场的转型提出了切实有效的应对策略。丁俊发（2017）则将新零售放在中国流通业变革中思考，认为所谓“新零售”实质上是一种模式上的创新，是我国流通业从传统到现代、从粗放到集约的突破口，是解决当前我国流通业所面临的难题、创造崭新的商业模式、提高流通业活力的一把钥匙，“新零售”应当成为引领第四次世界零售业革命的骨干力量。可见，越来越多的学者研究新零售，认为新零售将对整个零售业产生深刻影响。作为一种新兴的业态，新零售的理论研究也处于起步阶段，研究主题主要集中于新零售的定义、发展方向等方面，研究方法上以定性研究为主，鲜有定量研究，实证研究也较为少见。关于新零售的发展动因、发展模式与演化路径等的研究具有广阔的空间。在此背景下，以新“零售之轮”理论为基础，以盒马鲜生、超级物种等为案例，探讨新零售的概念内涵、产生动因、商业模式，结合新技术发展，进一步关注新零售未来发展趋势，提出广州加快发展新零售的对策建议，对广州建设国际消费中心、增强其作为国际商贸中心的竞争力具有重要意义。

二、数据来源及研究方法

（一）问卷数据统计分析方法

本研究利用 2017 年消费者行为问卷采集的数据进行统计分析，把握消费者行为特征变迁的特点，为新零售发展提供来自消费端的阐释。2017 年 7—8 月，我们在天河城、中华广场、万达广场三个大型商场进行调查，同时发放在线问卷调查。问卷采取随机拦截形式，以被调查者自己填写为主。消费者问卷共发放 400 份，回收的有效问卷 363 份，有效回收率为 90.75%，符合抽样调查和本研究的要求。本研究利用的统计分析软件有 SPSS 13.0、Excel 2003，采用描述性统计（descriptive statistics）等分析方法。

（二）实地调查法

本研究还对广州商务局等政府有关人员、广州商业总会等社会组织的相关人员进行访谈、座谈，了解广州新零售发展情况，并选取盒马鲜生、超级物种、EasyGo 未来便利店、名创优品等具有代表性的新零售企业进行考察调研。

（三）文献资料收集法

本研究通过收集文献资料，梳理“新零售”的最新研究进展，并对国内外新零售技术应用、发展特点、发展模式、发展案例等进行对比分析。

第二节　新零售的内涵特征、产生动因及案例分析

一、新零售的内涵特征

马云提出“新零售”的概念，认为“未来的十年、二十年，没有电子商务这一说，只有新零售”。如今，线上线下的模式的边界越来越模糊，就整个零售业来说，竞争不再来源于线上和线下的模式，而要回归零售的本质。雷军认为，线下零售完全能够做到与电商一样的效率和成本，“新零售”的本质就是线上零售与线下零售相融合，以电商的模式和技术来帮助线下零售业改善用户体验，提高效率，让更多质优价廉的产品走进千家万户。2017 年 3 月，阿里研究院发布的《C 时代，“新零售”——阿里研究院新零售研究报告》提出，新零售是以消费者体验为中心的数据驱动的泛零售形态，从单一零售转向多元零售形态，从“商品 + 服务”转向“商品 + 服务 + 内容 + 其他”，其具有三大特征：以心为本，围绕消费需求，重构人货场，实现“以消费者体验为中心”；零售二重性，从物理化和数据化二维角度思考“新零售”；零售物种大爆发，形成多元零售新形态，向人人零售迈进。苏东风（2017）认为新零售是在现代信息科技发展的大背景下，传统零售或电商通过增加物流、生产等价值创造环节或要素，通过运用大数据、人工智能等先进“互联网 +”技术，实现协同与融合，甚至促进零售生态圈形成，最终产生的一种可为消费者创造更多购物价值的零售新模式。方颉等（2017）则认为“新零售”在原有 O2O 模式的基础上，更加强调供应链中的多方协作，同时也强调了物流在这个“新零售”过程中的重要地位。王宝义认为“新零售”是零售本质的回归，是在数据驱动和消费升级时代，以全渠道和泛零售形态更好地满足消费者购物、

娱乐、社交多维一体需求的综合零售业态；“新零售”既是电商逐渐遭遇“天花板”之后拓展线下空间、开辟新的利润源的倒逼行为，又是电商在消费升级时代弥补网络零售短板、依托信息技术争取竞争优势的战略之举。徐印州（2017）认为新零售是基于新一代信息技术的应用，以最大限度地满足消费者的体验需求为中心，实现全社会零售商业运转效率最大化的一种零售形态，并认为新零售产生的深层根源可以简单地归结为技术、消费和市场三个方面。杜睿云、蒋侃（2017）认为新零售可以看作企业以互联网为依托，通过运用大数据、人工智能等先进技术手段，对商品的生产、流通与销售过程进行升级改造，进而重塑业态结构与生态圈，并对线上服务、线下体验以及现代物流进行深度融合的零售新模式。鄢章华（2017）认为“新零售”的产生主要基于技术和网络基础设施的日益发展与完善，以及消费的不断升级，“新零售”相关研究需要结合新的营销理论，从新业态、新人群、新品牌、新技术等维度，重新构建人、货、场之间的关系。赵树梅等（2017）认为“新零售”是区别于传统零售的一种新型零售业态，是指企业应用先进的互联网思维和技术，对传统零售方式加以改良和创新，以最新的理念和思维为指导，将货物和服务出售给最终消费者的所有活动。

综合企业家、行业实践者、行业研究者、学者等多方的观点，结合典型案例研究，笔者认为“新零售”的基本特征包含以下几个主要方面：一是“线上＋线下”的深度融合，为消费者提供全渠道的服务，优化“人、货、场”的关系。二是新技术应用推广。通过互联网技术、物联网、人工智能、大数据、云计算等新技术的创新应用，针对传统零售的成本、效率、服务等关键痛点进行优化提升，提升零售整体的运营效率。三是以消费者为中心。以消费者需求为出发点，从以产品为中心转型为以消费者为中心，通过大数据收集分析处理等，了解把握消费者需求的特征，挖掘消费者潜在的需求，为消费者提供更加有价值的服务。结合商业业态的概念来看，新零售并不是一种新的商业业态，而是对现有商业业态的优化提升或者补充。

二、新零售的产生动因

（一）消费者需求转型升级

从国际规律来看，当人均地区生产总值突破 6000 美元时，消费模式开始转型；当人均地区生产总值突破1万美元时，消费者在文化、健康、休闲等方面消费能力将大大增强，消费模式也从“节约原则”转向“快乐原则”。随着人们的收入水平和生活水平的提高，人们的消费观念愈加成熟，注重情感需求和个性化诉求，对服务消费、购物体验等的需求越来越高。

（二）零售服务水平有待提升

传统实体零售自身发展存在短板，影响消费者的购物体验。调查数据显示，“商品价格贵”“搜索商品耗时长”“结账排队时间长”等是消费者普遍反映的实体零售存在的问题。电子商务作为一种新兴商业业态，也存在自身的劣势，如“看不到实物，货不对板”“配送时间长”“退换货麻烦”等问题，难以满足消费者的需求（见图4－1）。在新技术日益成熟的背景下，新零售在提高购物效率、优化购物环境、改善购物体验等方面不断创新，可以有效弥补或者优化现有零售业态存在的不足，更好地提升消费者的购物体验。

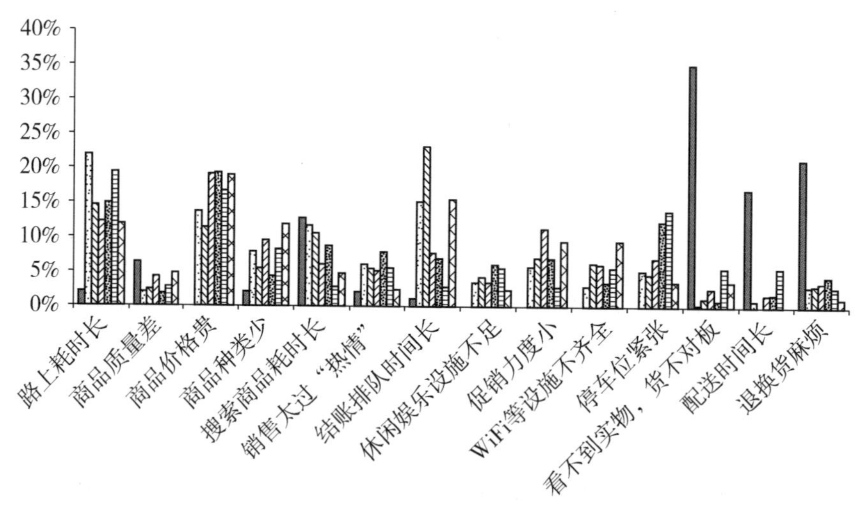

图4－1　不同商业业态的劣势比较

（三）技术创新应用日益成熟

从消费端来看，移动互联网、电子支付、自助结算等新技术在零售领域得到广泛应用。随着新一代信息技术的广泛应用，互联网普及程度得到显著提升，特别是移动互联网的快速发展，深刻改变了人们的工作和生活方式，消费者行为方式也发生了重要变化。根据中国互联网络信息中心（CNNIC）发布的第45次《中国互联网络发展状况统计报告》显示，截至2020年3月，我国网民规模达9.04亿，互联网普及率达64.5%，我国手机网民规模达8.97亿，网民使用手机上网的比例高达99.3%。智能手机成为线上线下互动联系的重要纽带与终端。从供给端来看，大数据、云计算、物联网、人工智能、虚拟现实等技术已经被推广应用于零售服务中，以提升消费者的体验和优化商品生产方式，如零售供应链环节的智慧物流改造，利用机器人、无人机提供商品配送服务，提高物流效率；运用大数据、云计算采集、分析、处理消费者消费数据，实现精准营销和零库存销售；运用VR/AR技术实现购物场景化，提升消费者的购物体验；利用人脸识别技术、无线射频技术等实现无人售卖模式的创新。

三、新零售的典型案例

零售业态是指零售商为了满足不同的消费需求而形成的不同经营形态，是零售商经营形式的外在表现，它由零售商的目标市场、选址策略、卖场规模、商品结构、价格水平、购物氛围、服务功能等多种要素组合构成。与以往商业新业态的诞生有所不同，新零售在不同商业业态领域均出现新的经营形态，如超级市场领域出现了盒马鲜生、超级物种等；百货业出现了Hi百货等新模式；便利店领域出现了EasyGo等无人便利店；专卖店、专业店领域出现了阿里汽车无人售卖店、唯品会专营店等。目前，新零售还处于发展的初期阶段，各零售企业都还在不断探索中，不断有新的零售模式出现。

（一）盒马鲜生

盒马鲜生是阿里巴巴集团旗下以数据和技术驱动的“超市+餐饮”智慧超级市场业态。盒马鲜生经营的特点表现在以下五个方面。

一是商品结构及价格水平。盒马鲜生以生鲜为主线，商品种类涉及生鲜、熟食、果蔬、肉禽、日常食品、糕点、酒类等。生鲜是传统各类生鲜超市较少经营的品类，一、二线城市潜在消费需求旺盛，盒马鲜生在生鲜方面提供了新的商品和服务供给。盒马鲜生以直采直供为主，不收取供应商进场费，降低了进货成本，实现生鲜价格的“平民化”。将商品精细包装后，全程冷链运输，商品品质为消费者所认可。

二是目标市场。盒马鲜生的商品品类以生鲜、熟食为主，属于高频刚需，兼顾线上线下消费者并以线上为主流，以周边社区居民为核心消费者，尤以能掌握线上下单操作的中青年消费者为主流。

三是选址策略及卖场规模。2019 年，国内盒马鲜生门店已有 154 家，其中上海、北京门店规模超过 25 家，远远超过其他城市（见图 4 – 2）。其在城市中的选址以中心城区核心商圈为主，其选址会根据一个区域的消费者大数据而定，设在商场负一、负二楼的占比超过 50%，其他门店也多布局在商场一、二楼，这与传统大型超市的选址有相似之处。盒马鲜生的经营面积在 4000 ～ 6000 平方米。截至 2019 年，盒马鲜生在广州设置的门店共有 9 家，其中越秀、花都和天河各 1 家，海珠、白云、番禺各 2 家。

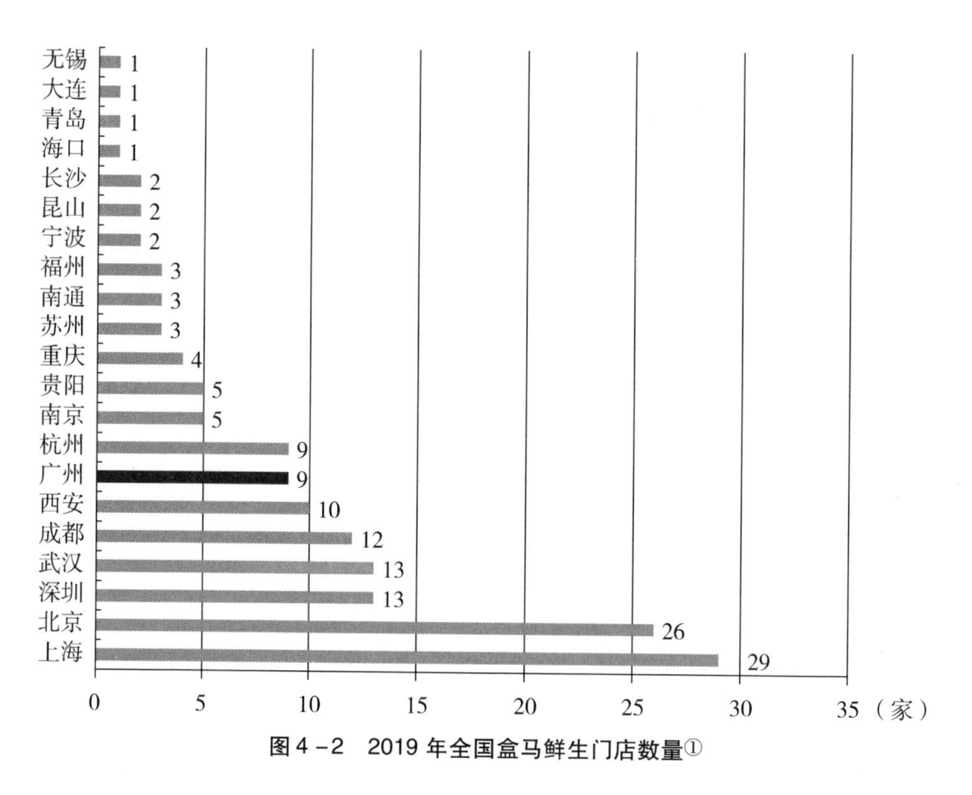

图 4 – 2　2019 年全国盒马鲜生门店数量①

四是服务功能。盒马鲜生采用线上线下融合发展的商业模式，消费者可到店购买，现场可自助结账，也可通过客户端 App 下单，提供 3000 米服务范围

① 资料来源：盒马官网 https://www.freshhema.com/。

内“30 分钟免费送达”的 24 小时配送服务，实现线上线下消费者互相转化，目的是将线下流量引导到线上。目前，其线上销售额已经超过线下销售额。消费者到店购买生鲜后，后台可对其进行加工，提供高性价比的堂吃服务，现场营造家庭日常消费场景，实现“购物 + 餐饮”融合发展。

五是新技术运用推广。数字技术在盒马鲜生店得到广泛应用，包括大数据、智能物流、电子价签、物联网等。依托消费数据的沉淀与大数据处理，把握消费特点，提高销售精准性，减少库存量，盒马鲜生赢得线上消费者流量优势。消费者在店内自助扫码结算，减少排队等候结账的情况。此外，盒马鲜生还搭建了仓店一体化的快速分拣体系，店内安装智能悬挂链传送系统，店员分拣商品后自动将其输送至后台配送员，搭建了 30 分钟覆盖半径 3000 米的自营物流配送体系，实现了生鲜消费的“快”和“鲜”。目前，盒马鲜生不仅实现了新技术的应用落地，还实现了新技术的推广输出，其自主研发的 ERP 系统、管控系统、履约系统等也为其线下零售合作伙伴提供技术服务。

（二）超级物种

超级物种是永辉的新零售门店。它的经营特征表现为以下五个方面。

一是商品结构及价格水平。超级物种属于高端生鲜超市，以生鲜、寿司等食品为主。

二是目标市场。主要吸引年轻、中高端客群到店体验，以 3000 米范围内居民为主。商品价格处于中高端水平。

三是选址策略及卖场规模。截至 2018 年上半年，超级物种共有 46 家店铺，单店平均面积为 900 平方米。从空间分布来看，福建省布局数量最多，共 14 家，广东省有 9 家，其中广州有两家（见图 4 – 3）。与传统超市相似，超级物种微观选址以商场的负一楼、一楼为主，其毗邻永辉超市，其店内设有鲑鱼工坊、波龙工坊、盒牛工坊等不同商品品类的售卖区。

四是服务功能。超级物种采用线上线下融合发展模式，实现 30 分钟送达，引导线上线下消费。超级物种采用“超市 + 餐饮”的经营模式，推出订桌服务，注重打造迎合年轻消费群体的体验式消费场景，提高到店消费者的黏度。

五是新技术运用。腾讯、京东等互联网公司入股永辉超市，为超级物种提供新技术支持，如腾讯在超级物种门店推广使用微信扫码购、人脸支付等新技术，提高结算效率。超级物种引进了智能管理系统、手机 App 及微信小程序，推动数据化经营。超级物种还注重整合供应链，与生鲜生产商合作，采用产地直采、规模采购等方式，降低采购成本，节约运营成本。

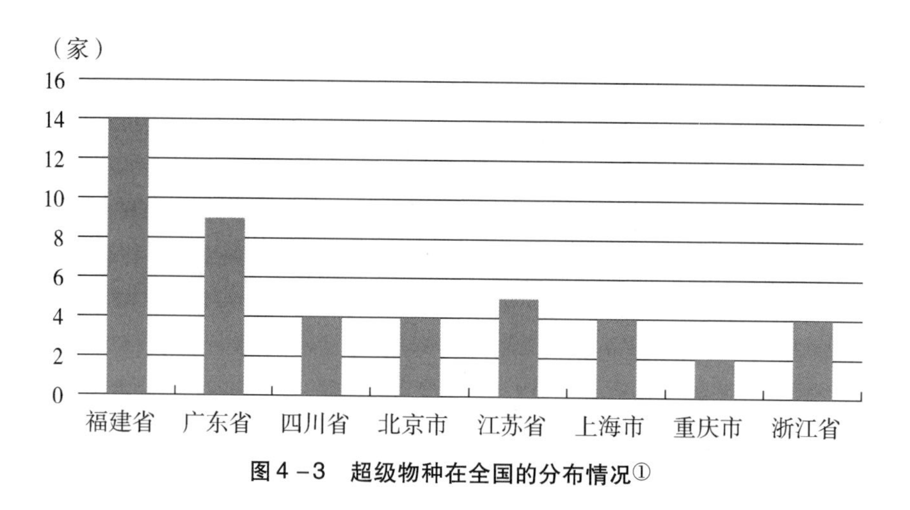

图4－3　超级物种在全国的分布情况①

（三）EasyGo 未来便利店

EasyGo 未来便利店提出无人零售、用完即走的理念；其经营特点表现为以下五个方面。

一是商品结构及价格水平。EasyGo 主要以进口零食和日用品为主，店内70%的商品为进口商品，商品价格处于中高端水平。

二是目标市场。EasyGo 主要目标市场为中高端住宅小区的居民。

三是选址策略及卖场规模。EasyGo 未来便利店以“无人盒子”形态存在，盒子面积为 15 平方米，主要进驻场景是社区。目前，EasyGo 门店数量超过 100 家，覆盖区域涉及广州、深圳、重庆、成都、北京等城市，其中广州门店数最多。无人便利店的选址与传统便利店有相似之处，更有互补之处。EasyGo 未来便利店主要分布在一些大型城郊社区，针对离周边便利店较远，或者配套设施不健全的社区，满足用户的碎片化需求。

四是服务功能。无人便利店内购物全程由消费者自主完成，消费者扫码进门，在店内自主挑选商品，通过小程序系统完成结算交易。

---

① 数据来源：前瞻产业研究院发布的《2018—2023 年中国新零售行业商业模式创新与投资机会深度研究报告》，数据截至 2018 年上半年。http://www. youghui. com. cn/store_md。

五是新技术应用。EasyGo 未来便利店与腾讯等开展合作，主要应用大数据、无线射频识别技术（RFID）、视觉识别、电子支付等技术，基于大数据分析反馈上货和补货信息，再统一安排配送。无人便利店运用新技术实现了无人值守的商业模式创新，显著减少了人工成本，提高了运营效率，但用户购物体验会有所下降。

（四）名创优品

名创优品（MINISO）是日本设计师品牌，由日本设计师三宅顺也和中国青年企业家叶国富在东京共同创办，三宅顺也同时兼任首席设计师。名创优品奉行“简约、自然、富质感”的生活哲学和“回归自然，还原产品本质”的品牌主张，从产业链的高度出发，在世界范围整合资源，重构生产关系，运用创新的商业模式，向全球消费者提供价格合理、设计简洁的优质产品，从而赢得消费者青睐。

其经营的特点表现在以下方面。

一是商品结构及价格水平。名创优品的产品以高品质、低价格为主要特点，其产品覆盖化妆品、日用品、家居用品、休闲食品等品类。

二是目标市场。名创优品倡导优质生活理念，并秉承“尊重消费者”的品牌精神，致力于为消费者提供“优质、创意、高性价比”的产品。名创优品的产品简约自然、品质优良、紧追消费潮流，其主流消费人群以 18 岁至 35 岁的消费者为主。

三是选址策略及卖场规模。2013 年 9 月，名创优品进驻中国，全面布局在华市场，自 2015 年开始，不断开拓国际市场，用 5 年时间在全球开店 3500 多家，其中海外 1200 家，2018 年营收突破 25 亿美元。目前，名创优品已与包括美国、加拿大、俄罗斯、新加坡、阿联酋、韩国、马来西亚及中国香港、澳门等 90 多个国家和地区达成合作，包括了 50 多个“一带一路”沿线国家或地区。

四是服务功能。一方面，名创优品从世界各地选取合适的优质素材，与全球知名 IP[①] 及设计师深度合作，其超过 80% 的产品设计源于日本、韩国、瑞典、丹麦、新加坡、马来西亚及中国等地。它通过大规模采购、注资优质供应

---

① IP 原本是英文 Intellectual Property 的缩写，直译为“知识产权”，在互联网界已经有所引申，可以理解为所有成名文创（文学、影视、动漫、游戏等）作品的统称。

链企业等方式，使其产品兼具“颜值、品质及动人的价格”优势，实现“优质低价”的经营理念。另一方面，名创优品致力于打造良好的环境和提供优质的服务，如开架销售，店内不设导购。店员只做三件事：搞卫生、做陈列、防盗损，绝不推销任何产品，以提升消费者的购物体验。

五是新技术运用推广。名创优品通过大规模生产降低边际成本，一次性向供应商下发海量订单，以量制价，降低商品单价成本，实现产品高性价比。通过现代化信息技术、高效的仓储物流系统升级供应链，提升经营效率。在店铺设计和商品陈列方面建立一系列标准化制度，实现店铺的统一装修和标准化的商品陈列，虽不设导购服务，但保证及时的商品咨询服务和快速结算服务，打造休闲舒适的购物环境，提升消费者的购物体验。

四、基于新“零售之轮”理论的分析框架

（一）新“零售之轮”理论

新“零售之轮”理论由日本学者中西正雄于1966年在《零售之圈真的在转吗》中提出，该理论认为业态变化的原动力是技术革新，并引入“技术边界线”的概念加以阐述。在任何时期，受到当地管理技术水平、信息技术水平及物流技术水平等因素的限制，零售服务水平与零售价格水平的组合都具有一个限度，技术边界线即保证某一服务水平的最低零售价格水平线。技术边界线受收益递减规律的影响，呈现为一条向右上方延伸的曲线（见图4-4）。新业态可以提高服务水平或者降低价格，但依然在该技术边界线上移动。新业态

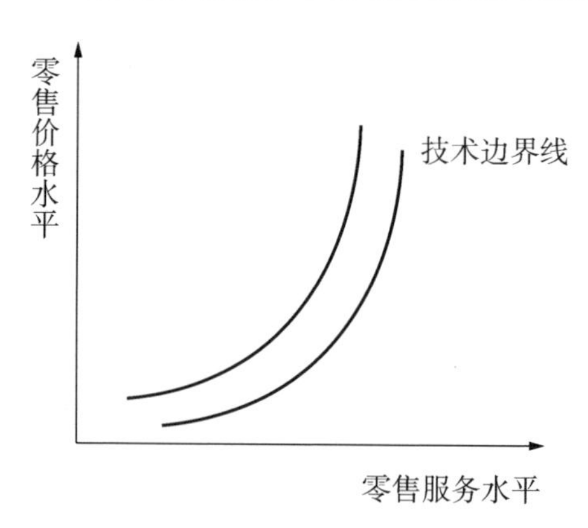

图4-4 技术边界线与消费者效用函数

也可以选择突破原有技术边界线的物流、信息流、管理等技术革新，使技术边界线向右平移，形成新的零售服务水平和零售价格水平组合，以赢得市场竞争优势。已有的零售业态或者企业为了生存也会加速技术革新，技术革新进一步成为业态变化的原动力。

（二）新“零售之轮”理论对新零售的阐释

生鲜产品具有复购率高、市场庞大、市场潜力大的特点，因此成为各大零售商争抢的零售市场，成为催生新零售商业模式的主战场。京东大数据研究院发布的《京东生鲜行业研究报告》显示，2013 年以来，生鲜市场整体规模稳步提升，其中，生鲜电商的市场规模增长率持续保持在 50% 以上，是总体规模增速的 8 倍。本部分以生鲜超市为例，以新“零售之轮”理论作为分析框架，对不同商业业态进行对比分析。

目前，生鲜零售模式有实体零售模式、电商零售模式和新零售模式。实体零售模式为消费者有生鲜购物需求后，前往超市或者生鲜市场购买，自提货物到家的模式。电商零售模式为消费者在各大电商平台上下订单并在线支付，商家通过物流配送到家，满足消费者需求的模式。新零售模式以盒马鲜生为例，则表现为“线上 + 线下 + 餐饮”模式，消费者可以在线上下单并进行电子支付，商家可提供配送服务，消费者也可到店选购，商家也可提供店内烹饪和店内就餐服务（见表 4 – 1）。相较而言，新零售模式通过大数据等新技术的应用，把握消费特点，提高销售精准性，减少库存量，采用直采直购，优化供应链，赢得了价格优势；通过构建仓店一体化的快速分拣体系等智能物流模式，提供快速物流配送服务；通过店内自助结算、提供餐饮服务等，优化到店体验。相较于传统实体零售模式和电商零售模式，新零售模式依托新技术，提升自身在信息管理、物流配送、到店体验、成本管理等方面的竞争优势，推动零售业的技术边界线向右移动，使自身在业态竞争中获得更多优势。新“零售之轮”理论可以较好地解释新零售的产生及运行机制。

表 4 – 1　不同商业业态生鲜价格服务组合比较

类型	实体零售模式	电商零售模式	新零售模式
实例	家乐福	京东超市	盒马鲜生
价格水平	较高	较低	较低

续表4－1

类型	实体零售模式	电商零售模式	新零售模式
销售渠道	线下销售	线上销售	线下线上销售
服务水平	到店选购，面对面消费	送货上门，下单第3天送达等	可到店购买；可送货上门，3000米范围内30分钟送达；可堂食，提供专业加工服务
技术支撑	冷链物流技术、电子支付	冷链物流技术、电子支付、大数据处理、物流配送等	大数据处理、电子支付、物流配送、自助结算等

数据来源：实地调研获取的数据资料。

第三节　新零售发展的趋势判断与路径选择

基于新“零售之轮”理论的分析框架，本节对新零售及零售业的未来发展趋势进行预测判断，以期为新零售发展及城市推动零售业创新发展提供参考。

一、新零售优胜劣汰，市场竞争格局不断调整

基于新“零售之轮”理论的分析框架，新零售因技术革新突破原有技术边界线，只有不断扩大消费者规模，才能获得高于平均水平的收益、逐步赢得市场竞争优势。那些通过技术创新实现零售效率和服务水平提升、满足消费者需求的新零售将更有竞争力。那些通过“技术噱头”博取消费者眼球，或者技术应用难以真正提升消费服务水平、转化成市场竞争优势的新零售则将被淘汰。目前，新零售发展正处于探索阶段，新模式不断涌现，同时也不断在竞争中实现优胜劣汰。如2016—2017年涌现出20多家无人便利店企业，如缤果盒子、EasyGo未来便利店、爱士多（i-store）零售店等采用无人便利店模式，但经过两年的发展，无人便利店却出现关店潮，如爱士多在广州的门店数量从最多时的9家，减少至2019年3月底的3家。因此，零售企业应坚持技术革新的发

展理念，抓住新商业变革的实质，以新技术应用推动自身在信息管理、供应链管理、成本管理、优化消费者购物体验等方面形成优势，推动技术边界线右移，最终赢得市场竞争优势。

二、新零售示范引领，促进传统零售转型升级

在新零售的创新引领作用下，传统实体零售和网上零售商也将积极跟随，促进新技术推广应用和快速扩散，从而推动零售市场的整体升级。目前，电子支付已在实体零售中得到广泛应用，如沃尔玛、永辉等的线下实体零售企业已广泛应用二维码标签技术，实现自助扫码结算，开通了微信小程序，实现了线上线下渠道销售。阿里巴巴将运用于盒马鲜生的新技术输出给与其合作的实体零售商。EasyGo 不但经营无人便利店，还主动为实体零售商提供智慧货架及智慧化改造解决方案。在技术推广应用中，实体零售与新零售将殊途同归。新技术广泛应用于零售领域，将促使商业模式、流通组织及生产组织方式发生颠覆性变革，并将推动整个零售市场的优化升级。

三、新技术广泛应用、日益成熟，加速推动零售创新发展

新技术是推动零售变革的根本动力，新技术的广泛应用有助于顺应消费者需求的变化，有利于降低运营成本，抢占市场竞争优势。随着新技术的应用，新零售经营模式可能更加丰富、多元化。互联网、移动终端应用、大数据、云计算、模拟现实、物联网、区块链、无线射频识别技术、人工智能、5G 等新技术逐步得到推广应用，推动移动终端、电子支付、智能货架、无人店、虚拟店等商业创新。依托大数据、云计算等技术，可重新建立商业业态与消费者之间的互动关系，实现商品信息精准推送。无人机、无人车、无人仓、智慧机器人等新技术被应用于物流配送环节和供应链优化，由此可预防库存过剩，提高物流速度，降低物流成本。随着技术革新步伐的加快，零售商的竞争将更加激烈，商业革新也将加速进行。

四、零售竞争格局发生变化，城市商业空间格局发生调整

新零售作为消费的新供给端，其消费引领示范作用日益凸显，新零售的发

展已经成为城市商业转型升级的新动力，其满足并创造了新的消费，并将重塑城市间商业发展的地位及经济增长的格局。由于不同地区在经济规模、人口规模及结构、商业发展环境、物流发展基础、零售市场竞争状况、政策支持环境、零售商创新能力等诸多因素上存在差异，因此，不同区域的新零售的产生和发展水平之间存在空间差异，全国城市商业空间格局将发生调整。

第四节　国内城市新零售发展的案例分析

本节选取上海、杭州、深圳等国内新零售发展走在前列的城市进行案例分析，考察其新零售发展现状、影响因素、政策环境等方面，为广州发展新零售提供借鉴参考。

一、上海——新零售试验田

上海提出打造“上海购物”品牌，打造新零售试验田，鼓励商业零售创新发展，大力吸引首店、旗舰店、体验店进驻。目前，上海已集聚了一批全球首店、新业态门店，如小红书的线下实体店、盒马鲜生、苏宁小店、星巴克旗舰店等，仅2017年就有226个在行业内较有代表性的品牌将“第一家”落户上海，上海正成为诸多企业新业态的试验田，成为“新零售之都”。2018年，上海与阿里巴巴开展“新零售”合作，阿里巴巴在上海落地的智慧门店共有5183家，总量全国第一。其中盒马鲜生门店数量达到29家，数量居全国第一。苏宁新型业态在上海店面总数约300家。

上海发展新零售的有利条件及创新举措包括：一是消费市场规模庞大。上海社会商品零售额的总量全国第一，2020年，上海社会消费品零售总额达到15932.50亿元。上海的城市零售业态类型丰富，全球零售商集聚度达55.3%，位列全球城市第二。二是消费者示范引领作用强。从消费实力来看，2020年，上海全市居民人均可支配收入72232元，居全国第一，居民消费购买力强。上海消费者热衷于尝试新的商业业态，对新业态、新服务的需求和接受度高，庞大的消费数据，吸引了国内外零售商率先在上海先行先试新零售、新业态、新模式。三是先进技术和新兴产业支撑。发展新零售需要新一代信息技术、人工智能、大数据、云计算、物联网等新技术、新产业的支撑。上海人工智能、机器人等新技术产业发达。以人工智能产业为例，近年来，上海大力促进人工智能产业发展，颁布了《关于本市推动新一代人工智能发展的实施意见》（沪府办发〔2017〕66号）、《关于建设人工智能上海高地构建一流创新生态的行动方案（2019—2021年）》等产业支持政策文件，致力于打造徐汇滨江的AI产业集群、长阳创谷“人工智能应用试点园区”、静安区的市北高新大数据产业集群等产业功能区，加快建设上海人工智能高地。四是政府大力支持零售创新发展。为了顺应消费升级趋势，2016年，上海公布了《上海市促进新消费发展发挥新消费引领作用行动计划（2016—2018年）》，大力促进新消费领域发展。2018年3月，上海公布的《全力打响“上海购物”品牌加快国际消费城市建设三年行动计划（2018—2020年）》提出，通过实施“八大工程”，将上海建成具有全球影响力的国际消费城市。具体表现为支持商业企业通过兼并、收购等方式快速发展壮大，培育形成引领全国、满足新消费的领军企业；鼓励老字号与新零售、新业态的重组融合，支持其在科创板注册上市融资；开展招商引资，吸引世界大品牌在中国“首店落户”，以及新零售、新物种在上海开店。五是积极探索市场监管模式创新。创新的业态需要创新市场监管模式。上海坚持开放包容理念，迎接新零售、新业态的发展。如杨浦区针对盒马鲜生等新商业模式，积极探索市场监管模式创新，颁发全国首张融网络订餐、传统餐饮、食品销售于一体的“三合一”食品经营许可证，支持新零售落户发展。近年来，上海致力于建设国际一流的法治化、国际化、便利化营商环境，提出打造“金牌店小二”品牌，持续深化服务企业水平，为新零售等新产业发展提供良好的制度环境。六是举办新零售主题相关展会。上海通过举办一系列主题展会、推广活动，促进新零售相关行业跨界融合对接，如2019年举办“2019中国国际零售创新大会”，来自全球20多个国家的零售行业组织及超过1500名零售企业代表参加；举办“2019人工智能赋能新零售”应用论坛，探索无人仓、无人驾驶、无人配送等智能物流解决方案，利用AI及机器人技术实现柔性制造、人工智能赋能新零售升级发展等主题，促成相关企业达成战略合作协议。通过举办上海购物节，评选上海十佳商业地标和首店旗舰店，发布“最燃商圈指数”等创新举措，营造新零售创新发展的浓厚氛围。

二、杭州——新零售策源地

作为阿里巴巴的总部所在地，杭州被誉为新零售策源地。目前，杭州拥有以天猫智慧门店、天猫小店、盒马鲜生、口碑智慧商圈等为代表的新业态，以及以菜鸟、盒马、饿了么、达达为代表的新零售供应链和物流改造，形成了新零售发展的生态链。众多零售创新技术首选杭州作为首试运营的城市，如天猫新零售自动贩卖机、虚拟试妆镜的智能洗手间、智慧母婴室等率先在杭州投入营运。

杭州发展新零售的有利条件及创新举措包括：一是数字经济发展基础好。杭州提出打造“数字经济第一城”的发展战略。2015—2018 年，杭州数字经济年平均增速 22%；杭州数字经济增加值占全市经济总量超过 25%，对全市经济增长贡献率逾 50%，占浙江省数字经济比重 50% 以上。根据杭州统计公报显示，2019 年，杭州数字经济核心产业增加值为 3795 亿元，增长 15. 1%，占 GDP 的 24. 7%。二是消费者数字应用程度高。根据支付宝数据，杭州超过 95% 的超市、便利店能使用支付宝付款，超过 98% 的出租车支持移动支付。三是政府高度重视发展新零售。2018 年，杭州发布的《关于推进新零售发展若干意见（2018—2022 年）》提出，杭州市本级每年安排 1 亿元新零售发展资金，主要用于传统商贸零售企业的新零售提升改造，以及线上龙头企业与传统商贸零售企业的合作项目。四是举办新零售主题相关活动。截至 2020 年，杭州已经连续举办三届“中国国际（杭州）新零售产业博览会”，国内外新零售供应链、智能零售终端、大数据分析等相关企业参会。2018 年，杭州推出“新零售十大景区”，吸引众多旅游者前来体验各种新零售发展场景，提升了杭州作为新零售策源地的影响力和知名度。

三、深圳——新零售发展高地

根据北京大学光华管理学院发布的《新零售城市发展指数报告》显示，深圳在新零售城市榜单中位列第三位。2019 年，深圳全市社会消费品零售总额 9144. 46 亿元，增长 7. 3%。2019 年上半年，深圳 22 个标杆购物中心共引进 30 个首店品牌，其中全球首店 1 家，亚洲首店 1 家，全国首店 4 家，华南首店 9 家，深圳首店 15 家。深圳的智能物流体系走在全国前列。2018 年，深圳率先成为天猫“1 小时达”服务的城市。

深圳发展新零售的有利条件及创新举措包括：一是数字经济发展走在全国前列。2019 年 5 月，深圳市对外发布《2020 年第一批数字经济产业扶持计划申请指南》，大力支持数字经济发展。2019 年，深圳数字经济产业增加值为 1597 亿元，比 2018 年同期增长 18%，高于地区生产总值增速 0.6 个百分点。深圳拥有华为、富士康、腾讯等一批数字经济龙头企业，在互联网其他信息服务、应用软件开发、互联网游戏服务、基础软件开发等领域的发展优势明显，这为新零售发展提供了强大的技术和产业支撑。二是拥有庞大的年轻消费群体。深圳是全国平均年龄最年轻的城市，互联网和零售发展成熟，年轻消费者对于新零售模式的接受度高。三是政府大力扶持新零售发展。深圳大力支持新零售尤其是智慧零售的发展，支持企业打造多功能、一体化、线上线下相结合的专业消费市场，鼓励商贸企业应用互联网、物联网、大数据、区块链等新技术发展新零售项目，对符合条件的市场及项目按实际投资额的 20% 给予资助，单个企业每年度资助金额最高可达 200 万元。深圳还设立新零售产业发展基金，重点投资应用互联网、大数据、云计算、人工智能新技术的无人零售、智慧零售等新零售项目，致力于打造新零售发展高地。四是传统商业业态积极向新零售转型。深圳传统商贸企业加速转型升级，如岁宝百货和盒马科技达成战略合作，借助大数据、互联网技术，实现超市、仓库、餐饮、配送的线上与线下深度融合，借此提高消费者的消费体验；天虹百货实施数字化智慧零售战略，与腾讯达成战略合作，在智能识别、人工智能、大数据、消费金融等领域进行领先行业的应用级产品研发应用，运用新技术提供到家、扫码购、人脸识别支付等新服务，推出全流程数字化零售场景体验。五是新零售发展氛围浓厚。2018 年，深圳举办了全球首届新零售大会，众多一线新零售品牌创始人、新零售操盘服务商以及研究新零售领域的学界专家参会。深圳还举办了 2020 年深圳国际新零售产业展览会，交流展示国内外新零售领域的新技术、新装备、新理念。目前，深圳市场上有众多的新零售培训服务，如“深圳新零售 O2O 模式培训”等一系列培训项目，为新零售发展提供人才服务支撑。

第五节　广州新零售发展的对策建议

充分依托庞大的区域消费市场、丰富的零售业态以及新零售加速发展的基础优势，广州应加大政策扶持力度、加速传统零售转型的步伐、夯实数字经济基础、创新市场监管模式、加强跨界交流合作，将广州打造成新零售创新应用之城，引领粤港澳大湾区零售业一体化发展。

一、加大政策扶持力度，大力引进和培育新零售项目

应高度重视新零售发展对强化广州建设国际商贸中心的竞争力的重要意义，可研究制定广州新零售发展三年行动方案，设立零售产业发展扶持基金，大力吸引国际品牌店或者国内首店进驻广州，积极引进大型平台服务商及其他新零售项目落户，引导传统商贸企业发展新零售项目。加快推动国内外新零售招商项目落地，统筹协调有关业务部门对用地保障、物业推荐、办证服务等项目落地环节给予支持和服务，打造国际一流的营商环境，加速新零售项目在广州落地生根、繁荣发展。

二、推动传统零售转型升级，形成新零售与传统零售互促发展格局

应充分发挥广州商贸业的基础优势，加大新技术的应用力度，加强数字基础企业与商贸企业的融合发展，积极探索战略合作、兼并重组、入股合作等多种方式，促进技术供需双方的有效对接，促进新技术在零售领域的推广应用。落实老字号提升工程，鼓励老字号与新零售企业创新合作，充分发挥老字号的产品和口碑优势，运用新技术、新模式，拓展线上线下销售渠道，推出更加切合市场需求的新产品、新服务，实现老字号的创新发展。

三、发展壮大数字经济，以新技术赋能新零售发展

根据新“零售之轮”理论，技术创新是推动零售变革的原动力。数字经

济是新零售创新的产业基础。夯实数字经济产业基础，发展壮大新一代信息技术、大数据、物联网、云计算、人工智能等产业，为新零售发展提供基础产业支撑。促进阿里巴巴、京东、腾讯、唯品会等互联网平台型企业及国内外技术服务企业与本地商贸企业对接合作，推动新技术在零售领域创新应用，催生更多新业态、新模式，实现“人—货—场”全链条优化。

四、创新市场监管模式，打造鼓励新零售发展的营商环境

坚持开放包容的理念，优化市场监管和服务水平，针对新零售新业态发展新形势，通过科学探索和实践总结，创新市场监管模式，实行审慎包容监管，在企业注册、经营许可、日常监管等环节简化流程、创新方式，营造良好的营商环境。设立免税店、口岸进境免税店等新业态模式，促进机场、海关、市场监管等相关部门创新监管模式，提高出入境通关效率，营造具有价格优势、方便快捷的购物营商环境。

五、鼓励跨界交流合作，营造新零售发展的良好氛围

充分发挥广州国际会展之都的资源优势，鼓励国内外知名展商主办新零售相关主题展会，可考虑在广交会期间设置新零售创新发展主题展会或者定期举办国际新零售发展主题展会，汇聚国内外行业共商新零售创新发展。鼓励商会等行业协会开展论坛、研讨会，邀请国内外学者、企业家、管理者等各方共谋新零售行业发展，促进行业交流和跨界合作。在广州国际购物节开设新零售发展主题，发布新零售创新指数或者活跃商圈指数，规划建设人工智能示范区、新零售体验区，扩大对新零售项目的体验宣传，让广大消费者关注新零售、体验新零售、推动新零售发展。注重引进和培养新零售运营等相关领域人才，鼓励相关高校及培训机构开设新零售培训课程，为新零售发展和传统商贸企业转型发展提供人才支撑。

六、打造新零售创新应用之城，引领带动粤港澳大湾区商业一体化发展

抓住粤港澳大湾区建设和广东省被列为国家数字经济创新发展试验区之一

的重大机遇，将广州打造成新零售创新应用之城，扩大广州商贸业的创新力、辐射力、影响力，加快向大湾区其他城市输出新技术、新业态、新模式，引领带动粤港澳大湾区城市群零售创新发展。加快推动粤港澳大湾区购物一体化发展，牵头成立“粤港澳大湾区购物联盟”，加速湾区内5G等信息基础设施及区域交通一体化发展，完善粤港澳大湾区内物流体系建设，打造粤港澳大湾区一体化购物生态圈，提高粤港澳大湾区商贸业辐射能级，携手打造国际消费目的地。

第五章

数字经济时代广州批发市场转型发展路径研究

在数字经济时代背景下，信息传播方式、渠道、效率都发生了质的变化，信息流成为带动资金流、物流、人流集散的关键性因素。在此背景下，本章以广州为例，分析当前专业批发市场面临的发展形势，在归纳总结国内批发市场转型升级路径选择及具体做法的基础上，结合广州专业批发市场的发展现状和存在问题，提出广州专业批发市场转型发展的路径。

第一节　研究背景与研究方法

一、研究背景及思路

近年来，我国互联网的普及率呈现高速增长的态势，网民数量从 2002 年的 5900 多万人发展到 2020 年的 9.04 亿人，互联网普及率也从 2002 年的 4.6%增长到 2020 年的 64.5%，我国已成为全球互联网用户数量最多的国家。随着互联网的飞速发展，我国的网购环境日益成熟，消费者的网购习惯也已形成，网购规模快速增长，占社会消费零售总额的比重为 20.7%。2019 年，实物商品零售额已经达到 85239 亿元。网络购物已成为我国消费的热点和重点，其在整个销售中的比重不断提高，影响范围也逐步扩大。在数字经济蓬勃兴起、消费升级特征日益明显和供给侧结构性改革深入推进的宏观背景下，全国专业批发市场发展格局发生调整，专业批发市场发展面临诸多新的挑战，也迎来新的机遇。

广州作为国内商贸中心城市，专业批发市场发展起步早、总体规模大、集聚效应明显，已形成种类齐全、辐射影响力强的专业批发市场体系。据统计，2018 年，广州市共有专业批发市场 713 家，市场商户约 80 万户，年交易总额超过 1 万亿元，其中年成交额超过亿元的市场有 118 个，具有全国和国际影响力的市场有 300 多个，皮革皮具、鞋业、纺织服装、水产品、茶叶、酒店用品、化妆品等专业批发市场在全国同类市场中名列前茅，尤其是纺织服装、中药材、塑料、木材、水产品等形成了“广州价格”，成为国内外同类商品生产、销售的“风向标”，为广州“千年商都”发展及国际商贸中心建设做出了重要贡献。但在经济新常态、竞争激烈及转型升级的大背景下，以现场、现金、现货（“三现”）交易方式为主的广州专业批发市场面临一系列问题与挑战，应积极寻求转型升级之路。

近年来，一些学者也开始关注到电子商务发展对传统批发市场以及流通领域的影响。批发和零售的分工是商品流通发展到一定阶段的客观要求，批零分工有利于降低整个商品流通的成本，提高商品流通的效率。然而，数字经济与电子商务的出现，使得信息沟通更加便捷，信息收集和传递活动的成本大幅降低，使传统批发商赖以存在的基础产生了动摇。张春法等（2005）认为在网络化条件下，大生产商越来越倾向于生产与流通一体化，零售商则通过建立连锁组织实行集中采购和统一配送，加强对进货渠道的控制，在此背景下，批发业最有可能确立成本优势的流通职能是信息职能。盛革（2010）对我国现行农产品流通服务体系进行分析，引入价值网（value web 或 value net）和协同商务（collaborative commerce）理论，初步提出一个优化的农产品新型流通服务体系，即以虚拟批发市场为核心、有形批发市场为辅助、多种流通服务组织协同运作的服务体系。刘晓（2012）则研究电子商务背景下流通渠道的变革，通过电子商务背景下的流通渠道与传统流通渠道的对比分析得出，电子商务的引入缩短了流通渠道过程，形成虚拟化的流通渠道模式，极大地降低了生产者收集信息、寻找交易对象的交易成本；电子商务的引入促进了渠道权力的转移，使得渠道权力开始向消费者转移；电子商务通过渠道整合加快了流通渠道的流通速度，从而降低了物流成本；电子商务背景下流通渠道的商流、物流和信息流表现形式发生改变，商流、信息流同时发生，物流独立发生，电子商务的发展为流通渠道的“三流分立”提供了基础。罗建幸（2011）以义乌中国小商品城专业市场为例，深入阐述分析它们在电子商务转型的经验，总结出专业市场电子商务转型的四大策略模式并提出相应的对策建议。张小英（2015）则以广州为案例，探讨了服装批发市场发展电子商务的四种模式，并提出服装批发市场发展电子商务实现转型的发展思路。

综上所述，电子商务对批发业的影响逐步引起国内学者们的关注和推动其进行研究，研究成果日益丰富，研究视角、研究领域不断拓展，为我国专业批发市场转型创新发展提供了理论基础。与此同时，我们也应该注意到，现有关于电子商务对批发业影响的研究更多聚焦于理论层面的探讨，研究方法也以定性研究为主，案例研究、定量研究有待进一步拓展，专业批发市场的实践探索有待学者们持续关注。在此背景下，本章以广州为案例，分析当前专业批发市场面临的发展形势，归纳总结国内批发市场转型升级的路径选择及具体做法，结合广州专业批发市场面临的问题，提出数字经济时代背景下专业批发市场的转型发展的路径选择具有一定的实践与理论意义。

二、数据来源及研究方法

（一）深度访谈

本章采用访谈法对专业批发市场管理者、批发商、网购零售商、专业批发市场电子商务平台运营商、广州批发市场协会等有关人员进行访谈，访谈主要采用电话访谈、QQ 访谈、座谈会等方式进行，通过谈话录音、现场笔录、回忆整理等步骤形成调查资料。

（二）实地调查法

本章还选取沙河服装批发市场、火车站服装批发市场、三元里皮革皮具批发市场、中大布匹批发市场、广州仁洞淘宝村等地进行实地调研考察。

（三）文献收集法

本章主要通过网络进行文献资料的收集，来源包括中国学术期刊网、中国优秀博硕士学位论文全文数据库、超星数字图书馆、Elsevier Science 全文学术期刊网、Google/Baidu 搜索引擎等。此外，还通过登录政府、企业、专业批发市场网上交易平台等相关网站，有针对性地收集一些专门信息。

第二节　广州专业批发市场转型升级的发展现状与形势分析

一、广州专业批发市场转型升级的现状分析

（一）专业批发市场交易规模大，促进广州商贸流通业发展

专业批发市场是广州商贸业的重要组成部分，其发展起步早，总体规模大、集聚效应明显，已形成种类齐全、辐射影响力强的专业批发市场体系。据

广州市场商会统计，2018 年，广州市共有专业批发市场 713 家，市场商户约 80 万户，年交易总额超过 1 万亿元，其中年成交额超过亿元的市场 118 个，具有全国和国际影响力的市场有 300 多个，皮革皮具、鞋业、纺织服装、水产品、茶叶、酒店用品、化妆品等专业批发市场在全国同类市场中名列前茅，尤其是纺织服装、中药材、塑料、木材、水产品等形成了“广州价格”，成为国内外同类商品生产、销售的“风向标”，为广州“千年商都”的发展及建设国际商贸中心做出了重要贡献。

（二）转型升级取得阶段性成效，初步形成高质量发展新格局

近年来，广州加快了推动市场转型升级的步伐。2014 年 2 月，广州市政府发布了《关于推动专业批发市场转型升级的实施意见》，提出大力发展内外贸市场贯通一体、打造具有国际功能专业批发市场的思路。2016 年，按照广州市内贸流通体制综合改革试点的工作任务，通过市区共建方式，广州打造了服务全市的专业市场公共服务平台，为广州专业市场行业及上下游相关产业链经营活动提供了一系列针对性强的产业服务支撑平台。2019 年，广州将专业批发市场改造提升列入城市更新九项重点工作，印发了《广州市加快推进专业批发市场转型疏解三年行动方案（2019—2021 年）》（穗商务函〔2019〕1194 号），按照“一场一策”的原则，通过转型升级、转营发展、拆除关闭、搬迁疏解、规范整治“五个一批”的方式推动专业批发市场转型发展，并将其列入广州市重点工作。2019 年，广州有 105 家专业批发市场完成转型疏解，其中，17 个转型升级，22 个转营发展，17 个拆除关闭，8 个搬迁疏解，41 个规范整治，整治改造面积合计约 260 万平方米，释放城市存量土地资源约 60 万平方米。截至 2020 年 8 月，全市已有累计 162 个专业市场完成转型疏解，取得了阶段性成效。

（三）经营商品品类丰富，以工业消费品市场为主流

广州专业市场的经营的商品结构较为齐全，涵盖生产生活的方方面面，涉及 20 个品类 30 多个行业，以经营工业消费品类市场居多。从经营品类结构看，市场数量排名前列的品类包括服装饰品市场、玩具精品市场（含文具）、钟表眼镜市场、家用电器市场、日用品市场、鞋材皮料五金市场、海味干果市场、汽车汽配用品市场、鞋业市场、IT 数码市场等。从经营方式来看，与专业市场的发展趋势相一致，广州大多数市场为批零相结合模式。

（四）空间布局相对集中，专业批发市场集群效应明显

从地理空间布局来看，广州专业批发市场的空间布局相对集中，85%的专业市场主要分布在越秀区、荔湾区、白云区、天河区、海珠区等中心区辖区范围内，且55%的专业市场位于内环线以内，花都区、增城区等外围城区也集聚了一些专业市场，全市形成了几大具有特色的专业市场集聚区，市场集群化发展特征明显。仅越秀区就拥有九大专业市场集聚区，如站西聚集区，共聚集了30多个专业市场，主要聚集经营钟表、服装、鞋材、鞋业4个品类的市场；一德路聚集区，主要聚集经营海味干果、玩具精品2个品类的市场；流花聚集区，几乎全部是经营服装饰品的市场，为服装饰品专业聚集区；惠福路聚集区，主要聚集经营电子元器件、眼镜、印刷器材、皮料五金4个品类的市场；北京路聚集区，主要聚集经营字画、服装、鞋帽、灯饰4个品类的市场；恒福聚集区，主要是经营汽车配件及用品的市场，为汽配及用品专业聚集区；瑶台聚集区，主要聚集经营服装、鞋材、鞋业3个品类的市场；海印聚集区，主要聚集经营家用电器、摄影器材、布艺3个品类的市场；解放南聚集区，主要聚集经营玩具精品、服装、鞋业、鞋材、装饰材料5个品类的市场。此外，广州还形成了海珠区中大地区、白云区三元里、荔湾区人民南路、天河区石牌、花都区狮岭、增城区新塘等专业批发市场集聚区，如花都狮岭的皮革皮具专业市场集聚区，主要经营品类为皮革、皮具、箱包等；增城新塘的牛仔服装集聚区，主要经营品类为牛仔服装等，拥有多个牛仔纺织服装配套专业市场，包括中国牛仔服装商贸交易中心、广州东部服装辅料城、广州市万佳商贸城、新塘国际贸易中心、新塘镇汇创贸易中心等。

（五）国际影响力日益增强，部分市场成为全国及行业标杆

从辐射影响范围看，在广州具有全国性和国际辐射影响力的市场占多数。广州专业市场的辐射影响范围大体上依次分为广州地区、广东地区、全国、全球4个层面。随着近年来广州市场规模的扩大，经营档次、基础设施的提升以及综合服务功能的改善，尤其是近年来广州国际商贸中心、国际大都市建设的推进，广州专业市场的辐射力日益增强，辐射影响范围不断拓宽，知名度和影响力不断提高，其中不乏全国性的行业龙头市场，如广州美博城（美容美发）、广州白马服装市场（高档时尚服装）、广州万菱广场（玩具精品）等。一些大宗商品市场通过打造网上交易平台、发布价格指数等方式，形成了

“广州价格”，树立了行业话语权，如广东塑料交易所通过定期发布塑料价格指数，成为行业价格行情的风向标。

二、广州专业批发市场转型发展面临的困境分析

广州依托所在珠三角地区的产业集群优势以及自身中心城市的地理交通区位优势，形成种类齐全、辐射影响力强的专业批发市场体系。但在我国经济进入新常态及互联网经济蓬勃发展、电子商务等新商业模式快速发展的背景下，广州专业批发市场也面临一系列问题与挑战。

（一）展贸化水平仍不高，商流物流难以剥离

目前，广州专业批发市场的展贸化水平仍然不高。根据 2021 年对广州 60 家专业批发市场的问卷调查结果显示[①]，具备展销展示功能的专业批发市场有 33 家，占比 55%。导致展贸化进程慢的主要原因是专业批发市场商流、物流难以剥离。市场周边“住改仓”现象依然存在。众多商户的大量多批次、小批量的物流配送业务，导致占道停车装卸货、路边集货配载、“五类车”现象时有发生，这给城市交通、消防、社区安全带来较大压力。

（二）“专业市场+互联网”融合慢，“三现”问题仍突出

在数字经济时代背景下，广州专业批发市场积极探索线上线下融合的新模式，但在“触网”过程中遇到各种障碍与困难。根据 2021 年对广州 60 家专业批发市场的问卷调查结果显示[②]，具备电子商务功能的专业批发市场仅有 16 个，占比 26.67%。专业批发市场在信息化的过程中遇到专业批发市场自建网站平台模式难以为继、网站盈利模式不可持续、“信息孤岛”、难以发挥平台经济集聚效应等问题。

（三）普遍单体市场规模小，标准化推进难度大

目前，我国专业批发市场向第五代“产业综合服务平台”转型升级，其中标准化是重要的衡量指标之一。从目前广州专业批发市场标准化建设情况来

---

① 广州市社会科学院、广州专业市场商会：《广州专业市场情况问卷》，2021 年。

② 广州市社会科学院、广州专业市场商会：《广州专业市场情况问卷》，2021 年。

看，除了塑料、金属、木材等大宗商品交易外，其他品类的专业批发市场标准化水平低。专业批发市场规模偏小、市场交易主体组织化程度低是影响广州专业市场标准化进程推进的最主要的障碍。市场规模小在一定程度上导致市场不具备环境标准化升级改造的基本条件，就地转型升级难度大，也不利于产品标准化的实施。根据2021年对广州60家专业批发市场调查数据[①]，传统档口式占比为55%，购物商场式占比仅为16.67%。经营者为了生存和受利益驱使，经营假劣伪冒产品事件时有发生，导致整个市场始终摆脱不了低档次、低水平的经营状况，也影响了行业、产品标准的制定实施。

（四）土地权属和利益主体复杂，转型发展缺乏动力

首先，广州市专业市场土地权属及利益主体复杂，导致专业批发市场转型升级动力缺乏。广州大部分市场用地分属于村、社、私人、企业等所有，市场方大多为租赁土地兴建市场，没有实际产权。根据2021年对广州60家专业批发市场调查数据[②]，租用集体土地或物业占比31.67%，租用企业土地或物业占比23.33%，二者比重之和高于自有土地或物业的比重（21.67%）。原地升级需要投入大量前期资金，经营成本将大幅提高，在用地性质不能转为永久用地及租赁使用期较短的情况下，推动市场原地转型升级的难度较大。其次，基于复杂的产权关系，市场转型升级触及了不同主体的利益，各种利益代表在转型升级问题上无法达成共识，缺乏有效参与，这导致市场转型的内部动力不足。

三、广州专业批发市场转型升级的形势分析

（一）数字经济时代现代流通网络变革期

当前，全球迎来了新一轮科技革命和产业变革，科技创新加速推进并深度融合，对商品供应链、消费者行为、企业信息化和商业业态模式等商贸流通体系和商业生态系统进行了颠覆性变革，新一轮科技产业变革与传统批发市场转型升级形成历史性交汇。数字经济新经济形态的出现，电子商务蓬勃发展，第

① 广州市社会科学院、广州专业市场商会：《广州专业市场情况问卷》，2021年。
② 广州市社会科学院、广州专业市场商会：《广州专业市场情况问卷》，2021年。

三方电商平台抢滩专业批发市场，网上零售商集群化发展，对线下批发市场造成巨大冲击。

（二）消费升级和供给侧结构性改革机遇期

“十三五”时期，我国经济进入新常态，消费也呈现新特征，消费总体规模增速减速换挡，消费结构不断优化，互联网消费、绿色消费、时尚消费、服务消费成为新亮点，科技创新驱动成为消费新动能。我国模仿型排浪式消费阶段基本结束，国内居民消费潮追求品质、个性化和多样化趋势更加明显。以供给侧结构性改革释放消费潜力，为发展品质消费、时尚消费、服务消费，引领消费升级提供机遇。消费需求特征转变对商贸流通业提出新要求：要求进一步提升流通效率、流通服务水平，商品从以生产制造为主导向以消费者需求为导向重心转移；要求商贸流通企业创新商业模式、商业业态快速响应市场需求；要求制造商加快新技术、新产品的研发与生产，向弹性生产、个性化定制、软性制造转型；要求专业批发市场从传统“三现”交易、摊位式经营方式向现代商贸流通综合服务功能转型。

（三）全国专业批发市场进入转型升级关键期

实体批发市场作为商品流通的重要环节，其发展对提高流通效率、降低交易成本、拉动经济增长、吸纳社会就业具有重要作用。专业市场的繁荣让广州、义乌、成都等城市成为全国商品集散地。当前，随着国内经济进入新常态，商贸流通体系发生变革，区域产业结构调整，互联网经济兴起，城市化进程加快，城市建设管理得到提升，专业批发市场面临着新的发展形势，国内外发展环境的变化倒逼专业批发市场转型升级，使国内专业批发市场竞争更加激烈，新兴批发市场纷纷崛起；全国专业批发市场发展格局发生调整，国内专业批发市场加快转型升级。

第三节　国内其他城市专业批发市场转型发展的路径探索

在国内外发展环境发生深刻变革的背景下，国内专业批发市场积极推进转型升级道路，加快向展贸化、信息化、标准化发展转型，提升综合服务能力，推进物流商流分离成为业内共识。一些专业批发市场的转型做法值得关注与借鉴。

一、加快与会展业融合互动发展

推进传统专业批发市场向展贸化方向发展是国内外专业批发市场转型升级的重要趋势。展贸型专业批发市场的市场经营形态由原来的现场、现货、现金交易的传统专业批发市场经营形态转变为集商品展示、洽谈、接单和电子商务、物流配送为一体的现代批发经营形态。目前，国内专业批发市场已经开始尝试向展贸型专业批发市场转型，如北京动物园批发市场按照控制低端、引进高端、打造品牌、提升品质的升级原则，改造升级专业批发市场，规划建设展示功能区，依托北京展览馆举办“动物园时尚服装节”，定期举办时装发布会，引进服装设计工作室、服装设计名人等，力争打造北京服装设计与展示聚集地。东莞市虎门镇政府搭建虎门国际服装交易会、创意产业园、电子商务平台等重点公共服务平台，促进服装上下游企业对接，做大做强“大虎门”服装品牌，促进产业集群、专业批发市场与会展融合互动发展。

二、加快线上线下融合发展

当前，电子商务和网络购物的兴起对传统专业批发市场造成巨大的压力，国内传统专业批发市场纷纷谋求转型。以义乌小商品城为例，义乌政府把发展电子商务作为战略方向，依托全球最大的小商品专业批发市场，打造全球最大的线上线下融合、虚拟实体融合的小商品采购平台，建设“电商应用云”，做大做强“义乌购”，激发市场活力，完善电商信用体系，规范和发展电商。企业不断创新商业模式，积极“触网”，依托“义乌购”互联网市场平台，小商品城商户全部兼营电商。小商品城还积极发展电商配套服务、互联网金融业务，实现有形市场、物流、金融服务与电子商务融合发展。2014 年，义乌建成各类电子商务园区 19 个，各类电商账户达 24 万户，年销售额超过千万元的电商企业有 1350 多家，电商交易额为 1153 亿元，小商品市场成交额达到 857 亿元。到了 2018 年，义乌电商交易额增长到 2368.3 亿元，小商品市场成交额增长到 4523.5 亿元，分别比 2014 年增长 105.4% 和 427.8%。再如 2014 年，杭州四季青街区已经有 2600 多家商户加盟 O2O 模式，买家数量也突破了 13

万家，该街区通过整合实体经济与互联网经济，提升了实体经济的效率与规模。

三、注重标准化规范升级

面对来自外资批发企业进入和零售业挤压的压力，我国专业批发市场进入加速调整和改造提升时期，许多大型市场纷纷进行建筑形态改造，吸引品牌商户入驻，参与制定行业标准，使专业市场向规模化、标准化、品牌化方向转型。一是通过市场载体形态、市场环境和功能设施标准化改造，促进市场向高端化、现代化发展转型。如北京中关村通过基础配套设施改造和建筑形态改造，积极引进各相关业态商家入驻和促进原商户转型发展等方式，促进业态、功能和商家结构以及经营方式的全面转型，从电子产品街转型成为创业投资机构的聚集。二是通过创新交易方式，实施品牌化经营，促进市场标准化、规范化发展。如上海、深圳等地的农产品专业批发市场尝试采用拍卖交易，石家庄、山东等的一些市场鼓励商户由个体工商户向公司制法人转变，促进市场规范化经营成效初显。三是积极参与制定行业标准，发表行业价格指数，争取价格话语权，成为国内许多成功的专业市场的重要经验之一。如义乌小商品城发布义乌中国小商品城指数，逐渐确立起小商品贸易定价及“世界超市”标杆形象。

四、注重培育综合商贸功能

当前，我国许多已建的和在建的专业批发市场纷纷开始重新定位，通过不断完善配套服务功能，提升综合服务、增值服务能力，促进盈利模式创新，加快市场转型升级。如深圳华强北依托其世界最大电子元器件集散中心和电子产品制造中心的优势，以“创客孵化中心”为转型方向，以打造“创客天堂”为发展目标，积极为创业者提供技术、项目培训、产品展示、创投基金、金融服务、电商推广、创客公寓等创新创业支持服务，构建创客生态圈，促进市场转型和创新创业发展。目前，华强北已经吸引了一批硬件创新和设计企业、创客团队集聚以及英特尔、微软、高通等巨头企业，向创客孵化中心转型。

第四节　广州专业批发市场实现转型升级的发展思路

传统以“三现”交易方式为主导的专业批发市场发展主要是依托人流带动信息流、资金流、物流在区域间集聚与扩散。在数字经济时代背景下，信息传播方式、渠道、效率都发生质的变化，信息流成为带动资金流、物流、人流集散的关键性因素。在此背景下，专业批发市场如何集聚最新最全的行业信息，并以最快速度扩散传播成为提升竞争力的关键。展贸化、信息化是专业批发市场提升信息传播效率、促成交易的重要路径，标准化是优化购物环境、提升购物体验与市场品牌影响力的重要支撑，三者互相促进、密切联系，是数字经济时代专业批发市场的发展方向。结合国内外专业批发市场的发展趋势及前景，广州专业批发市场发展应从以“三现”为主向以展贸化、信息化、标准化、服务化及物流配送网络化发展为主方向转变，实现转型升级及扩大辐射影响力。

一、展贸化发展：打造现代展贸交易中心

依托现有集聚辐射影响力较大的市场和丰富的会展资源，广州引导和支持市场（含商铺）拓展展览展示和电商功能平台，鼓励市场与各大展馆合作或与国际知名展会公司合作办展等多种方式，打造“实体市场 + 专业展览 + 电商”现代展贸交易平台，创新展示方式和技术手段，举办系列化、常年化和产业化的展示展销活动，大力发展展览展示、展示交易、合约交易、采购零售、商品集散、电子商务、价格形成、研发创新及相关服务，积极拓展市场增值服务，形成专业特色突出、展贸与批发互动、内外贸一体的现代化国际展贸交易中心。专业批发市场展贸化发展可以通过探索物业改造提升、业态转型发展、商业模式创新等多种方式，实现展贸化发展，主要形式如下。

（1）展示交易中心。将传统专业批发市场的现货交易铺面改造提升为商品展示交易平台，强化商品展示交易功能，实现物流、商流分离。

（2）信息发布会。针对服装、鞋帽等快速消费品，可规划建设展示交易功能区，定期召开行业发布会等展销活动，如海印缤缤广场按照国际标准设计

时装发布厅，每年1月和7月举办“海印缤缤广场时装季”高级成衣流行发布暨订货会促进购销对接；广州红棉国际时装城定期举办红棉国际时装周等。

（3）博览会模式。针对生产性或生活性原材料产品，依托广州作为国际会展城市的优势，通过定期开办行业博览会等方式，促进行业信息快速传播和商品交易，如广州美博城、信基沙溪酒店用品博览城等通过定期举办行业博览会，吸引全国客商汇聚广州。

（4）博物馆模式。针对体验性较强的商品，探索“批发零售 + 文化 + 旅游”的发展路径，如狮岭皮具城、芳村茶叶批发市场，通过建设博物馆、体验城等旅游文化项目，与批发零售相结合，实现展贸与旅游文化融合发展。

（5）发布价格指数模式。大宗商品市场通过打造网上交易平台，发布价格指数等方式，树立行业话语权。如广州塑料交易所通过定期发布塑料价格指数，成为行业价格行情的风向标；广州钢铁交易中心建立钢铁现货交易、钢铁远期交易、国际钢铁资讯等虚拟平台。

二、信息化发展：打造国际电商交易平台

在广州，信息化的发展将成为专业市场新的经济增长点。广州应抓住“互联网 +”战略实施等机遇，统筹建设集电商、仓储、物流、金融等于一体的专业批发市场综合服务平台，鼓励支持专业批发市场积极探索电子商务交易新模式，积极促进现有市场及商户“触网”上线或与第三方电子商务平台对接，链接整合产业链、供应链和物流链，大力发展电子交易、跨境电商、网上支付、订单管理、仓单经营、电子物流配送、线下体验、电商孵化、电商服务等新功能、新业态，强化电商物流配送支撑功能，构建集线上与线下（O2O）市场融合、上下游链接的专业批发市场生态圈，扩大电子交易规模，拓展国内外市场营销网络，形成线上无形市场与线下有形市场融合、销售与运营统筹的国际电商交易和电商聚集发展平台。专业批发市场信息化发展的路径有以下几方面。

（1）搭建网上交易平台。搭建或引入专业批发市场网上交易平台方式，提升信息基础设施、引入电商服务商、完善物流配套设施等配套服务，大力发展电子交易。如震海批发网、衣联网、1688. com、白马服装批发市场网等都在探索专业批发市场线上交易新模式。

（2）互联网智慧应用。通过引入专业批发市场导航系统、仓储物流配送

应用软件、农产品信息追溯系统等，促进互联网技术在专业批发市场改造升级中的应用，优化专业批发市场的环境和交易流程，提升采购商采购体验，如广货宝、震海导航系统、江南果蔬批发市场进口生鲜产品可追溯系统等，实现专业批发市场智慧化改造。

（3）线上线下融合发展。依托实体专业批发市场的品牌优势，探索线上线下融合发展道路，通过网上宣传推广、展示交易、线下体验、商务洽谈，实现线上线下融合发展，如海印集团推出的“海印生活圈”，提高了批发商与采购商的黏性；珠江国际纺织城通过打造全球纺织直通车、行业交流平台“珠江汇”、电子商务平台等举措，整合采购商资源。

（4）创意定制化发展。通过互联网大数据强大的数据支撑及信息集聚功能，提升批发商对上下游的枢纽服务功能，整合设计创新团队、消费者需求、供应链资源等要素，走创意定制服务或品牌化发展道路，如广大服装批发市场与广州大学服装设计学院合作创立自主品牌和高级定制服务。

三、标准化发展：打造品牌孵化集聚平台

从现有专业批发市场及具体的商户、店铺两个层面，结合国家、行业和本地相关标准，制定实施包括基础设施、环境卫生、样品展示、交易方式、物流配送、检测监管、信息发布、宣传推荐、商铺装饰等环节的标准和规范，优化批发经营环境和秩序，鼓励采用现代交易方式、开展统一结算，实现对结算资金实行统一管理等现代交易方式和技术手段转型，大力吸纳国内外品牌商品和商家以及总经销商、总代理商等高端商家入驻发展，优化提升市场商户结构，建设集品牌商品展示交易、品牌聚集、品牌培育、品牌交流、品牌认证管理、品牌推广、电商孵化等功能于一体的品牌孵化集聚高地，打造广州国际化的专业批发市场品牌。

（1）促进软硬环境标准化改造。通过制定实施包括基础设施、环境卫生、样品展示、物流配送、检测监管、信息发布、宣传推荐、商铺装饰等环节的标准和规范，通过采用第三方支付等现代交易方式促进交易模式的标准化，促进专业批发市场高端化发展。促进专业批发市场监管部门行政审批制度改革，规范注册、登记、审批、监管等流程标准化服务，提高服务效率，优化市场环境。抓住广州物流标准化试点城市建设，推进专业批发市场物流标准化试点建设，降低物流成本。

（2）提升产品标准化水平。通过注册商标和品牌认证申报，加强品牌培育与引进，提升专业批发市场的品牌影响力。鼓励专业批发市场积极参与国际、国家层面的行业标准制定，不断增强定标话语权，争取确立起行业标杆的形象。

四、服务化发展：打造商贸综合服务平台

依托广州原地转型升级或搬迁的专业批发市场，优先解决市场用地及优化空间布局问题，改善基础与公共配套设施，促进仓储物流分离及外迁，优化发展商品交易、商品集散、展示展览、财务结算、信息传播等功能，延伸发展购物休闲、文化旅游、酒店餐饮、金融服务、研发设计、中介服务、总部办公等功能，形成专业批发市场功能与其他功能互动、线上与线下双向驱动的多功能现代专业批发市场平台。

（1）促进专业批发市场集群统筹规划。优化专业批发市场集群的空间分布格局，统筹规划建设货物集散中心、物流功能区、展示活动区等功能区，培育引进供应链平台企业，为企业提供商品分类、包装、通关、运输、销售等一体化服务，以及现代金融、电商孵化培训、财务等服务企业，配套发展购物休闲、文化旅游、酒店餐饮、金融服务、研发设计、中介服务、总部办公等功能，提升批发商竞争力。

（2）提升一站式综合服务水平。不断完善城市配套服务功能，加强区域支撑产业体系建设和城市物流配送体系建设，推广应用电子物流配送信息技术，有效推进市场商流、物流分离，构建展贸交易、物流配送、产业集群支撑、综合服务一体化平台，实现一站式采购服务，增强广州专业批发市场集群的整体竞争力。

第五节　广州专业批发市场实现转型升级的对策建议

本节结合广州建设国际商贸中心的总体目标，把握数字经济快速发展的时机，加快实施“网络商都”的发展战略，从巩固产业链支撑体系、鼓励电子商务平台建设、加快基础设施网络建设、引进与培育专业人才、加强市场监管

等方面促进广州专业批发市场利用电子商务实现转型升级和高端化发展。

一、加强分类引导调控

加强分类引导调控是有序推进专业批发市场转型升级的重要举措。一是着力建设“三化”型的现代专业批发市场园区。二是按照广州供给侧结构性改革部署及“一场一策、分类治理”的要求，深化落实现有专业批发市场分类引导调控对象，加快推进现有优势市场原地转型升级，严禁在全市开办以“三现”交易为主的传统专业批发市场，坚决推进不安全、不合法、不规范的低端市场“关、并、停”和外迁，逐步减少低端市场的存量。三是推进专业批发市场业态转营发展，包括推进市场形态、业态、功能、经营与管理服务方式等转型，优化市场商户结构，大力发展批发展贸新业态，做大做强具有质量品牌及国内外辐射影响力的市场。

二、加快推进“互联网 +”广泛应用

借鉴“互联网 +”战略实施电商化是专业批发市场持续发展的大势所趋。一是进一步加强对专业批发市场及商户的信息化、电商化教育培训，深化对信息化、电商化发展重要趋势的认识，积极引导现有的专业批发市场通过电商化转型升级。二是整合完善专业批发市场现有电子商务平台，积极与成熟的电子商务运营商和电子物流供应商合作，打造“前展—中交—后仓”的全产业链专业批发市场电子商务 B2B 平台；重点培育专业性 B2C 平台，扶持一批已有一定规模和特色的平台企业，实现网上采购、下单、销售和物流的无缝连接，打造专业批发市场的“网上广交会”。三是鼓励现有专业批发市场优势门户网站整合相关网络资源，探索建立行业主导、第三方牵头的行业性电子商务公共服务平台，更好地发挥行业门户网站的集约优势，有效推动专业批发市场及商户与电商企业（平台）对接及实现电商化发展。四是结合商贸流通体制改革试点，积极探索专业批发市场定额征税、推广电子发票、发放网上营业执照、推进管理服务改革等政策，鼓励专业批发市场电商化发展。

三、加快商流、物流分离

商流、物流分离是促进专业批发市场“三化”发展及转型升级的重要举措。一是在建成区外围统筹规划下，建设汽车货运站场、物流园区及物流公共仓、中转仓，积极推进专业批发市场与仓储物流园区相互对接和合作，有序引导建成区各专业批发市场仓储、物流配送业务向外转移。二是在加强对专业批发市场内部仓储物流及中心城区货运站场清理转移的情况下，在市场集聚区域物色合适的市场、停业商户或旧楼房，适度改造转型或重建“楼仓式”仓储物流配送的公共支撑平台，引进专业物流配送企业入驻以提供专门物流配送服务，规范周转仓储物流配送业务，最大限度减少物流配送对周边城区的影响。三是推广应用电子物流配送信息技术，有效推进市场商流、物流分离。四是鼓励第三方物流企业承接专业市场集群的物流业务，并逐步从为专业市场提供专业运输、仓储等服务向提供包括供应链解决方案在内的一体化配送服务转变。

四、加强监管整治倒逼

加强市场监管和城市环境治理，优化专业批发市场的经营环境，规范专业批发市场经营秩序。一是结合广州作为国内贸易流通体制改革发展综合试点的情况，创新专业批发市场管理模式，推行负面清单管理和政府、业主权责目录管理，加强协调统筹和督办跟踪，有序推进专业批发市场的规范整治和升级发展。二是进一步加大对专业批发市场消防安全问题的整治力度，加强对专业批发市场周边出租屋的管理整治，大力查处违法建设、违章建筑和非法“住改商”“住改仓”等行为，全面清理经营、仓储、居住混杂现象。三是进一步加大非法运营整治及对“五类车”的打击力度，集中整治各专业批发市场附近“五类车”交通违法和机动车非法运营的行为，优化市场周边交通秩序。四是规范市场经营秩序，严厉查处市场非法经营和违规经营，持续打击拉客现象，保护业户合法权益，创造良好的市场营商环境。五是创新专业市场监管手段和方式，鼓励支持电子商务平台监管，分担政府监管职能，利用电子商务平台大数据基础和网络评价机制，推进专业市场监管规范化、社会化、协同化。

五、加大配套政策和资金扶持

充分发挥政府的引导作用，围绕推进专业批发市场转型发展的总体目标，在配套政策、财政资金支持等方面给予政策支持。一是加大对现有专业批发市场转型升级的扶持，市政府和区政府共同加大力度，从财政资金、产业发展资金、公共配套建设资金、人才发展资金等方面对转型升级的重点市场项目给予扶持，争取支持把广州重大专业批发市场转型升级及商业模式创新项目列入国家贸易流通体制改革发展综合试点示范项目，积极探索商事制度改革与政策创新，破除政策因素对市场转型的障碍，激发市场创新活力，同时优先加强对新建或列入转型升级的重点专业批发市场园区的公共配套建设及环境整治。二是加强对规划转型升级市场审批环节及相关政策指引，结合“三旧”改造政策，在项目建设用地、土地专用、相关规划建筑指标等方面予以支持。三是在按照属地管理原则将涉及专业市场开办等管理权限下放至区，尤其是将市级公有制物业管理权限下放或由区代管的背景下，积极协调解决市场物业合规合法及权属问题。四是借鉴先进城市的经验，对电商化市场及商户在过渡期内仍按原有征税额度征收，在过渡结束后对按交易额结算的征税进行适当优惠，降低专业批发市场转型升级及创新发展的成本。

六、发挥示范市场和行业协会的作用

充分发挥广货宝、震海批发网、五洲城、洋湾2025创新岛、安华汇、红棉国际时装城等商业模式创新项目建设的示范带动效应，整合全市专业批发市场的资源和力量，调动市场管理公司和业主转型升级的积极性，重点推进一批辐射影响力大的专业批发市场向“四化”（展贸化、信息化、标准化、服务化）发展，形成“市场+电商、仓储、物流、金融”的现代专业市场综合体（平台），以此示范引领其他市场升级发展。要继续发挥好广州专业批发市场商会的桥梁纽带作用，配合政府做好相关规划编制、标准规范、政策措施的宣传解读、培训和交流互动工作，积极服务各专业批发市场创新发展，提高广州专业批发市场的辐射影响力和竞争力。

本章附录　广州专业批发市场转型发展的典型案例[①]

案例一：广州海印摄影城

广州海印摄影城于2010年建成开业，是广东海印集团股份有限公司属下的专业市场，位于广州市越秀区东华南路，占地面积达6000平方米，是集高端摄影、摄像、光学观测仪器销售、展示和发布等功能于一体的光学高新技术主题专业市场。

（1）积极改造硬件环境，从传统专业市场转型升级为多元化商业综合体。目前，海印摄影城1～4层为摄影器材类专业市场，南塔楼为32层甲级写字楼，北塔楼为39层节能型住宅楼，并配套餐饮、咖啡厅、便利店、银行服务等，另附有地下3层停车场。海印摄影城已成为越秀区专业市场转型升级的示范性项目。市场内设置了1000平方米的户外用地，设立了绿化外拍交流园地，给摄影爱好者提供交流场所。市场内还设置了200平方米的摄影展览厅，用于摄影作品展览，并成功举办多届著名摄影家、摄影团体的摄影作品展。市场内设置100平方米的多功能展览厅，作为摄影讲座课堂、交流心得体会场所，提供器材购买、摄影后期服务、售后服务、摄影艺术创作交流等配套服务。

（2）积极引进知名摄影品牌，打造华南地区摄影品牌集散地。海印摄影城致力于打造华南地区经营档次最高、品牌最全的摄影主题场所。摄影城首层引进了徕卡、哈苏、飞思等顶级摄影器材的华南代理形象店；第二层引进了捷信、曼富图、乐摄宝、百诺、品色、富达时、冈仁波齐、伟峰等国内外主流的品牌专营店；第三层专营影棚、影室灯光、摄像、微电影设备等。

（3）积极搭建管理服务平台，建立良好的经营环境和经营秩序。摄影城在企业管理方面，制定了一系列管理制度，包括完善各项经营管理制度、财务管理制度、人力资源管理制度等，设有全网络化办公系统，实现了场内便捷办公；在市场管理方面，设有管理办公室，制定了统一的场内经营管理制度，包括考勤、投诉、违规处理、卫生管理、消防巡查、治安安全等制度和措施，配

① 摘自广州市商务局、广州专业市场商会、广州现代产业创新发展促进中心：《2019广州专业市场行业转型升级创新模式汇编》，2019年5月。

备相应的业务、工程、安保及后勤人员，将各项制度落实到位；在商户管理方面，专人专司负责租赁合同，规范管理各大租户，签订消防、安全、诚信经营、质量保证金等相关的责任协议，在商户转入、清退、质量保证上有明文规范的制度；管理团队还会根据商户需求，提供差异化服务，搭建优质服务平台。

案例二：广州雄峰城

广州雄峰城是广东雄峰集团投资开发的专业市场综合体。该项目位于广州番禺区钟村，毗邻广州南站和长隆旅游度假区，占地面积逾23万平方米，建筑面积为45万平方米，于2015年招商运营。雄峰城致力于打造多业态融合专业市场，通过家居建材、休闲购物、餐饮娱乐、文体康旅、住宅办公等多功能融合，促进项目向基于消费升级的新模式转变，推动产业和消费体验协同发展。

（1）引进家居著名品牌，打造家居建材主题生活MALL。目前，雄峰城进驻了超过300家国内外著名家居品牌，致力于打造广州品类最全、规模最大、品牌最专业、配套最完善的家居建材主题生活MALL，建立立足于珠三角、辐射全国的高端建材展贸平台。

（2）引进多种业态类型，加速文商旅融合的转型升级。雄峰城陆续引进了“文、旅、康、体”的四大功能，在家居建材业态的基础上进行了产业链延伸，引入了沃尔玛、迪卡侬、海豚音KTV、中影南方韦邦国际影城、胡桃里、星巴克、麦当劳、屈臣氏、小米之家等多家品牌主力店，同时配建教育城、儿童城、购物中心、健康管理中心、雄峰城住宅公寓等，构建具有良好体验性的全业态消费生态圈。雄峰城引入广州国际美食节，打造具有地域特色和文化特色的“文化旅游美食城”；打造番禺星光大道、星光广场和星座天街，构建情景时尚消费，创造多场景消费体验，注重更多的娱乐性和社交化体验。

（3）开启“互联网+”模式，探索智能化升级路径。顺应智能化和数字化发展新趋势，雄峰城通过与国内领先的实体商业数字化运营服务平台——猫酷联手，启动了全新智能化智慧商城模式，打造出广州专业综合体智慧商城模式，实现线上线下互联互通；设立公共的互动服务区域、交互屏幕、体验服务区等区域，对市场的基础信息网络进行全面改造，设置覆盖市场的客户感知系统、服务与指引系统、互动体验销售系统等；设立IT应用服务中心，为商城的商家提供统一的营销门户平台、电子商务门户平台、客户关系管理系统、信息展示与发布系统等，提供统一的BI[①]服务，引导客户进行有针对性的消费。

案例三：广州国际轻纺城

广州国际轻纺城位于广州市海珠区金纺路，地处中大纺织布匹商圈核心地段，于2005年正式对外营业，目前已经汇聚了近4000家国内外顶级面辅料品牌商家，成为集纺织品交易、展示和商务于一体的国际化面辅料一站式采购基地。

（1）顺应“互联网+”趋势，打造全场景覆盖电商体系。近年来，顺应“互联网+”及产业转型升级的发展趋势，广州国际轻纺城搭建了涵盖网站、微网站、手机客户端、现场导购设备、微信服务号及电子商务客服中心——纺城荟在内的“5+1”全场景覆盖电商体系，打破了实体经营时空限制，为市场商户、采购商及产业链上下游企业带来了价值。利用移动互联网技术、图片搜索技术、社交网络等互联网技术，广州国际轻纺城实现了多平台“找布”功能，提升了采购商找布效率，打造全中国最大面辅料电商服务平台，成为辐射全球、365天24小时全天候的专业批发市场。

（2）顺应展贸化发展趋势，打造专业化展贸平台。广州国际轻纺城通过创办多元化、多形式、线上线下相结合的时尚展贸活动，打造专业化展贸平台，提高交易效率，创造交易机会。广州国际轻纺城联合中国纺织信息中心、国家纺织产品开发中心于每年4月、11月举办春夏、秋冬面辅料流行趋势发布会，展示服装时尚发展趋势。广州国际轻纺城一年举办两届FATF面辅料采购节，2019年，FATF S/S19共举办15天的采购节接待10多万专业采购商、参展商，参展规模及观众数量不断刷新。此外，广州国际轻纺城不定期举办各类型论坛、时尚讲座、设计师沙龙等活动，搭建行业信息交流、学习、推广平台，让产业链各环节信息互通互享，推动行业发展。

（3）强化产、学、研孵化，加强行业原创设计及人才培养。截至2019年，广州国际轻纺城连续举办了14届中国（广东）大学生时装周，为高校服装设计专业学子打造公益性时尚平台，累计举办活动总场次400场，50多家高校登台亮相，2万多名高校服装设计毕业生在此圆梦。广州国际轻纺城通过举办指定面料大赛，时尚讲座和产、学、研交流会等活动，促进行业资讯交

① Business Intelligence，商业智能，指用现代数据仓库技术、线上分析处理技术、数据挖掘和数据展现技术进行数据分析以实现商业价值。

流，为行业源源不断地输送原创人才。广州国际轻纺城与广东财经大学、暨南大学等高校签约合作，完成“导购及求购信息、发布、查询系统软件开发”系列研发设计课题，并将其转换为商业运营技术，填补了国内面辅料专业市场智能导购等技术设备的空白。

案例四：安华汇

安华汇位于广州市白云区，由广东安华美博集团开发，是广东省“三旧”改造重点项目，其前身为白云区永泰茶山庄地块改造项目，于2018年正式营业。安华汇开发面积为7万平方米，总建筑面积约30万平方米，项目在家居专业市场的基础上，引入生活休闲、娱乐餐饮、儿童乐园、运动品牌超市、生活超市等体验业态，打造成为新型商业综合体。

（1）配合“三旧”改造政策，异地升级开展转营发展。早在2009年，白云区永泰茶山庄地块已被确定为广州市、白云区“三旧”改造先行先试的试点。2015年1月，李克强总理更亲临该地块视察，指导广州旧城改造的建设工作。正值安华城转型升级需要新的搬迁选址区域，广东安华美博集团取得永泰茶山庄地块开发权，永泰茶山庄地块成为原安华城转型升级的重要承载地。项目在建设之初就打出“旧厂改造——旧村安全隐患政治+综合整治”的组合拳，在广州首创“1+1+1”的改造模式，成为当年广州“三旧”改造的典型案例。经过3年的规划改造，安华汇在白云区家居建材龙头专业市场之一——安华城的基础上，提升打造新型商业综合体，重新定位为“智慧型家居+生活双核MALL”，引领家居行业发展的新趋势。

（2）抓住消费升级机遇，全面发展多元化业态。安华汇汇聚了家居、生活、写字楼、公寓四大业态，一站式满足场内所有商户的品牌展示、商务办公、生活娱乐三重功能。该项目采用“双MALL混合经营”模式，包括4.5万平方米中高端建材馆、2.5万平方米灯饰布艺馆、2.5万平方米白云区中高端家居馆、2万平方米首个诺亚方舟主题公园、3万平方米云山食荟、1.2万平方米快乐成长营、9000平方米活力体验馆、7000平方米婚庆馆、8000平方米奥特莱斯、5000平方米精品超市、3500平方米影乐汇等，通过把“家居”的超大客户半径范围的优势和“生活”的大量日常客流量与丰富的现场体验等优势相结合，实现“家居商场”和“生活商场”的互利共赢。

（3）顺应“互联网+”趋势，实现线上线下融合发展。在经济新常态和“互联网+”的背景下，安华汇通过与国际互联网巨头联手打造“互联网+家居生活”体系，在客户关系管理、大数据等层面实现精准营销推送，并整合房地产社区、银行、设计师中介等资源，实现线上线下融合，创造更旺客流；通过智能停车、餐饮在线排队等系统，改善顾客的购物体验，引领产业转型跨越发展，实现“互联网＋”时代下传统专业市场的华丽转身。

案例五：圣地环球商品贸易港

圣地环球商品贸易港位于广州花都狮岭大道东，总建筑面积约18万平方米，是由圣地集团下属全资子公司广州圣兴投资有限公司投资建设，是华南首个开展国家级市场采购贸易方式试点先行示范区。

（1）抓住历史机遇，打造华南首个市场采购贸易方式试点市场。2014年，圣地环球商品贸易港在广东省商务厅、广州市商务局及相关职能部门的大力支持下，向国家商务部申报“内外贸结合商品试点”（现改为“市场采购贸易方式试点”）。历经两年多的时间，商务部等八部委于2016年9月正式发文授予广州花都皮革皮具市场为全国第三批、华南首个市场采购贸易方式试点单位。立足广州花都皮革皮具市场的产业基础，圣地环球商品贸易港在平台创新、贸易便利化创新、供应链金融服务创新等方面推进市场采购贸易方式，为试点顺利推进提供了保障，同时引导包括电商、金融、物流、数据、旅游等多业态在周边集聚，形成商品流、信息流、资金流、客流、物流的规模效应，形成了可借鉴、可复制、可推广的模式。

（2）以客户为中心，构建一站式外贸服务体系。圣地环球商品贸易港新设国际贸易综合服务中心，总面积为2400平方米，是全国八大市场采购贸易方式试点中最大的国际贸易综合服务中心，主要为广州花都市场采购贸易方式试点市场集聚区范围内的国外采购商、外贸代理公司、供货商以及其他中介服务机构等提供行政审批、注册备案、政策咨询的“一站式”公共服务。同时，该项目搭建了为外贸出口提供一揽子解决方案的圣贸通金融服务平台，为客户提供产品出口业补贴、外贸结汇手续费免除、应收账款贷款产品等金融服务。

（3）顺应展贸化趋势，搭建跨区域文旅会展发展平台。圣地环球商品贸易港采用“走出去＋引进来”的项目发展战略，加强与各级政府、国际知名会展企业合作，打造供应商与国际采购商市场新通道，通过承办、协办中国（狮岭）皮革皮具节，集聚商品和服务信息，为企业搭建展示、宣传和培育品牌的创新平台，并借助广交会等会展平台引入国际采购商，举行相关手工皮具论坛、特色皮具联展、原创设计皮具年度作品发布秀等相关活动，丰富“皮具之都”的内涵；以室内风情街等为载体，通过与万达、长隆及各大型旅行社联合，打造皮具文化体验馆，搭建文旅融合发展平台。

（4）顺应“互联网 +”趋势，建设创新型电商及智慧型研发设计平台。圣地环球商品贸易港以商户需求为导向，整合跨境电商、综合型电商、产业链垂直电商及自有电商平台等各类电商平台资源，分析平台用户数据，挖掘商户需求，形成“线上 + 线下”双向销售模式，扩展产品销售市场。圣地环球还致力于打造智慧型研发设计平台，与国内外优秀设计服务机构和国际知名皮革设计学院开展国际合作，开办顶级时尚设计培训课程，打造设计师创意孵化平台，提升中国皮具的国际化水平。

案例六：广州白马服装市场

广州白马服装市场位于广州市越秀区站南路，1991 年由广州市城市建设开发集团投资建设，1993 年正式开业，是广州地区开业最早、交易量最大的中高档服装专业市场，对广州服装行业及广州服装专业市场的发展与繁荣发挥了重要作用。

（1）积极丰富展贸形式，拓展销售渠道。白马服装市场通过连续多年组织商户参展中国国际服装服饰博览会（CHIC）、广交会等，为国际化进程创造新机遇，实现从“中国服装品牌孵化基地”向“国际服装品牌孵化基地”跃升，并通过举办春季采购节、时尚快闪、大型汽车巡游、夏日嘉年华、冬日狂欢购、年终狂欢扫货季等各类活动，借助多种营销方式吸引了大量客流。自 2007 年以来，白马服装市场已连续举办了 12 届采购节，以节兴市，邀请国内外大量有实力的采购商前来采购，帮助客户建立销售渠道，完善销售网络。

（2）强化原创设计，打造原创品牌。白马服装市场积极推进品牌孵化，打造原创品牌，坚持走中高端产品路线，以“原创品牌、高端品质、一手货源、厂价直销”作为白马服装市场产品的突出特点，不断完善市场硬件水平及基础设施，优化营商环境，设立了严格规范的品牌准入制度，根据产品研发能力、生产加工能力、渠道建设能力、品牌营运能力四大类 20 多项指标对商户进行评价；高度重视知识产权的保护，支持原创品牌，保护一手货源；建立全方位、多角度、立体化的营销推广体系，累计培养出 37 个“中国服装成长型品牌”以及 25 个“中国服装优秀渠道品牌”、2 个“品牌之星”，荣膺首批“中国服装品牌孵化基地”。2017 年，白马服装市场积极推进“BM 原创集合馆”建设，通过整合国内外优质原创品牌资源，同时融入时尚沙龙、花艺、书吧、咖啡等复合体验，为消费者提供服装、箱包、鞋帽、饰品等丰富品类的时尚产品。

（3）拓展线上渠道，实现线上线下互动发展。白马服装市场前瞻性地把握了线上线下融合的大趋势，将线上渠道作为线下渠道的补充，将信息化技术作为实体商业的辅助，打造线上线下互动发展的新渠道。“白马服装网”于2013年正式成立，形成了集资讯传播、互动沟通和网上交易于一体的电子商务平台，现已确立了“实体市场+电子商务”的O2O电子商务综合服务平台的战略定位，着重开发“资讯、服务、交易”三大功能，实现线上线下协同发展。2014年，白马网上展厅（一期）全面建成，市场内现有1000家商户上网展示，网站日均IP流量突破1万，日均页面浏览量流量超过10万，累计流量达6000万人次。

（4）精细化服务，营造良好经营环境。2004年，白马服装市场在行内率先成立了客户俱乐部，为大客户提供VIP专员服务；2017年改组为白马服装商会，对加强服装上下游企业交流、整合行业资源、多渠道开发商机发挥了重要作用。同时，为了给采购商提供更好的消费环境，在2016年，白马服装市场成功研发了全国首套专业市场采购商会员系统（CGM），以自身较强的数据采集能力为基础，加上功能强大的数据分析系统，融合创新的营销交互工具，给采购商带来多样化、个性化的服务；同时联合交通银行和越秀金控推出金融创新产品“赢商宝”，在白马服装市场内同时开展信贷业务，为商户经营提供了强有力的资金保障。

案例七：广州万菱广场

广州万菱广场位于越秀区一德路39号，是广州万菱置业有限公司属下专业市场。该项目建设于2003年，盘活了当时越秀区的烂尾楼工程——亿安广场，打造成为大型专业市场。该项目共41层，实体经营面积为12万平方米，负1层至9层为商场，10层至37层为甲级写字楼，配套3层地下停车场。

（1）探索线上线下融合，搭建电商平台。万菱广场以电商应用、场景体验及创新孵化为手段，通过打造“万菱购”和“微客服”，积极探索本专业市场线上线下融合发展路径，促进行业业态创新。“万菱购”整合了万菱广场自有业态和商家资源，目前商品种类共有17大类，83个三级分类，超过100万种商品，其中主要包括家居饰品、家居用品、餐饮餐具、饰品箱包、数码配件等。在“万菱购”批发采购、公司采购的用户超过30万，每天超过5万人通过“万菱购”浏览各类信息。

（2）顺应体验消费趋势，打造无人销售体验中心。为了满足消费者足不出户的购物需求，万菱汇推出了万菱软硬天师购物体验中心。该体验中心位于万菱广场8楼，经营面积达2300平方米，是集软装商品展示、在线销售和装饰设计服务于一体的全新体验式展贸平台；该平台的商品按风格和品类模拟场景陈列展示，让消费者真实感受场景化购物方式。

（3）不断提升产品品质及品牌知名度，增强市场核心竞争力。万菱广场为支持场内商家创新经营模式和提升产品品质，打造优良的服务体系，引导产品同质化严重的格子铺、个体户、夫妻店向规模品牌型、原创设计型的方向转型升级；引进拥有研发、设计、生产、营销能力的商家，从而带动其他商家顺势转型；引导场内产品走向创意、智能、艺术、高质、原创的方向，不断突破工艺技术、追求品质提升，形成差异化风格；以消费引导生产，更快速地做出反应，实现更有效的管控，快速满足市场需求；引领商户进入广交会等国际性展会，加强自身品牌建设，提升万菱的品牌效益。

案例八：广州眼镜城

广州眼镜城位于广州市荔湾区人民中路260号，是广州百货企业集团有限公司属下广州市广百展贸股份有限公司重点培育的专业市场。该项目自1998年开业至今，经营规模快速扩张，市场总体经营面积累计近2万平方米，形成了“1+3”（1个主场、3个分场）组合市场的独特格局。目前，各主分场共有商户610多家，大部分以出口外销为主，市场年交易额超过70亿元，是国内年交易额最大的眼镜专业市场，于2013年获评广州市示范专业市场。

（1）以电商和会展作为双引擎，助力市场转型升级。基于广州眼镜城在全国眼镜批发业的龙头地位，广州眼镜城成功举办多届具有行业效益的广州国际眼镜展，成为广州重点扶持的十大专业展览之一。其中，2018年，广州国际眼镜展规模盛况空前，展位数量超过1000个，参展企业达300家，更有海外参展商参展品牌逾600个，汇聚了全球31个国家和地区参观采购团、采购商逾4万人次。广州眼镜城推动广州眼镜专业会场行业向品牌化、专业化、规模化、国际化升级，积极响应国家“一带一路”倡议，组织广州眼镜城商户远赴巴基斯坦参加亚洲眼镜展，提升“中国制造”品牌价值的国际影响力和知名度。同时，广州眼镜城市场立足商户资源，建设广百“荟好卖”O2O电商平台，延伸市场商户上下游价值链；增加眼镜价格指数、广百小额贷款融资、物流服务等功能，通过线上交易平台，为眼镜城实体市场引流；适应市场商户发展境外贸易需求，积极打造跨境出口业务，向国际化交易平台发展。

（2）丰富市场多元服务体系，巩固行业龙头地位。依托广州眼镜城的市场龙头地位和行业资源，市场多年坚持编制广百·广州眼镜价格指数，成为国内首个综合性眼镜价格指数体系，并于2014年在广州市物价局广州价格信息网上正式发布运行。2013年，广州眼镜城投资、参股成立广州市广百小额贷款有限公司，为广州眼镜城商家提供融资贷款增值服务，促进商家做优做强，进一步巩固市场的行业地位；组建广州眼镜城VIP客户俱乐部，吸纳积极配合市场工作且在业内具有较强影响力的优质商户作为会员，组织会员先后到江西、湖南、湖北等眼镜产业基地考察产业园和专业市场，与当地优质厂家进行产业下游对接。

广州眼镜城积极打造行业优质服务，全面推行商户从业人上岗培训，协助提高商户营销人员的素质，向市场商户派发《商从业人员指引手册》，组织从业人员进行岗前培训及考试，提高从业人员对市场规章制度、营业技能和安全消防等方面的认识，建立商户从业人员档案，规范市场人员管理，通过编制《广州眼镜城服务手册》，明确市场方的《服务指南》《管理标准细则》《服务标准细则》《岗位职责》《应急预案》等。结合专业市场特点，广州眼镜城提出《市场准入及退出制度》《不经销假冒伪劣及无合法来源产品规定》、打假保证金收取标准等专业市场特有的管理规定，形成专业高效的管理标准体系；实行商家评价制度，分A、B、C三个等级，在新一轮租赁时区别对待。

（3）优化市场功能配套和产业布局，提升行业附加值。近年来，广州眼镜城分批开展市场升级改造。2013年，广州眼镜城将市场6楼仓库改造成写字楼；2014年实施主场1～4楼改造。广州眼镜城通过不断提升市场硬件设施，优化经营布局，为商户创造安全舒适的营商环境，进一步树立广州眼镜城的行业形象；履行行业服务商的角色，加快推进市场全面转型升级，提升核心竞争力，重点延伸多元化增值服务。广州眼镜城借助广州国际眼镜展、“一带一路”海外展、跨境出口电商业务等平台，协助商家拓宽宣传销售渠道，满足其发展境外贸易业务的需求。广州眼镜城加强与产业链上下游的合作，定期组织市场商家到产业基地和集散地开展供需对接，联结各方资源，共同促进专业市场经营发展；引入专业媒体、物流服务商、设计学院、财务融资、法律顾问及培训机构等各类中介服务机构资源，向市场商家提供专业的宣传推广、人力资源培训、财务记账、结算及贷款融资、法律咨询、政策法规和行业信息发布等多元化服务，提高商家的经营管理能力。作为市属国有企业专业市场，广州眼镜城优化整合自身的优势资源，通过一系列创新服务手段，提升服务质量，跨界融合发展，提升行业附加值，从而推动专业市场经营模式升级、助力广州建设国际商贸中心、强化广州会展名城的优势。

第六章

数字经济时代广州城市商业空间结构演变特征研究

改革开放以来，随着城市化进程加快、城市商业改革创新的深化以及城市居民消费升级步伐的加快，城市商业业态类型及城市商业空间结构发生了深刻调整。本章运用 POI 大数据，对“十三五”时期广州城市商业网点规模、商业空间布局演变特征进行分析；在对“十四五”时期广州城市商业发展及空间布局进行展望的基础上，提出“十四五”时期广州城市商业创新发展及空间布局优化建议，对“十四五”时期广州优化城市商业空间布局规划、促进商贸高质量发展、增强其作为国际商贸中心的功能具有重要意义。

第一节　研究目标与研究方法

一、研究背景及思路

商业作为城市功能的重要组成部分，其空间布局和产业发展对于城市功能的提升具有重要的意义。城市商业中心区选址建设、商业网点设施规模、数量、空间布局关系着城市消费能级及城市居民生活的便利化程度。在遇到类似新冠肺炎疫情等重大突发公共卫生事件时，城市商业网点，特别是超市、便利店等社区性商业网点承担着保障居民日常生活物资供应的重要作用，如在日本已有上万家 7－11 便利店的门店网点提出要作为日本国家重大灾难救治的基础建设部分，在面临重大灾难的时候，可以为灾民提供物资保障。可见，一个城市的商业网点空间布局关系到居民生活便利化水平、居民日常出行及城市交通状况、突发事件时期物资保障等方面，因而值得我们关注。

城市商业网点布局、商业空间研究一直是商业地理学者、城市规划者比较关注的主题。国外学者们较早开始运用数量统计方法进行商业空间结构研究，深入探讨了交通网络、人口分布、消费行为等因素对城市商业空间结构的影响。改革开放以来，伴随着城市规模的快速扩展和居民消费的不断升级，城市零售商业设施的规模、数量、业态结构及商业空间布局发生了巨大变化，并与城市空间拓展产生联动作用，引起学者们的持续关注。一些学者开始探讨城市大型零售商业网点、娱乐休闲设施的空间结构特征及影响因素，阐述其发展变化趋势。一些学者则从城市商业发展的历史脉络出发，总结商业中心变迁规律和空间组织特征。

近年来，互联网技术的快速发展深刻地改变了人们的日常生活，使城市空间也发生了前所未有的变化。随着互联网经济的快速发展，互联网技术的广泛应用对商贸流通流程再造、消费者行为方式、商业模式、商业空间布局等也产生了深刻影响。一些学者开始关注互联网因素对传统实体商业空间的影响，探讨新商业模式下我国城市商业空间布局的演变方向。互联网技术的广泛应用与发展也为城市商业空间布局研究方法创新提供了新机遇。越来越多学者开始尝试使用百度地图、高德地图等网上平台获取POI数据、手机信号数据、网站数据以开展商业空间布局相关研究，这可以有效克服传统商业空间数据采集难度大、时效性差等研究局限。相比传统的研究方法，大数据应用更为精确和便捷。一些学者开始运用POI数据开展城市商业中心识别及空间模式研究。POI数据也为城市商业空间布局研究及城市商业中心地等级体系研究提供了新思路，拓展了商业地理学传统的研究领域。一些学者则利用POI数据探讨城市人口、住宅、城市格局等因素与城市商业空间格局的关联性问题。一些学者开始细化研究不同商业业态、大型商业网点设施、餐饮、体验式商业、外卖商家等不同类型的商业的网点空间分布特征及影响因素。一些学者开始利用不同时期的POI数据开展商业空间结构演变特征分析，使城市商业空间结构从静态研究向动态研究转变。总体而言，随着大数据采集处理分析技术的日益成熟，大数据在商业研究、商业网点规划等领域上的应用日益广泛。

改革开放以来，随着城市化进程加快、城市商业改革创新的深化以及城市居民消费升级步伐的加快，城市商业业态类型及城市商业空间结构发生了深刻调整。特别是近年来，电子商务快速发展，占社会消费品零售总额的比重逐年提升，一些实体零售因受到电子商务的冲击而出现销售额萎缩、门店数量增速放缓或者减少等情况。据赢商网统计，从2016年至2018年开业的购物中心看来，近3年，全国新开业购物中心的数量、体量增速连续大幅下滑，数量从2016年的25%下降到2018年的5.8%，并表现出区域空间分布差异性。在此背景下，运用POI数据，对“十三五”时期广州城市商业网点规模、空间布局演变特征进行分析，对城市商业空间布局发展趋势进行研判，对“十四五”时期广州优化城市商业空间布局和城市商业网点布局规划、促进商贸高质量发展、增强其作为国际商贸中心的功能具有重要意义。

二、数据来源及研究方法

（一）数据来源

本章选取广州市行政辖区为研究对象，包括 11 个区、118 个街道，总面积为 7434.4 平方千米，2019 年常住人口 1530.59 万人。POI 是一种代表真实地理实体的点状数据，包含经纬度、地址等空间信息和名称、类别等属性信息。POI 具有信息量大、位置准确度高、实时性强、业态分类明确等特点，有助于降低城市商业空间研究的成本和难度。本章以研究区内商业网点为研究对象，通过高德地图搜集 2015 年、2019 年购物服务、餐饮服务、娱乐休闲类 POI 数据，提取研究区域范围内商业网点 POI 数据，POI 数量分别达到 478510 个、693612 个（见图 6－1）。国家标准《零售业态分类》（GB/T 18106—2004）将零售业态分为食杂店、便利店、折扣店、超市、大型超市、仓储会员店、百货店、专业店、专卖店、家居建材店、购物中心、厂家直销中心、电视购物、邮购、网上商店、自动售货亭、电话购物 17 种业态。结合官方的零售业态分类标准与高德地图 POI 数据的自分类体系，对相关业态进行归类并舍去部分数量较小的业态，最终选取购物服务、购物中心、大型商厦（含百货）、超市、便利店（含便民店、连锁便利店等）、专卖店（含部分体育用品品牌专卖店、部分服装鞋帽品牌专卖店）、专业店（含家电电子卖场、化妆品店、眼镜店、书店等）、餐饮服务、休闲娱乐（含美容美发、溜冰场、健身中心、KTV、酒吧、网吧、电影院、音乐厅、游戏厅等）、酒店住宿共 10 种商业服务业类型进行研究。

（二）研究方法

1. GIS 空间属性分析法

本研究基于高德地图广州市域范围内商业网点的地址坐标信息，建立 GIS 空间数据库，采用核密度估计法，从宏观层面开展商业业态空间分布特征以及商业网点空间集聚状态分析，并通过核密度估计法开展对购物中心等不同商业业态的空间分布特征分析。

核密度估计法是通过识别市区不同商业业态在中心城区的集聚地，提取不同经营形式的商业点，分析商业的业态空间集聚规律的 GIS 研究方法。具体方

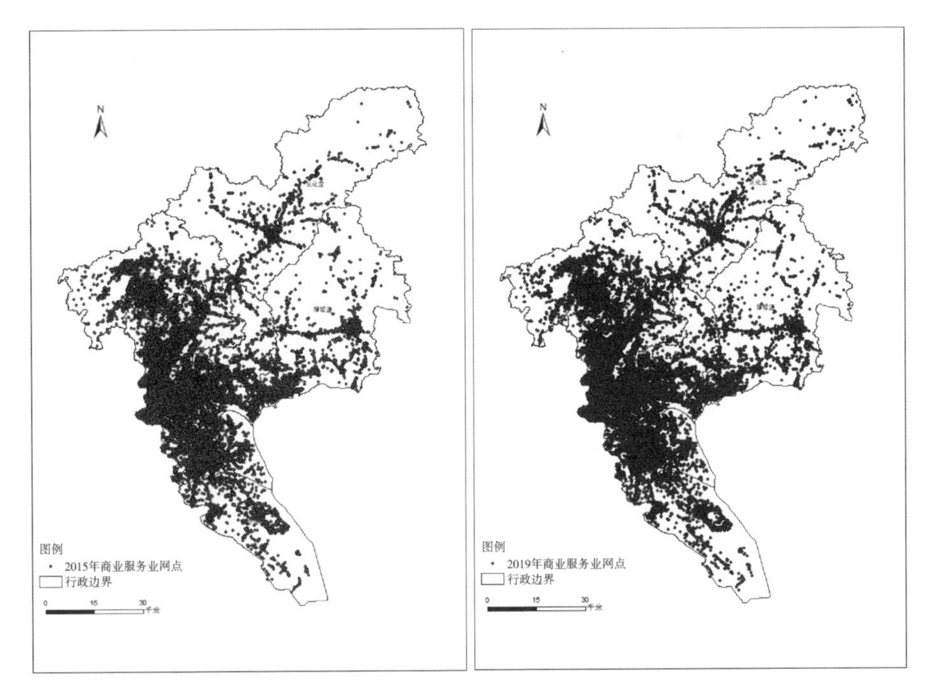

图 6－1　2015 年、2019 年广州商业网点 POI 空间分布

注：该图基于广东自然资源厅标准地图服务网站下载的审图号为粤 S（2018）121 号的标准地图制作，底图无修改。

法是借助一个移动的单元格对点或线格局的密度进行估计，给定样本点 x_1，x_2，…，x_n，利用核心估计模拟出属性变量数据的详细分布，计算二维数据时 d 值取 2，一个常用的核密度估计函数，其公式可以表示为：

$$f_n(x) = \frac{1}{nh^2\pi}\sum_{i=1}^{n} K\left[\left(1 - \frac{(x - x_i)^2 + (y - y_i)^2}{h^2}\right)\right]^2$$

其中，n 是范围内的点数，h 是带宽，K 为核函数，$(x - x_i)^2 + (y - y_i)^2$ 是点 (x_i, y_i) 和 (x, y) 之间的距离。针对 POI 数据空间分布形态，对 POI 点分布密度可视化，能够为不同类型的 POI 点在空间特征、分布模式、影响因素等方面提供数据分析工具。本章根据核密度估计法将研究区域进行划分，将商业网点分布数据换算成格网密度值，使用空间上的连续数据将中心点上的核密度值插成格网表面，叠加行政分区图，识别出各行政区商业网点的分布情况和各类业态的分布情况，并根据核密度估计法分析得出的广州市市级和区级商业中心。

2. 文献资料收集法

通过文献资料梳理城市商业空间研究的最新进展，采用大数据处理分析方法，对国内外购物中心、百货店、超市、便利店等细分业态统计数据进行收集处理，把握商业业态发展的总体情况。

3. 深度访谈与实地调查法

本研究还对广州商业总会等相关人员进行访谈、座谈，并到市内不同商圈开展实地考察调研。

（三）研究假设

本章节初步的假设如下。

（1）从总体格局来看，目前，广州市商业空间布局呈现中心城区高度集聚的多中心空间格局。“十三五”时期，广州市商业空间格局发生动态调整，使得城市商业中心等级体系呈现扁平化发展趋势，城市多中心商业空间结构体系更加明显。

（2）基于商业网点核密度分析，广州不同商业功能区的网点集聚程度发生变动，一些商业中心区的网点集聚水平进一步提升，一些商业中心区的网点集聚水平有所弱化。

（3）“十三五”时期，广州市商业业态空间格局发生不同程度的调整，购物中心呈现核心圈层集聚、外围圈层分散的分布特点，并呈现不断扩散的演变趋势。以百货为代表的大型商场的空间布局演变特征呈现核心集聚的特点，并呈现局部收敛的演变趋势。便利店的空间集聚特征不太显著，呈现进一步扩张发展的趋势。超市在城市中的空间布局较为均衡，并呈现不断扩张的演变趋势。

第二节　国内大城市商业网点规模比较分析

本节选取“十三五”时期中2015年、2017年、2019年三个时间节点，对北京、上海、广州、深圳、杭州、西安、长沙、成都、重庆、南京等国内一、二线城市的商业网点总体规模、各商业业态网点规模及城市商业发展统计指标等进行横向比较，探讨“十三五”时期广州商业发展变化的情况。

一、商贸总体规模变化分析

与国内主要中心城市比较，广州商贸总体规模连续32年稳居全国主要城市第三。2019年，广州社会消费品零售总额相当于北京的77.84%，相当于上海的70.77%，比第四位的重庆多884.23亿元，比第五位的成都多2073.14亿元，与天津、深圳、苏州、杭州等城市相比，广州保持3000亿元左右的领先优势（见图6-2）。广州市人均社会消费品零售额居全国城市第一位，高于北京、上海、重庆、深圳、苏州、杭州、成都、长沙、西安等城市（见图6-3）。从商贸总体规模来看，上海、北京总量超过1万亿元，广州、重庆、成都在7000亿～10000亿元，深圳、天津、苏州、杭州、长沙、西安在5000亿～7000亿元。

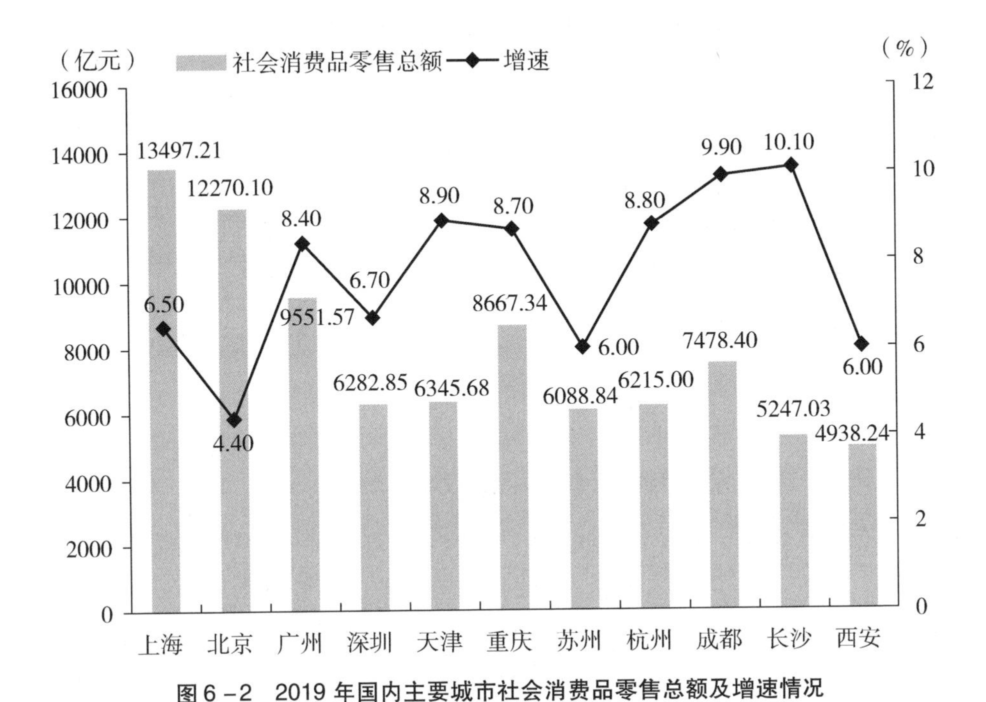

图6-2　2019年国内主要城市社会消费品零售总额及增速情况

资料来源：北京、上海、广州、重庆、杭州数据根据各市2019年国民经济和社会发展统计公报整理，深圳数据来源于统计快报，苏州数据来源于统计月报，天津、西安数据根据社会消费品零售总额=2018年社会消费品零售总额×（1+2019年同比增速）估算而得。

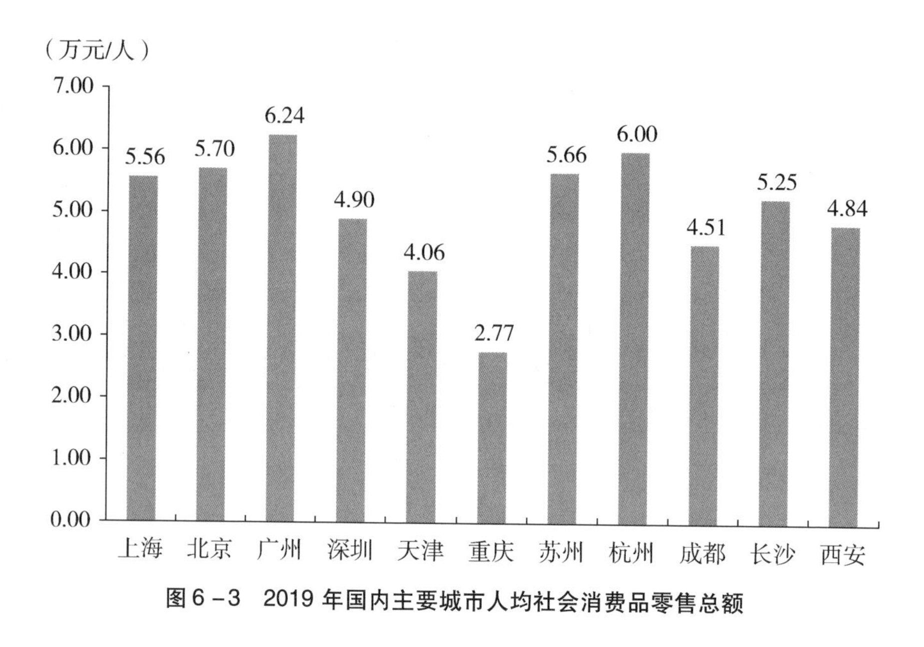

图 6－3　2019 年国内主要城市人均社会消费品零售总额

2015—2019 年，从各个城市社会消费品零售总额增长情况来看，成都（43.77%）、长沙（42.17%）、西安（45.01%）三个城市的社会消费品零售总额增长较为强劲，增长幅度在 40% 以上。上海（33.22%）、重庆（34.92%）、苏州（36.47%）、杭州（32.62%）等城市的增幅也较大，增长幅度为 30%～40%。北京（18.69%）、广州（19.57%）、天津（20.97%）等城市增幅相对较小，增长幅度为 18%～20%。

二、商业网点规模变化分析

商业网点规模的变化在一定程度上反映了该商业类型的供给水平。结合社会消费品零售总额（包含零售批发、餐饮住宿等类别），本节选取 2015 年、2017 年、2019 年三个时间节点，从购物服务、餐饮服务、休闲娱乐、酒店住宿四大类别来分析各城市商业服务业网点数量的变化特征。

从购物服务网点规模的变化情况来看，2015—2017 年，各城市购物服务网点数量增长幅度总体较小，长沙、天津的增幅在 20% 以上，苏州、上海、北京、重庆的增幅在 10% 以上，西安、杭州、广州、深圳、成都的增长相对较低，增幅在 10% 以下。这与该期间电子商务快速发展，对实体零售业形成冲击存在密切关系。2017 年以后，线上线下融合纵深发展，线上向线下渗透明显。2017 年，阿里巴巴与上海百联、欧尚等零售企业开展战略合作，京东建立多个线下京东之家体验店和专卖店，电商企业加速布局线下零售店。2017—2019 年，购物服务网点规模增幅普遍高于 2015—2017 年的增长水平，广州、西安的增幅在 40% 以上，深圳、重庆、长沙、成都等城市也实现了 30% 左右的增长，上海、天津、杭州、北京、苏州等城市实现了 20% 的增长。随着电子商务增长趋势的放缓，2017 年成为新零售发展元年，阿里巴巴、京东等互联网电商企业开始布局实体零售店，苏宁、永辉等实体零售企业也开始发展新型实体零售店。线下线上零售走向融合发展的趋势促进了实体零售店的复苏发展。从购物服务网点规模来看（见表 6 - 1），可以将这些城市划分为三个等级：2019 年，上海、广州、重庆、成都等城市处于第一等级，其购物服务网点规模在 30 万个以上；北京、深圳、苏州等城市处于第二等级，其购物网点规模在 20 万～30 万个；杭州、长沙、西安、天津等城市处于第三等级，其购物服务网点规模在 10 万～20 万个。

表 6 - 1 各城市购物服务网点规模

（单位：个）

城市	2015 年	2017 年	2019 年	2015—2017 年增长（%）	2017—2019 年增长（%）	2015—2019 年增长（%）
上海	226431	251872	315311	11. 24	25. 19	39. 25
北京	195425	217212	261642	11. 15	20. 45	33. 88
广州	223850	235419	342787	5. 17	45. 61	53. 13
深圳	185837	194622	269716	4. 73	38. 58	45. 14
天津	100746	123916	154171	23. 00	24. 42	53. 03
重庆	204372	225577	301672	10. 38	33. 73	47. 61
苏州	159265	187050	222189	17. 45	18. 79	39. 51
杭州	141548	150710	184214	6. 47	22. 23	30. 14
成都	234072	245140	317551	4. 73	29. 54	35. 66
长沙	97464	122928	165291	26. 13	34. 46	69. 59
西安	104561	112398	161838	7. 50	43. 99	54. 78

从餐饮服务网点规模变化情况来看（见表 6 - 2），2015—2017 年，各城市餐饮服务网点数量的增长快于购物服务类网点，增幅在 9%～25%，其中长

沙、广州、深圳、西安同比增长在20%左右，苏州、成都、天津、杭州、上海、北京、天津也在9%～16%。2017—2019年，上海、北京两个城市的餐饮服务网点规模基数较大，增速放缓，北京下降了4.86%，上海增长仅为1%，重庆、成都、长沙三个中部城市同比增长超过20%，其他几个城市的餐饮服务网点规模增长水平在9%～17%。从餐饮服务网点规模来看，可以将这些城市划分为三个等级：2019年，重庆、成都的餐饮服务网点达到20万个以上，处于第一等级；上海、广州、深圳、北京四个城市的餐饮服务网点数在16万～18万个，处于第二等级；其他几个城市的餐饮服务网点数量在9万～12万个，处于第三等级。

表6-2 各城市餐饮服务网点规模

（单位：个）

城市	2015年	2017年	2019年	2015—2017年增长（%）	2017—2019年增长（%）	2015—2019年增长（%）
上海	173909	194039	195971	11.58	1.00	12.69
北京	158793	175967	167422	10.82	-4.86	5.43
广州	141973	169030	189644	19.06	12.20	33.58
深圳	136774	164531	186513	20.29	13.36	36.37
天津	75837	86587	101740	14.18	17.50	34.16
重庆	146368	160459	207348	9.63	29.22	41.66
苏州	95620	111562	125360	16.67	12.37	31.10
杭州	92522	104592	114836	13.05	9.79	24.12
成都	147391	170253	208265	15.51	22.33	41.30
长沙	61417	75909	95107	23.60	25.29	54.85
西安	83438	100413	115466	20.34	14.99	38.39

从酒店住宿网点规模的变化情况来看（见表6-3），2015—2017年，各城市的酒店住宿网点数量增长差异较大，广州、深圳的增幅达到24.6%、18.35%，苏州、杭州、成都、长沙的增幅在10%左右，天津下降了12.3%。2017—2019年，各城市的酒店住宿网点数量增长较快，增幅在28%～68%。成都、重庆的增幅达到67%、52%，北京、上海、广州等城市的增幅在40%以上，其他几个城市的增幅也在30%左右。从酒店住宿网点规模来看，可以

将这些城市划分为三个等级：2019 年，北京、成都、广州、重庆的网点数量达到 27 万个以上，处于第一等级；深圳、长沙、成都三个城市的网点数为 16 万个左右，处于第二等级；其他几个城市的餐饮服务网点数量为 10 万个左右，处于第三等级。

表 6－3　各城市酒店住宿网点规模

（单位：个）

城市	2015 年	2017 年	2019 年	2015—2017 年增长（%）	2017—2019 年增长（%）	2015—2019 年增长（%）
上海	14825	17347	24618	17.01	41.92	66.06
北京	18107	20635	30241	13.96	46.55	67.01
广州	14977	18661	27106	24.60	45.25	80.98
深圳	11810	13977	18056	18.35	29.18	52.89
天津	8189	7182	9203	－12.30	28.14	12.38
重庆	16750	17953	27385	7.18	52.54	63.49
苏州	8470	9267	11874	9.41	28.13	40.19
杭州	10542	11498	15997	9.07	39.13	51.75
成都	15481	17163	28689	10.86	67.16	85.32
长沙	11582	12771	16967	10.27	32.86	46.49
西安	15909	17015	23367	6.95	37.33	46.88

从休闲娱乐网点规模变化情况来看（见表 6－4），2015—2017 年，几个城市的休闲娱乐网点增长均较快，增幅在 20% 左右，长沙的增幅达到 32.99%，表现最为抢眼，广州、天津、深圳、苏州的增幅在 20%～22%；杭州、成都、重庆、上海、西安、北京等城市的增幅在 14%～19%。2017—2019 年，上海下降了 1.38%，北京的增幅也仅为 6.01%，重庆的增幅最大，达到 20.95%，深圳、长沙、广州、成都、西安的增幅在 14%～18%，其他几个城市增幅在 8%～12%。从休闲娱乐网点规模来看，可以将这些城市划分为三个等级：2019 年，成都、上海、重庆、北京等城市处于第一等级，规模为 6.7 万～6.8 万个；深圳、广州的规模为 5.8 万～5.9 万个，处于第二等级；其他几个城市的规模为 3.5 万～4.5 万个，处于第三等级。

表 6－4 各城市休闲娱乐网点规模

（单位：个）

城市	2015 年	2017 年	2019 年	2015—2017 年增长（%）	2017—2019 年增长（%）	2015—2019 年增长（%）
上海	59271	69412	68455	17.11	－1.38	15.49
北京	53317	63639	67461	19.36	6.01	26.53
广州	41370	50677	58309	22.50	15.06	40.95
深圳	41480	50092	59330	20.76	18.44	43.03
天津	26074	32001	35881	22.73	12.12	37.61
重庆	48051	56113	67868	16.78	20.95	41.24
苏州	33498	40505	45019	20.92	11.14	34.39
杭州	32301	36929	40063	14.33	8.49	24.03
成都	51818	60026	68694	15.84	14.44	32.57
长沙	19798	26329	30715	32.99	16.66	55.14
西安	27173	32063	36694	18.00	14.44	35.04

综合来看，“十三五”期间，不同商业类别的网点规模变化存在差异。2015—2017 年，餐饮服务、休闲娱乐增幅明显高于购物服务、酒店住宿。2017—2019 年，购物服务快速复苏，增幅走高趋势明显，酒店住宿增幅扩大，餐饮服务、休闲娱乐增幅保持稳定。不同城市的商业服务业网点规模变动存在较大差异，主要表现为：成都、重庆两个城市的购物服务、餐饮服务、休闲娱乐等商业服务业网点规模增幅明显，表现较为活跃；长沙、西安等城市的商业服务业规模较小，增幅也较为明显；广州、深圳等城市的商业服务业网点增幅处于中游水平；杭州、苏州、天津等城市的则处于一个水平；北京、上海等城市的商业服务业网点体量较大，增幅相对放缓。

从商业业态网点数量的变化情况来看，在 2015—2017 年，各个城市的购物中心、大型商厦、大型超市等的商业网点规模均呈现不同程度的下降，尤其是购物中心数量下降明显，而便利店、大型专业店在此期间的商业网点数量呈增长趋势。在 2017—2019 年，购物中心、大型商厦、大型超市的商业网点数量有所增长，行业表现为逐步复苏态势，除天津、苏州、上海等城市的增速较为缓慢外，其他城市均实现了明显增长；而大型专业店、便利店等商业业态持续繁荣发展，实现了较快增长。可见，“十三五”期间，不同商业业态网点规模调整存在差异，购物中心、大型商厦、超市表现为先降后升的趋势，大型专业店、便利店等业态则呈现持续上升趋势。

第三节　广州商业网点空间布局演变特征

一、城市总体商业空间格局演变特征

通过 ArcGIS 核密度估计法对城市商业网点空间分布演变特征进行分析（见图6－4），“十三五”时期，广州商业服务业空间布局特征主要表现为以下几方面。

一是多中心城市商业空间等级结构进一步强化。2015 年，广州市商业空间布局已经形成了中心城区高度集聚的多中心商业空间格局：核心圈层呈现多中心集聚连片分布特征，外围区形成多点集聚分布特征。广州形成了不同等级的商业中心区，包括形成了北京路、上下九、天河路商圈等市级商业中心区，火车站、火车东站、白云新市、白云新城、海珠江南西及中大、番禺市桥及南站、黄埔科学城、花都新华及狮岭、增城新塘及荔城、从化街口等区级商业中心区及各乡镇级商业中心区。到了 2019 年，广州多中心多等级的商业空间结构进一步强化。

二是城市商业空间等级体系发生调整，不同等级的商业中心区的演变趋势存在差异。2019 年，中心城区的天河路商圈、北京路商圈等商业中心区的商业网点聚集特征进一步凸显，进一步升级为都市级商业中心区，商业网点密度等级从 1399. 82 ～2568 个/平方千米增加到 5476. 51 ～7388. 92 个/平方千米。中心城区的白云新城、越秀火车站、海珠中大等区级商业中心区的商业网点密度增长也较为明显。而原属于同等级的白云新市、海珠江南西、番禺南站等区级商业中心区的商业网点密度增长较为缓慢。外围区的黄埔西区及东区、花都新华及狮岭、番禺市桥、增城荔城及新塘、从化街口等区级商业中心区的网点密度也进一步加密，商业网点密度最高等级从 1399. 82 ～2568 个/平方千米增加到 3882. 82 ～5476. 5 个/平方千米。“十三五”时期，在新一轮城市总体规划中被定位为城市副中心的南沙区蕉门商业中心区发展较为缓慢，商业网点布局集聚度不如其他外围区商业中心区，商业网点密度保持在 1399. 82 ～2568 个/平方千米的水平，其他乡镇级商业中心区的商业网点密度变化也较小。

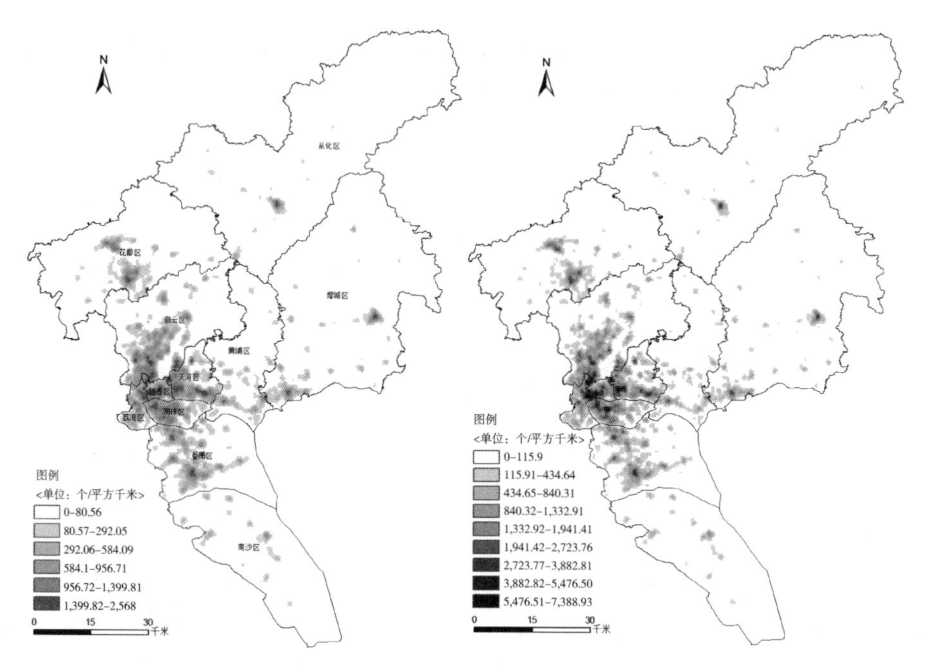

图6－4　2015年、2019年广州商业网点核密度

注：该图基于广东自然资源厅标准地图服务网站下载的审图号为粤S（2018）121号的标准地图制作，底图无修改。

三是“十三五”时期，广州商业服务业不同业态网点结构发生动态调整。购物服务类网点数量呈现先低速增长，后增速加快的波动增长趋势（见表6－5）。其中，超市网点数增长最快，增速超过200%，专卖店网点数增速也达到170%，专业店网点数增速在60%以上，便利店、购物中心及大型商厦增速达30%以上。餐饮服务、休闲娱乐网点数量呈现稳定持续增长态势，增速分别为33.58%和40.95%。分阶段来看，“十三五”前期（2015—2017年），广州购物服务网点增长幅度仅为12.1%。其中，购物中心、大型商厦呈现负增长；专业店、便利店呈现低速增长；超市、专卖店增速在30%以上；休闲娱乐网点增速快于购物服务，增速达到24.6%；餐饮服务网站增速与购物服务持平。“十三五”后期（2017—2019年），广州购物服务网点增速加快，增速提升至41.3%。其中，购物中心、超市逐步复苏，网点数量增长40%以上；专业店、专卖店网点数量增长60%以上，超市网点数量增长强劲，增速达到130.8%；餐饮服务、休闲娱乐网点数量保持平稳增长，增速分别为19.1%和15.1%。

表6－5　广州市商业服务业网点规模变化

（单位：个）

商业类型		2015 年	2017 年	2019 年	2015—2017 年增长（%）	2017—2019 年增长（%）	2015—2019 年增长（%）
购物服务		295352	331181	467853	12.1	41.3	58.4
购物服务	购物中心	302	284	406	－6.0	43.0	34.4
	大型商厦	1347	1304	1840	－3.2	41.1	36.6
	超市	3360	4385	10120	30.5	130.8	201.2
	专业店	100860	104201	169152	3.3	62.3	67.7
	专卖店	4678	6700	12684	43.2	89.3	171.1
	便利店	35984	38819	46765	7.9	20.5	30.0
餐饮服务		141973	169030	189644	12.2	19.1	33.6
休闲娱乐		41370	50677	58309	22.5	15.1	40.9

四是广州商业服务业不同业态的网点空间布局演变存在差异。分区域来看（见表6－6），购物服务网点空间布局向中心集聚的特征明显，尤其是大型商厦、专业店、专卖店及便利店空间布局进一步向中心集聚的趋势明显，购物中心空间布局呈现郊区化的趋势明显，超市空间布局均衡化的趋势明显，餐饮服务及休闲娱乐等服务性体验性网点均衡化的趋势明显。购物服务网点规模增速排序为：中心城区 > 外围区 > 近郊区。其中，购物中心呈现郊区化趋势明显，网点数量增速排序为：外围区 > 近郊区 > 中心城区。大型商厦中心集聚特征进一步加强，网点数量增速排序为：中心城区 > 外围区 > 近郊区。超市分散布局趋势进一步加强，网点数量增速排序为：中心城区 > 外围区 > 近郊区。专业店、专卖店继续向中心城区集聚的特征趋势明显，中心城区专业店网点的增速明显高于近郊及外围区，专卖店向中心城区及外围区集聚的特征趋势明显，中心城区、外围区网点的增速高于近郊区。便利店在中心区集聚的趋势也进一步加强，中心城区网点进一步加密，便利店网点数量排序为：中心城区 > 近郊区 > 外围区。餐饮服务网点数量在各区域增长较为均衡，呈现均衡化的发展趋势，中心城区、近郊区和外围区的餐饮服务网点数量的增速分别为 47.0%、45.5% 和 50.0%。休闲娱乐网点数量增幅的区域差距较小，呈现弱中心化发展趋势，中心城区、近郊区和外围区的休闲娱乐网点数量增速分别为 57.0%、48.4% 和 46.0%。

表6-6 "十三五"时期广州分区域商业网点规模变化

（单位：个）

商业类型		地区	2015年	2017年	2019年	2015—2017年增长(%)	2017—2019年增长(%)	2015—2019年增长(%)
购物服务		广州市	295352	331181	467853	12.1	41.3	58.4
		中心城区	97684	102348	191167	4.8	86.8	95.7
		近郊区	124450	144068	173883	15.8	20.7	39.7
		外围区	73218	84765	102803	15.8	21.3	40.4
购物服务	购物中心	广州市	302	284	406	-6.0	43.0	34.4
		中心城区	127	111	162	-12.6	45.9	27.6
		近郊区	127	128	172	0.8	34.4	35.4
		外围区	48	45	72	-6.3	60.0	50.0
	大型商厦	广州市	1347	1304	1840	-3.2	41.1	36.6
		中心城区	425	404	657	-4.9	62.6	54.6
		近郊区	609	565	800	-7.2	41.6	31.4
		外围区	313	335	383	7.0	14.3	22.4
	超市	广州市	3360	4385	10120	30.5	130.8	201.2
		中心城区	1019	1286	3358	26.2	161.1	229.5
		近郊区	1671	2139	4671	28.0	118.4	179.5
		外围区	670	960	2091	43.3	117.8	212.1
	专业店	广州市	100860	104201	169152	3.3	62.3	67.7
		中心城区	34753	33749	77094	-2.9	128.4	121.8
		近郊区	42579	45287	59536	6.4	31.5	39.8
		外围区	23528	25165	32522	7.0	29.2	38.2
	专卖店	广州市	4678	6700	12684	43.2	89.3	171.1
		中心城区	2051	2554	6125	24.5	139.8	198.6
		近郊区	1982	2957	4687	49.2	58.5	136.5
		外围区	645	1189	1872	84.3	57.4	190.2
	便利店	广州市	35984	38819	46765	7.9	20.5	30.0
		中心城区	8943	9731	13718	8.8	41.0	53.4
		近郊区	16552	18167	20349	9.8	12.0	22.9
		外围区	10489	10921	12698	4.1	16.3	21.1

续表 6－6

商业类型	地区	2015 年	2017 年	2019 年	2015—2017 年增长(%)	2017—2019 年增长(%)	2015—2019 年增长(%)
餐饮服务	广州市	141973	169030	208722	19.1	23.5	47.0
	中心城区	52913	61626	77799	16.5	26.2	47.0
	近郊区	59578	72430	86689	21.6	19.7	45.5
	外围区	29482	34974	44234	18.6	26.5	50.0
休闲娱乐	广州市	40240	49771	60856	23.7	22.3	51.2
	中心城区	15455	18677	24270	20.8	29.9	57.0
	近郊区	16500	20904	24486	26.7	17.1	48.4
	外围区	8285	10190	12100	23.0	18.7	46.0

分行政区来看，受土地制约、市场饱和等因素影响，越秀购物中心网点数量呈现负增长，白云、海珠、天河等的增速也较慢，从化、黄埔、花都、荔湾等区的购物中心网点数增速快。荔湾、天河、增城等区的大型商厦网点数量增长快速，快于全市平均增速；荔湾、黄埔、从化、增城、番禺、天河等区的超市网点数量增长快于全市平均水平。越秀、荔湾、海珠、天河等中心城区的专业店增速较快，增速明显高于其他区。越秀、增城、花都等区的专卖店网点数增长较快，增速在 200% 以上；越秀、天河、白云、番禺等区的专卖店网点基数较大。荔湾、越秀、海珠、天河等区的便利店网点数量增长加快；番禺、白云等区的便利店网点数量基数较大，增长相对缓慢；南沙、从化等外围区的便利店网点基数小，网点增速也较慢。各区餐饮服务网点数量增长较为均衡，增速为 40%～50%。各区的休闲服务网点数量增速差异性也较小，增幅为 40%～60%，中心城区及近郊区的休闲服务网点数量增速比外围区增速稍高。

二、城市商业业态空间格局演变特征

商业网点选址具有高度市场化的特征，综合人口、交通、城市规划、地租、业态发展等多种因素，商业设施选址采取区位择优的地理空间分布，在城市空间层面表现出空间集聚或扩展的发展特征。根据核密度估计法对购物中心、大型商厦、超市、便利店、专业店、专卖店、休闲娱乐、餐饮服务等商业业态的空间集聚和空间分布格局演变进行分析，不同商业业态空间布局演变特征也存在差异。

（一）购物中心数量平稳增长，空间布局呈中心集聚与外围扩散并存

从购物中心的规模变化来看（见图6－5），广州购物中心数量从2015年的302个增长到2019年的406个，增长了34.4%。从购物中心核密度分析来看，广州购物中心空间分布呈现从中心城市向外围数量逐步减少的态势，高密度区主要集中在越秀区、天河区，与市级商业中心区相吻合；中密度区分布在外围区级商业中心区，空间分布较为分散，其空间分布格局总体呈现集聚与扩散并存的分布特征。购物中心具有体量大、业态丰富、综合性强等特征，商圈辐射范围较广。“十三五”时期，购物中心空间分布呈现向中心城区集聚与向外围区域扩散并存的发展趋势，中心城区天河路商圈、北京路商圈集聚度提升，白云新城、花都新华、黄埔区政府等板块布局加密趋势明显。购物中心的空间演变趋势有利于城市多中心商业空间结构体系的形成。

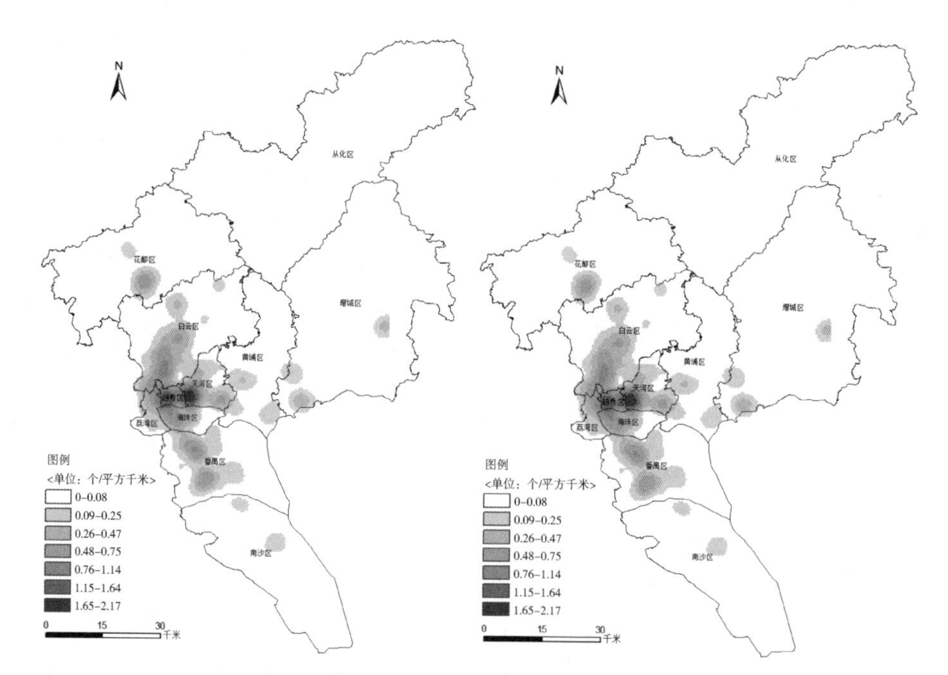

图6－5　2015年、2019年购物中心网点空间演变特征

注：该图基于广东自然资源厅标准地图服务网站下载的审图号为粤S（2018）121号的标准地图制作，底图无修改。

（二）大型商厦加速转型升级，空间布局呈现集聚特征

除购物中心外，广州还具有众多的大型商厦，其中以百货店为主。从广州商厦的核密度图来看（见图6－6），商厦多分布于中心圈层，主要集中在各级商业中心，其高密度区主要集中在越秀的北京路商圈和天河区的天河路商圈，表现出较为明显的空间集聚特征；一些新的大型商厦进一步集群化布局，呈现出由中心城区向外围扩散的集群化布局结构。“十三五”时期，广州大型商厦的数量从2015年的1347个增长到2019年的1840个，增长了36.69%；受到电子商务的冲击及购物中心数量增多的影响，以百货为代表的大型商厦纷纷转型发展，商厦内部装饰更加现代化，商业业态类型日益丰富，大型商厦的空间选址也逐步向外围商业中心区发展。

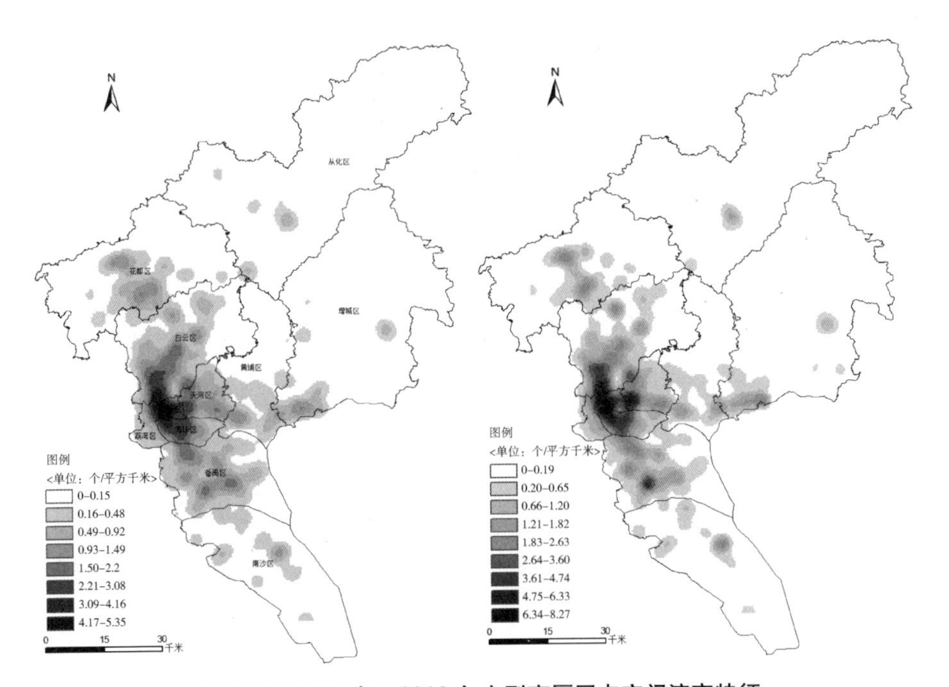

图6－6　2015年、2019年大型商厦网点空间演变特征

注：该图基于广东自然资源厅标准地图服务网站下载的审图号为粤S（2018）121号的标准地图制作，底图无修改。

（三）超市规模增长较快，社区化发展特征明显

超市是规模大、成本低、毛利低、销售量大的自选式购物业态，以日常生活消费品为主营产品，具有商品品类丰富、价格较低的竞争优势。据广州超市核密度图显示（见图6－7），超市的高密度区域主要分布在中心城区外围地区，其热点分布较为分散。中心城区外围地区具有的租金相较于中心城区较低、场地规模大、大型住宅社区多等因素符合超市的选址要求和市场定位，因此，中心城区外围区域成了超市分布的重要区域。“十三五”时期，超市数量增长较快，从2015年的3360个增长到2019年的10120个，增长了2.01倍，超市空间集聚区最高密度等级从5.95～10.04个/平方米增长到21.92～28.31个/平方米。

相比于一般超市，家乐福、沃尔玛、华润、北京华联、上海华联、麦德龙、卜蜂莲花、惠康超市、百佳超市等连锁大型超市空间分布更加分散，低密度特征更加明显。大型超市具有消费品类覆盖较广、服务半径较大的特点，为避免市场区的重叠造成过度竞争，其空间分布趋于分散，呈现出低集聚的特点。“十三五”时期，大型超市的数量增幅不大，其规模从2015年的96个增长到2019年的105个，仅增长了8.0%，空间布局变化也不太明显。

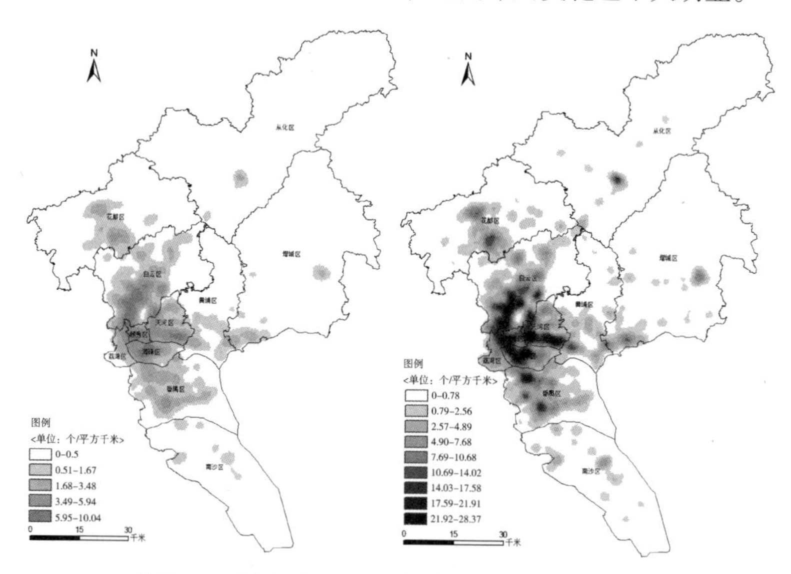

图6－7　2015年、2019年超市网点空间演变特征

注：该图基于广东自然资源厅标准地图服务网站下载的审图号为粤S（2018）121号的标准地图制作，底图无修改。

（四）专业店品类结构调整大，空间聚集效应明显

广州专业店、专卖店在广州零售业业态中占比最大，二者占全市限额以上有店铺零售总额的2/3，商品涵盖所有品类。专业店多选址商业中心区以及百货店、购物中心内，以销售具体种类的商品为主。当前，专业店已进入新一轮洗牌，其中电器卖场、儿童商业以及快时尚品牌最引人关注，一些新的连锁品牌如“千鲜汇”“佳鲜农庄”等陆续布局，专业店品类结构调整较大，而大型家电专业店出现撤并调整，其门店经营收入情况波幅较大、数量有所下降。从专业店核密度分析图来看（见图6-8），广州专业店的空间布局呈多中心发展模式，中心城区整体密度较为均衡，其高密度集聚区主要分布在白云区的三元里及新市墟、越秀区的北京路、荔湾区的芳村、天河区的沙河及岗顶等区域。“十三五”期间，专业店总体规模增长较快，从2015年的100860个增长到2019年的169715个，增长了67.7%，专业店空间布局演变特征表现为一些商业中心区的专业店空间集聚度进一步提升。

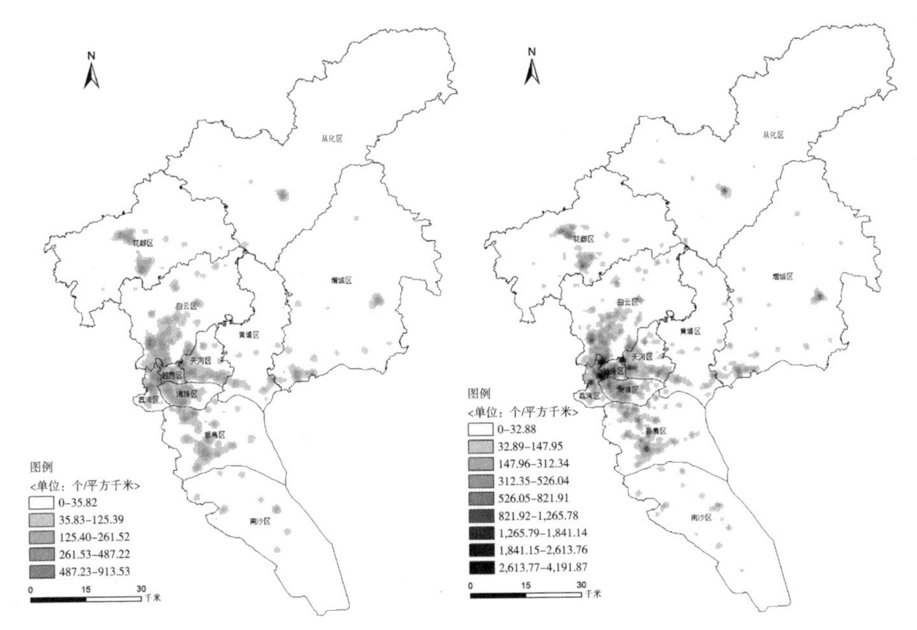

图6-8　2015年、2019年专业店网点空间演变特征

注：该图基于广东自然资源厅标准地图服务网站下载的审图号为粤S（2018）121号的标准地图制作，底图无修改。

（五）专卖店规模变化波动大，空间集聚效应明显

专卖店是专门经营、销售某一种类或某一品牌商品的零售业态。专卖店的商品结构体现专业性、深度性、品种丰富，品牌具有自己的特色，便于消费者选择。本次专卖店 POI 数据主要包括体育品牌用品店（含李宁、耐克、阿迪达斯、锐步、彪马等品牌专卖店）、服装鞋帽皮具品牌店（含品牌服装、品牌鞋、品牌皮具、品牌箱包等专卖店）两大类专卖店，主要满足消费者的日常穿戴需求。根据专卖店核密度分析显示（见图 6－9），专卖店高密度区也主要集中在天河区天河路商圈、越秀区北京路商圈及上下九商圈、白云区白云新城及景泰、海珠区的江南中及洛浦；中密度区域主要分布在番禺区的大石及市桥、萝岗区的科学城、花都区的新华及狮岭等地，多分布在各级商业中心区，这也体现了专卖店的选址特征。“十三五”初期，专卖店受电子商务的冲击较大，数量从 2015 年的 4678 个增长到 2017 年的 6700 个，增长了 43.2%。随着近年来新零售发展，专卖店的商品品类及经营模式均发生了调整，线上线下融合发展趋势日益明显，专卖店销售额逐步恢复。到了 2019 年，数量增长到 12684 个，四年增长了 171.1%，其最高密度等级也从 66.46～113.71 个/平方千米增长到 252.23～315.29 个/平方千米，专卖店向街道、商业步行街、专业街及大型商业综合体进一步集聚发展。

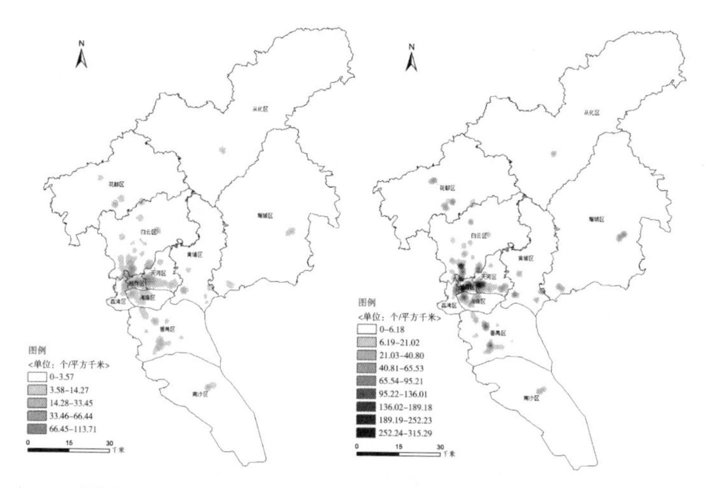

图 6－9　2015 年、2019 年专卖店网点空间演变特征

注：该图基于广东自然资源厅标准地图服务网站下载的审图号为粤 S（2018）121 号的标准地图制作，底图无修改。

（六）便利店发展态势良好，网点布局不断拓展

生活节奏加快、年轻消费群体崛起、人口老龄化等趋势催生了快捷消费的需求，促使便利店的市场需求进一步扩大。“十三五”时期，广州便利店业态呈现良好发展态势。2018 年，便利店零售额为 84.24 亿元，同比增长 13.3%。各品牌连锁商继续完善网点布局，7－11、全家、喜事多、美宜佳等便利店在社区、商圈和地铁站附近增开网点，进一步满足人们对即时消费的需求。针对消费群体逐步转向时尚消费人群，便利店整合体验业态，充分挖掘便利店端口价值，主推兼具餐厅功能、一店多能的 O2O 模式。“十三五”时期，广州便利店的数量从 2015 年的 35984 个增长到 2019 年的 46765 个，增长了 30.0%。据便利店的核密度图分析显示（见图 6－10），一方面，广州中心城区便利店密度进一步提升；另一方面，便利店空间范围也进一步向外围拓展，便利店网点布局不断拓展。

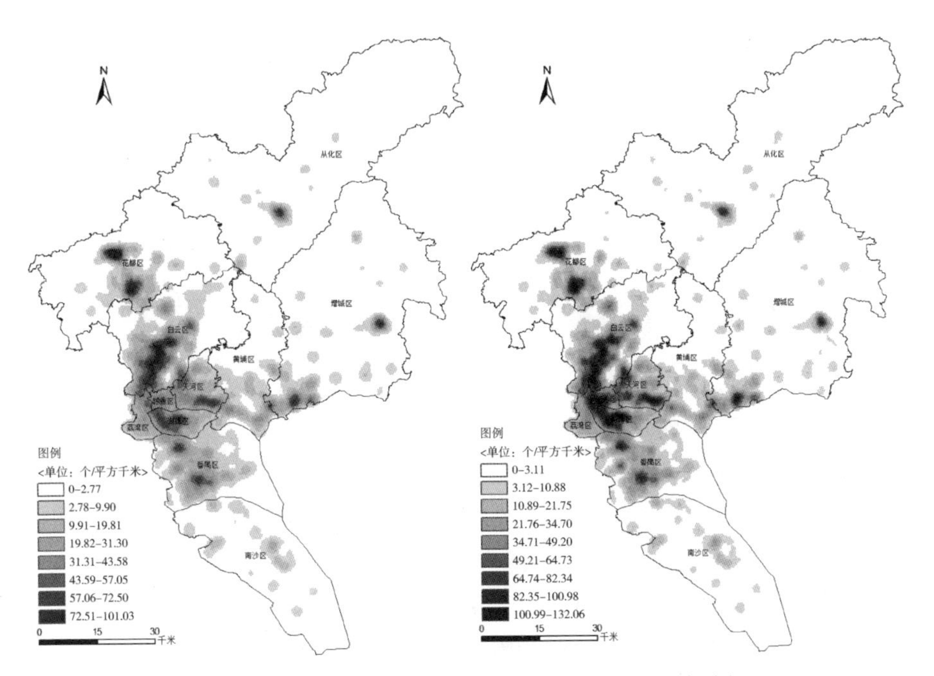

图 6－10　2015 年、2019 年便利店网点空间演变特征

注：该图基于广东自然资源厅标准地图服务网站下载的审图号为粤 S（2018）121 号的标准地图制作，底图无修改。

（七）休闲娱乐、餐饮服务规模增长快，空间扁平化特征明显

休闲娱乐、餐饮服务作为生活服务业与零售商业具有较为密切的关系，主要分布在步行街、商业综合体等城市商业中心区，也会沿着街道布局。本节研究的休闲娱乐设施的主要包括美容美发、溜冰场、健身中心、KTV、酒吧、网吧、电影院、音乐厅、游戏厅等网点，这些休闲娱乐设施的高密度区域主要集中在高等级商业中心和新型的商业中心区。“十三五”时期，休闲娱乐设施网点数量增长较快，其规模从2015年的40240个增长到2019年的60856个，增长了51.2%，其空间布局不但在天河路商圈、北京路商圈等传统商圈的集聚程度提升，而且在花都新华、从化街口、增城荔城及新塘、番禺市桥等区级商业中心区的集聚程度提升明显，休闲娱乐空间分布格局呈现扁平化的发展态势（见图6－11）。

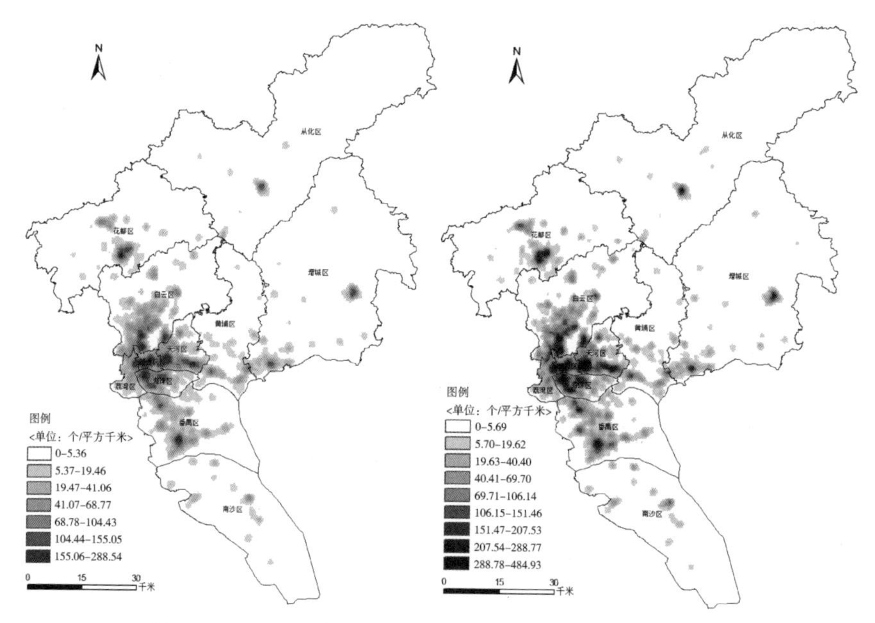

图6－11　2015年、2019年休闲娱乐网点空间演变特征

注：该图基于广东自然资源厅标准地图服务网站下载的审图号为粤S（2018）121号的标准地图制作，底图无修改。

“十三五”期间，广州餐饮网点规模增长也较为明显，从2015年的141973个增长到2019年的208722个，增长了47.0%，核密度最高等级也从

259.07～869.22个/平方千米增长到5476.51～7399.93个/平方千米，空间布局在不同等级的商业中心区规模均有所提升（见图6－12）。总体而言，随着消费者购物消费理念和消费方式的改变，消费者对休闲娱乐、餐饮服务等体验性消费的需求不断增强，商业体验化特征趋势日益明显，餐饮服务、休闲娱乐的网点规模也显著扩大，其空间布局也日益拓展，以满足消费者就近消费的需求。

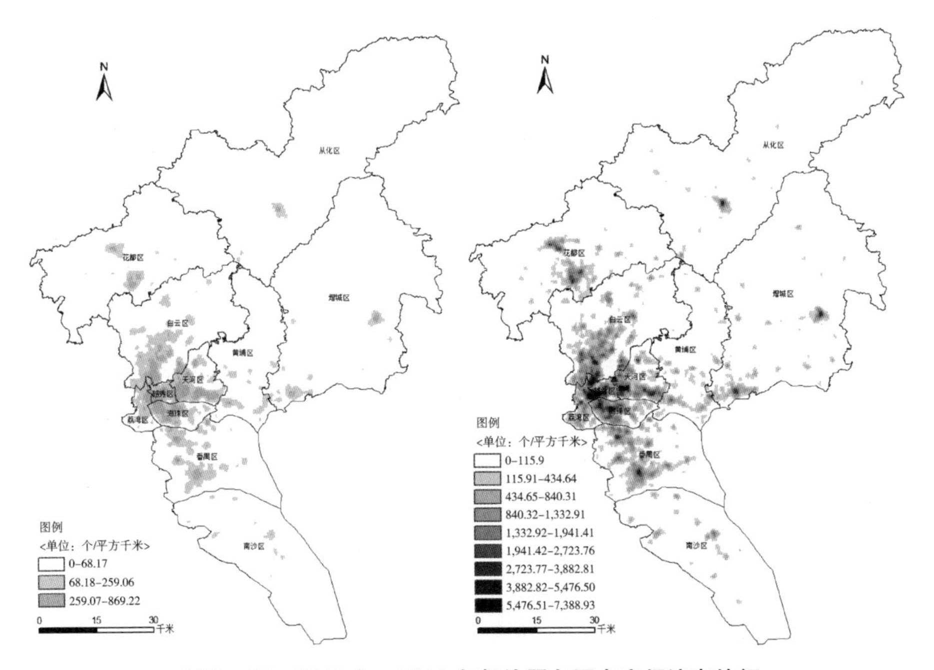

图6－12　2015年、2019年餐饮服务网点空间演变特征

注：该图基于广东自然资源厅标准地图服务网站下载的审图号为粤S（2018）121号的标准地图制作，底图无修改。

（八）研究小结

（1）从总体格局来看，目前，广州市商业空间布局呈现中心城区高度集聚的多中心空间格局。“十三五”时期，广州市商业空间格局发生动态调整，城市商业中心等级体系扁平化特征不明显，反而形成了层级更加多元的商业空间等级特征，城市多中心商业空间结构体系更加明显。

（2）基于商业网点核密度分析，广州不同商业功能区的网点集聚程度发生变动，一些商业中心区的网点集聚水平进一步提升，一些商业中心区的网点集聚水平有所弱化的趋势得到验证，如白云新城等新商业中心区在“十三五”期间网点密度增幅明显，其商业等级地位有所提升，而江南西等商业中心区的商业网点增幅放缓，其商业等级地位有所弱化。

（3）“十三五”时期，广州市商业业态空间格局发生不同程度的调整，购物中心数量规模呈现先减少、后增加的波动发展趋势，购物中心空间布局呈现核心圈层集聚、外围圈层分散的分布特点，并呈现不断扩散的演变趋势。大型商厦加速转型升级，其规模数量也表现为先减少、后增加的发展态势，其空间布局演变特征表现为向城市外围拓展的集聚化布局结构。超市规模数量实现大幅增长，在城市中的空间布局较为均衡，并存在社区化布局的演变趋势。专业店、专卖店实现内部品类结构的调整，其网点规模呈现总体增长的发展态势，空间布局呈现局部集聚的演变特点。便利店规模数量呈现稳步增长态势，其空间集聚特征不太显著，并呈现进一步网络化布局的发展趋势。

第四节　广州城市商业发展及空间布局展望

综合考虑新冠肺炎疫情对城市商业发展的影响，居民消费升级特征及未来发展趋势，粤港澳大湾区战略的深入实施以及广州城市空间发展战略、人口迁移及城市地铁等交通基础设施规划建设的影响，我们对“十四五”时期广州城市商业发展及空间布局进行展望。

一、疫情强化了消费者线上购物方式，加速了实体零售数字化转型

2020 年新冠肺炎疫情的爆发对人们的消费方式产生了深远影响，强化了消费者线上消费的行为，更多人使用线上购物方式，更多产品及服务类型通过线上购物方式获取。根据艾瑞咨询于 2020 年 7 月发布的《电商新生态助力经济复苏——疫情下零售消费洞察报告》显示，对比疫情暴发前后，用户线上消费的频率明显增加。用户增量最高的为生鲜水果与食品饮料品类，疫情暴发后用户线上消费量比疫情暴发前分别增长了 27.6% 和 17.3% 。保健品、汽车

用品、母婴用品、家居用品及日用百货的线上消费比疫情暴发前有明显增长，分别增长了 6.8%、5.2%，4.2%、3.5% 和 1.5%。在线上消费的有力支撑下，用户快速恢复了消费信心，超过 50% 的用户线上线下的消费都已经恢复正常。而 35% 的用户表示，自疫情发生后，其线上消费行为大幅增长，与此相对的是，35.5% 的用户表示其线下消费较疫情暴发前有所下降。

疫情也加速了商业服务业在线化进程及传统商业数字化转型进程。疫情限制到店消费，短期内对百货、购物中心、餐饮、娱乐等业态均产生了较大的负面影响。一些零售商纷纷减少实体门店数量，实体商业加速数字化转型步伐，超市、便利店等业态则通过提供送货到家服务、无接触配送及生活便利服务等方式，销量逆势上涨。服装鞋帽、生活百货、餐饮等商业服务通过线上营销、提供送货送餐服务等方式，减少疫情的冲击。当前，随着疫情防控进入常态化阶段，实体商业客流量逐步恢复，购物中心、餐饮、娱乐休闲等业态逐步恢复。

展望“十四五”时期，疫情对消费者的观念及行为将产生长期影响，这推动着实体商业数字化转型，消费者数字化应用场景也将不断丰富。专业店、专卖店线下布局继续调整，一些传统专业店、专卖店加强布局线上业务，可能减少实体门店总体数量，一些新型专业店、专卖店加速线下布局。超市线上线下融合发展趋势明显，提供无接触式配送等服务，如生鲜超市、社区型超市网点将加快布局，满足居民的日常消费需求。便利店进一步丰富生活便利服务，选择住宅区、商务区、交通枢纽等区位布局的趋势明显。

二、城市居民消费升级特征明显，体验型、社交型商业服务业网点将稳步增长

随着人均收入水平的提升，城市居民消费升级趋势明显。根据 2015 年、2019 年广州社会状况综合调查（GZSS）数据显示，2014—2018 年，广州居民教育、文化娱乐旅游、人情往来等项目支出增速在 50% 以上，表现出强劲的消费潜力，消费升级特征明显。尤其是广州居民文化娱乐旅游年均消费支出金额从 2014 年的 4259.78 元增长到 2018 年的 7524.56 元，增速达到 76.64%。可见，随着城市居民收入水平的提高，文化娱乐旅游等体验性消费在居民消费领域中的比重日益突出，已经成为消费热点项目。随着国内电子商务日益成熟发展及疫情的影响，消费者更多通过线上渠道购买实物产品，线上购物占社会

零售总额的比重将进一步提高，消费者光顾线下店铺更注重体验性、社交性消费需求的满足。

“十四五”时期，随着疫情得到有效控制，城市居民消费升级趋势将势不可挡，文化娱乐旅游等体验式消费繁荣发展，吃、喝、玩、乐、购一站式发展，购物中心等现代综合型购物商城将继续受到消费者青睐，加速向城市近郊及外围人口集聚区域布局。为顺应消费升级趋势，休闲娱乐、餐饮服务等服务业将朝着多元化、主题化、体验化方向发展，网点规模将实现稳步增长，空间布局也将继续朝着均衡化方向发展。

三、随着粤港澳大湾区一体化进程加速，广州国际消费中心能级进一步提升

党的十九届五中全会通过的《中共中央关于制定国民经济和社会发展第十四个五年规划和二〇三五年远景目标的建议》提出，加快构建以国内大循环为主体、国内国际双循环相互促进的新发展格局。广州第十一届第十二次全会明确提出，广州要在全省打造新发展格局战略支点中发挥重要支撑作用，坚定不移推进“双区”建设，深入推进广深“双城联动、比翼双飞”，引领带动“一核一带一区”协同发展；坚定不移服务构建新发展格局，建设国际消费中心城市、全球资源要素配置中心、高端产品供给中心。

“十四五”时期，随着粤港澳大湾区建设进程加快推进，大湾区范围内交通、经济、物流、人流、资金等要素联系更加紧密，广州作为粤港澳大湾区核心引擎城市的作用将进一步凸显，广州作为国际商贸中心、综合交通枢纽的功能得到进一步增强。广州还将携手香港、澳门、佛山（顺德）等城市共建世界美食之都，与大湾区其他城市联合打造一系列国际性、区域性品牌赛事。广州将围绕国际消费中心城市的目标，大力引进国际时尚消费品牌，吸引国际时尚酒店、餐饮、影视、娱乐、休闲等服务业态配套组合进驻，将有利于形成一批高端消费中心区和文商旅融合发展功能区，将有利于进一步提升天河路、北京路、环市东、珠江新城等都市级、市级商圈的辐射影响力，也有利于促进番禺大道美食风情街区、番禺长隆旅游集聚区、花都融创文旅城、南沙邮轮母港等商圈升级并扩大辐射影响力，并催生一批新的特色文商旅产业发展区，促进广州建成多中心商业等级体系、多业态融合发展的具有全球影响力的国际消费中心城市和世界旅游目的地。

四、随着枢纽型网络城市的形成，广州城市商业空间多中心等级体系更加明显

通过研究广州各商业业态网点规模的影响因素[①]，我们发现，业态呈现正向影响，人口密度不及人口规模对商业网点集聚的影响大；交通可达性对不同商业业态网点分布的影响作用存在差异，地铁站点对购物中心等商业业态呈现正向影响。根据《广州市城市总体规划（2017—2035 年）》（草案）公示，广州致力于优化提升中心城区功能，促进外围城区扩容提质，推动南沙副中心建设，完善“中心城区—副中心—外围城区—新型城镇—美丽乡村”的城乡体系。中心城区包括荔湾、越秀、天河、海珠四区，白云区北二环高速公路以南地区、黄埔区新龙镇以南地区，面积约 933 平方千米，规划承载人口 1000 万左右。南沙副中心包括南沙区全域，面积 803 平方千米，规划承载 200 万～300 万人。外围城区包括花都城区、空港经济区、知识城、番禺城区、从化城区、增城城区，规划承载 650 万～840 万人。新型城镇包括城区外空间相对独立的 19 个城镇，规划承载 160 万～210 万人。

根据广州地铁集团发布的 2019 年年报显示，广州地铁 2019 年线网里程突破 500 千米，达 515 千米，总客运量为 33.06 亿人次，超过全市公共交通出行总量的 54%。根据 2016 年广州发展和改革委员会的相关规划，2025 年前，广州将建设 10 条（段）、约 255 千米的新线，地铁网络不断加密并向外围延伸，地铁网络化发展趋势明显。“十四五”时期，随着广州人口及功能向外迁移和轨道交通基础设施网络建设，广州枢纽型网络城市空间格局将进一步强化，人口、产业功能将从中心城区向外疏解迁移，城市轨道交通加密并呈现网络化发展，将进一步加强城市近郊区与中心城区的通达联系，地铁站点沿线将加快集聚住宅、商业配套设施建设，有利于进一步加强广州城市商业空间多中心等级体系。

---

① 张小英：《基于 POI 数据的广州零售商业空间布局特征及优化研究》，2018 年广州市社会科学院青年课题。

第五节　广州城市商业创新发展及空间布局优化建议

“十四五”时期，在构建新发展格局的背景下，广州顺应消费升级新趋势和商业新变革发展，充分发挥粤港澳大湾区核心引擎作用，围绕国际消费中心建设目标，加快商业领域供给侧结构性改革，促进商业新业态、新模式发展，立足城市未来发展目标和城市空间发展战略，优化城市商业空间布局和不同商业业态资源的空间配置，强化多中心、多等级商业空间结构，提升商业供给能力，不断满足人民群众对美好生活的向往。

一、统筹城市规划引导与市场发展规律，科学制定城市商业网点规划

城市商业网点布局受市场化影响较大，商业网点规划应充分考虑市场发展规律和自组织形式。目前，城市商业网点规划期较长，如《广州市商业网点发展规划（2003—2012）》的编制始于2003年，有效期到2020年，该规划根据当时的经济发展水平来评估未来的规划定位与空间布局。但是，商业发展存在诸多不确定性，如电子商务的繁荣发展、新冠肺炎疫情的暴发给传统实体商业带来巨大的冲击，消费方式的改变也对品牌的营销模式、销售模式等产生深远影响，这些都将影响城市商业业态结构及空间布局。因此，城市商业网点规划应纳入国土空间规划范畴，尊重商业发展规律，并充分考虑未来城市发展的定位与方向，科学制订商业网点规划，合理布局不同等级商业中心及商业设施项目，以免造成空间错配，导致资源浪费。如2019年12月25日，浙江省商务厅、浙江省发展和改革委员会、浙江省财政厅等13部门联合出台《关于完善商业网点规划管理的指导意见》，在全国省级层面率先明确：商业网点布局专项规划经国土空间规划“一张图”审查核对后报本级政府审批，批复后叠加到国土空间规划“一张图”上，有序推进商贸流通设施建设，遵循商业发展规律，强化制度保障，促进城乡商贸繁荣。“十四五”时期，广州商业网点规划应充分考虑城市空间发展战略，统筹考虑城市更新改造、人口迁移方向、产业功能布局、枢纽型交通设施和大型居住区规划建设等因素影响，对广州商

业网点发展进行科学预测，为未来发展提供方案，并在规划实施过程中不定期进行评估和修编，从而保证规划的科学合理性。

二、准确把握消费升级发展趋势，加快商业领域供给侧结构性改革

商业网点作为消费产品的供给方，应高度重视消费者需求变化。近年来，消费者行为方式发生了很大的改变，线上购物方式已经形成，分流了大部分标准化商品的购物需求，新冠肺炎疫情加强了消费者线上购物、线上办公、线上教育等习惯形成，消费者线下消费更多在于休闲娱乐、餐饮服务及体验性消费，实体商业空间不再是单纯的购物空间，而是集休闲娱乐、餐饮服务、教育服务、购物体验等一体化的空间载体。新的商业模式也改变了商业网点的空间区位选址，如购物中心、大型商厦的业态结构和空间选址均呈现出新的特征，专业店、专卖店也发生了新旧更替，超市社区化发展特征明显，便利店向着空间网络化发展，休闲娱乐及餐饮服务网点规模大幅扩大，以满足消费者的新需求。“十四五”时期，广州商业发展应适应消费升级发展趋势，以消费者为中心，以需求为导向，通过 POI 等大数据手段，把握客流分布特征及消费热点，遵循商业发展规律，推动商业供给侧结构性改革，使商业网点规划切实满足人民群众对美好生活的向往与需求。

三、促进商业新业态、新模式发展，增强“国际网络商都”服务能级

自 2003 年“非典”之后，以淘宝和京东为首的电子商务蓬勃发展，电子商务的发展改变了人们的消费方式，对实体零售造成了巨大冲击。近年来，新技术又催生了线上线下融合发展的新零售，实体零售加速转型又逐渐复苏。2020 年，由于突如其来的新冠肺炎疫情，全国上下实行隔离措施，线下的实体零售、餐饮、交通运输、休闲娱乐等行业遭受重大影响，而新零售、跨境电商、在线办公、在线医疗、在线教育等行业快速崛起。随着历史偶然事件的推进及新技术的推广应用，商业创新与变革将不断被推动着，城市商业发展竞争格局也随之发生改变。

“十四五”时期，广州应抓住新一轮科技革命对商业创新推动的契机，坚

持创新发展理念，顺应数字经济蓬勃发展潮流，加快5G、大数据平台等基础设施建设，推动大数据、云计算、VR技术、无人机、物联网、区块链以及其他新兴技术在商贸流通领域的应用，加快建设琶洲人工智能与数字经济试验区、南沙进口贸易促进创新示范区、广州空港跨境电子商务试验园区、荔湾电子商务集聚区、增城电子商务产业园、从化农村电子商务产业园等空间载体，培育发展和引进互联网龙头企业、电商平台企业，繁荣发展电子商务、跨境电商、新零售等新业态新模式，推动传统商业加快数字化转型，实现“互联网+”商业模式，大力发展智慧零售，增强“网络商都”服务能级，完成“传统零售时代—电商零售时代—新零售时代”的业态更迭，继续担当中国商业创新发展的领跑者，积极在加快形成以国内大循环为主体、国际国内双循环相互促进的新发展格局中走在前列。

四、顺应国际大都市空间发展战略，强化多中心、多等级商业空间格局

“十三五”期间，广州多中心、多等级商业空间格局更加明晰，商业网点布局呈现由中心圈层向外围拓展的发展格局，城市中心区的商业网点进一步集聚，其网点密度明显高于城市外围区域。城市中心的商业网点处于饱和状态，商业竞争激烈，交通压力大，越秀购物中心等现代商业网点增长放缓甚至出现负增长，黄埔区、花都购物中心等现代商业网点数增长快速，而南沙等区域商业中心发展较为缓慢，商业业态类型有待丰富。《广州市城市总体规划（2017—2035）》提出“要科学调控人口规模，到2035年人口规模达到2000万人”。未来，广州要建成拥有2000万人口规模的国际大都市。已有研究结果表明，人口规模对城市商业网点正向影响作用明显，城市人口规模的增长，将对商业网点规模及空间拓展产生新的需求。

“十四五”期间，随着广州“南拓”“东进”城市空间发展战略的深入实施，人口外迁将带动区域性商业中心的崛起，特别是外围区，将承接来自主城区人口、功能的疏解，商业配套设施建设用地也应提前规划布局。广州需要顺应城市空间发展战略，响应人口向近郊区迁移的发展趋势，提前规划布局城市近郊区及副中心的商业配套设施，加快推进城市新商业中心区的形成发展，继续强化多中心、多等级的大都市商业空间格局，为市民营造便利的商业服务环境。与此同时，城市多中心商业空间格局也有利于进一步推进人口和城市其他

功能向城市外围区域疏散，优化人口空间合理布局，推动形成枢纽型网络城市格局。

五、发挥粤港澳大湾区核心引擎作用，加快建设国际消费中心城市

城市核心商圈和商文旅集聚区的繁荣发展，有利于增强国际消费中心城市能级。“十三五”时期，广州城市商圈布局不断优化调整，如天河路商圈、北京路商圈等级进一步提升，白云新城、花都融创文旅城等一批新兴商业中心区崛起，重点推进了一江两岸国际美食长廊、珠江琶醍啤酒文化创意园区改造升级，北京路老字号一条街二期、番禺大道五星商旅带、恩宁路—第十甫路—上下九老字号一条街等美食集聚区重点项目建设。天河路商圈更是成为国内第一大商圈，其全球知名品牌集聚度、商圈客流量、租金水平均实现提升，商圈服务辐射范围进一步扩大，国际影响力也不断提升。与此同时，广州也面临着中心城区部分传统商圈商业设施老化、购物环境恶化、商圈特色不明显、商圈吸引力弱化、客流逐步流失等问题，传统商圈亟待转型升级。

“十四五”时期，广州应进一步优化城市商圈空间布局，打造若干主题化、特色化的国际商业中心区和特色美食集聚区，推动广州国际消费中心城市和世界美食之都建设，成为粤港澳大湾区零售商业创新的引领者。天河路商圈应大力引进国际高端品牌，促进商圈内购物中心差异化发展，通过举办国际购物节等重大节庆活动，提高商圈国际知名度和影响力，打造华南第一商圈；北京路商圈、上下九商圈应充分发挥其文化底蕴深厚的优势，优化商圈内部步行环境和生态环境；花都融创文旅城、番禺长隆文化旅游区、南沙滨海商业中心区等商圈应注重区域性特色化商圈的培育建设，加快智慧商圈建设及转型升级步伐，促进商文旅融合发展，引入大型商业、旅游、文化设施，带动新的主题化、特色化商圈的形成；珠江琶醍啤酒文化创意艺术区、北京路惠福美食花街、西关美食带、天河路美食区等美食地标应做大，打造一江两岸国际美食长廊，在海珠、天河、黄埔、增城等区新增一批餐饮集聚区，携手粤港澳大湾区其他城市共同打造国际旅游目的地和世界美食之都。

参考文献

[1] 安成谋. 兰州市商业中心的区位格局及优势度分析 [J]. 地理研究，1990 (1)：28-34.

[2] 蔡美珠，杨灿荣. 泉州零售实体商应对电商冲击的战略研究 [J]. 河北北方学院学报（社会科学版），2016，32 (4)：46-50.

[3] 柴彦威，李昌霞. 中国城市老年人日常购物行为的空间特征：以北京、深圳和上海为例 [J]. 地理学报，2005，60 (3)：401-408.

[4] 柴彦威，沈洁，翁桂兰. 上海居民购物行为的时空间特征及其影响因素 [J]. 2008，28 (2)：221-227.

[5] 柴彦威，翁桂兰，费华. 深圳居民购物消费行为的时空间特征 [J]. 人文地理，2004，19 (6)：79-84.

[6] 柴彦威，翁桂兰，沈洁. 基于居民购物消费行为的上海城市商业空间结构研究 [J]. 地理研究，2008，27 (4)：897-906.

[7] 陈洪星，杨德刚，李江月，等. 大数据视角下的商业中心和热点区分布特征及其影响因素分析：以乌鲁木齐主城区为例 [J]. 地理科学进展，2020，39 (5)：738-750.

[8] 陈零极，柴彦威，上海市民大型超市购物行为特征研究 [J]. 人文地理，2006，21 (5)：124-128.

[9] 陈炜隽，车雅静. 广州稳健升级专业批发市场 [N]. 国际商报，2015-05-18.

[10] 陈蔚珊，柳林，梁育填. 基于 POI 数据的广州零售商业中心热点识别与业态集聚特征分析 [J]. 地理研究，2016，35 (4)：703-716.

[11] 陈忠暖. 基于流动的商业空间格局研究综述 [J]. 世界地理研究，2015，24 (2)：39-48.

[12] 邓清华，薛德升，龚建周. 广州市居民网络购物频率的影响因素及其空间差异 [J]. 地理科学，2020，40 (6)：928-938.

[13] 邓清华，薛德升，龚建周. 网购时代广州市居民购买食品行为特征 [J]. 热带地理，2019，39 (5)：780 - 789.

[14] 丁俊发. 以零售业为突破口的中国流通变革：关于“新零售”的几点看法 [J]. 中国流通经济，2017，31 (9)：3 - 7.

[15] 董丁丁. 淘宝对传统零售业的冲击 [J]. 中小企业管理与科技，2009 (12)：127 - 128.

[16] 杜睿云，蒋侃. 新零售：内涵、发展动因与关键问题 [J]. 价格理论与实践，2017 (3)：110 - 112.

[17] 杜霞，白光润. 上海市区商业等级空间的结构与演变 [J]. 城市问题，2007 (12)：39 - 44.

[18] 方颉，杨磊. “新零售”背景下的生鲜供应链协调 [J]. 中国流通经济，2017 (7)：55 - 63.

[19] 冯健，陈秀欣，兰宗敏. 北京市居民购物行为空间结构演变 [J]. 地理学报，2007 (10)：1083 - 1096.

[20] 高岩辉，杨晴青，梁璐，等. 基于 POI 数据的西安市零售业空间格局及影响因素研究 [J]. 地理科学，2020，40 (5)：710 - 719.

[21] 高子轶，张海峰. 基于 POI 数据的西宁市零售业空间格局探究 [J]. 干旱区地理，2019，42 (5)：1195 - 1204.

[22] 果洪迟. 零售机构变革理论与实践的思考 [J]. 北京商学院学报，1994 (1)：25 - 28.

[23] 韩晓煜. 新零售时代传统百货商场转型之路 [J]. 现代商业，2018 (32)：9 - 10.

[24] 浩飞龙，王士君. 长春市零售商业空间分布特征及形成机理 [J]. 地理科学，2016，36 (6)：855 - 862.

[25] 侯锋. 西方商业地理学的基本内容 [J]. 经济地理，1988，8 (1)：72 - 76.

[26] 黄莹，甄峰，汪侠，等. 电子商务影响下的以南京主城区经济型连锁酒店空间组织与扩张研究 [J]. 经济地理，2012，32 (10)：56 - 62.

[27] 柯畅，蔡奕城. 信息化建设促进广州中大纺织商圈转型升级研究 [J]. 中国商论，2013 (4)：156 - 159.

[28] 科脉，陈娟. 店铺 PK 鼠标，传统零售业该如何直面网购冲击波？[J]. 信息与电脑，2012 (10)：36 - 37.

[29] 雷翠玲. 基于互联网经济发展的实体零售行业转型与创新 [J]. 商业经

济研究，2016（5）：22－24.
［30］李伟，黄正东. 基于POI的厦门城市商业空间结构与业态演变分析［J］. 现代城市研究，2018（4）：56－65.
［31］李阳，陈晓红. 哈尔滨市商业中心时空演变与空间集聚特征研究［J］. 地理研究，2017，36（7）：1377－1385.
［32］李云辉，阳文锐，彭少军. 武汉城市零售业空间布局影响因素研究［J］. 中南林业科技大学学报（社会科学版），2008（6）.
［33］林耿，宋佩瑾，李锐文，等. 消费社会下商业地理研究的新取向［J］. 人文地理，2019，24（2）：80－89.
［34］林耿，许学强. 广州市商业业态空间形成机理［J］. 地理学报，2004，59（5）：754－762.
［35］林清，孙方，王小敏，等. 基于POI数据的北京市商业中心地等级体系研究［J］. 北京师范大学学报（自然科学版），2019，55（3）：415－424.
［36］林玥希，汪明峰，马同翠. 网上购物对实体零售的影响：基于上海南方商城商业中心的调查［J］. 世界地理研究，2020，29（3）：568－578.
［37］刘念雄. 北京城市大型商业设施边缘化的思考［J］. 北京规划建设，1998，（2）：39－41.
［38］刘文纲，郭立海. 传统零售商实体零售和网络零售业务协同发展模式研究［J］. 北京工商大学学报（社会科学版），2013，28（4）：38－43.
［39］刘晓. 电子商务引入背景下的流通渠道变革：以服装市场为例［J］. 电子商务，2012（8）：28－29.
［40］刘学，甄峰，王波，等. 时空制约对南京城市居民网上购物频率的影响研究［J］. 世界地理研究，2016，25（5）：92－100.
［41］柳英华，白光润. 城市娱乐休闲设施的空间结构特征：以上海市为例［J］. 人文地理，2006，5（2）：6－9.
［42］柳英华. 转型期间上海市区商业空间演变研究［D］. 上海：上海师范大学，2006.
［43］龙韬，柴彦威. 北京市民郊区大型购物中心的利用特征：以北京金源时代购物中心为例［J］. 人文地理，2006（5）：117－123.
［44］罗建幸. 网络时代背景下浙江专业市场的电子商务转型模式与建议［J］. 特区经济，2011（2）：66－68.
［45］马妍，李苗裔. “互联网＋”环境下城市商业功能空间演变及规划响应

[J]. 规划师，2016（4）：17－22.

[46] 倪玲霖，王姣娥，胡浩. 中国快递企业的空间组织研究：以顺丰速运为例［J］. 经济地理，2012，33（2）：82－88.

[47] 聂志红，崔建华. 站在消费者的立场审计营销：消费者行为学教程［M］. 北京：经济科学出版社，2005.

[48] 宁越敏，黄胜利. 上海市区商业中心的等级体系及其变迁特征［J］. 地域研究与开发，2005，24（2）：15－19.

[49] 宁越敏. 上海市区商业中心区位的探讨［J］. 地理学报，1984，39（2）：163－172.

[50] 欧开培，肖怡. 中国批发市场的困境与出路［M］. 北京：中央编译出版社，2007.

[51] 欧开培，周颖，魏颖. 转型助推批发市场破解发展困境［J］. 市场周刊，2008（2）.

[52] 平子禾. 我国快递企业的空间组织分析：以圆通快递为例［J］. 淮海工学院学报（自然科学版），2015，24（2）：72－76.

[53] 齐晓迪. 武汉市大型零售企业区位选择与布局研究［D］. 武汉：华中师范大学，2006.

[54] 饶传坤，蔡异翔. 杭州市大型零售商业设施的空间扩展特征［J］. 经济地理，2016，36（2）：117－124.

[55] 桑义明，肖玲. 商业地理研究的理论与方法回顾［J］. 人文地理，2003，18（6）：67－71.

[56] 邵琪伟. 中国旅游大辞典［M］. 上海：上海辞书出版社，2012.

[57] 沈洁，柴彦威. 郊区化背景下北京市民城市中心商业区的利用特征［J］. 人文地理，2006（6）：113－116.

[58] 盛革. 农产品虚拟批发市场协同电子商务平台构建［J］. 商业研究，2010（3）：189－193.

[59] 石磊. 新零售背景下我国便利店的发展方向思考［J］. 现代商业，2018（33）：9－11.

[60] 石忆邵，王思怡. 国外商业地理学研究的近期进展及趋向［J］. 世界地理研究，2013，22（3）：92－100.

[61] 司金銮. 消费社会学：一个分析的视角［M］. 北京：社会科学文献出版社，2001.

[62] 宋周莺. 企业空间组织的研究进展探讨 [C]. 北京：中国地理学会百年庆典学术论文摘要集，2009.
[63] 苏东风. "三新" 视角的 "新零售" 内涵、支撑理论与发展趋势 [J]. 中国流通经济，2017 (9)：16-21.
[64] 孙智群，柴彦威，王冬根. 深圳市民网上购物行为的空间特征 [J]. 城市发展研究，2009，16 (6)：106-112.
[65] 谭娟，汤定娜. 多渠道零售变革中实体零售商发展战略探讨 [J]. 商业经济研究，2015 (11)：19-20.
[66] 汤英汉. 中国电子商务发展水平及空间分异 [J]. 经济地理，2015，35 (5)：9-14.
[67] 唐锦玥，何益珺，塔娜. 基于 POI 数据的上海市餐饮业空间分布特征及影响因素 [J]. 热带地理，2020，40 (6)：1015-1025.
[68] 陶勐. 互联网时代我国实体零售企业发展对策研究 [D]. 上海：华东师范大学，2015.
[69] 涂建军，唐思琪，张骞，等. 山地城市格局对餐饮业区位选择影响的空间异质性 [J]. 地理学报，2019，74 (6)：1163-1177.
[70] 拓星星，汪建敏，文琦. 基于百度地图的银川市商业空间布局特征及其优化研究 [J]. 宁夏大学学报 (自然科学版)，2016 (3)：94-98.
[71] 汪明峰，卢姗，邱娟. 网上购物对城市零售业空间的影响：以书店为例 [J]. 经济地理，2010 (11)：1835-1840.
[72] 汪明峰，卢姗. 网上零售企业的空间组织研究：以 "当当网" 为例 [J]. 地理研究，2011 (6)：965-972.
[73] 汪明峰，卢姗，袁贺. 网上购物对不同区位消费者行为的影响：市区和郊区的比较 [J]. 城市规划，2013 (27)：84-88.
[74] 王宝义. "新零售" 的本质、成因及实践动向 [J]. 中国流通经济，2017 (7)：3-11.
[75] 王德，张骨庆. 上海市消费者出行特征与商业密间结构分析 [J]. 城市规划，2001，25 (10)：6-14.
[76] 王德，周宇. 上海市消费者对大型超市选择行为的特征分析 [J]. 城市规划学刊，2002 (4)：46-50.
[77] 王芳，高晓路. 北京市商业空间格局及其与人口耦合关系研究 [J]. 规划师，2015，39 (11)：23-29.

[78] 王芳，高晓路，许泽宁. 基于街区尺度的城市商业区的识别与分类及其空间分布格局：以北京为例［J］. 地理研究，2015，34（6）：1125－1134.
[79] 王芳，牛方曲，王志强. 微观尺度下基于商圈的北京市商业空间结构优化［J］. 地理研究，2017，36（9）：1697－1708.
[80] 王国顺，杨晨. 实体和网络零售下消费者的信任转移与渠道迁徙［J］. 中南大学学报（社会科学版），2014，20（4）：9－16.
[81] 王竟凯，葛岳静，唐宁. "互联网＋"时代"城内城"型高校周边商业空间的分异特征及形成机制：以西南大学实体商业空间与网络商业空间为例［J］. 经济地理，2017（9）：78－83.
[82] 王坤，相峰. "新零售"的理论架构与研究范式［J］. 中国流通经济，2018（1）：3－11.
[83] 王乾，徐昀，宋伟轩. 南京城市商业空间结构变迁研究［J］. 现代城市研究，2012（2）：83－88.
[84] 王士君，浩飞龙，姜丽丽. 长春市大型商业网点的区位特征及其影响因素［J］. 地理学报，2015，70（6）：893－905.
[85] 王贤文，徐申萌. 我国 C2C 电子商务的地理格局及其演化机制［J］. 2011，31（7）：1064－1069.
[86] 王雪，白永平，汪凡，等. 基于街道尺度的西安市零售业空间分布特征及其影响因素［J］. 干旱区资源与环境，2019，33（2）：89－95.
[87] 王缘，陈可鑫. 新零售背景下生鲜电商发展模式的演变：以盒马鲜生和 7FRESH 为例［J］. 现代商贸工业，2019，40（3）：62－63.
[88] 王振坡，翟婧彤，贾宾，等. "互联网＋"时代下城市商业空间布局重构研究［J］. 建筑经济，2016（5）：78－83.
[89] 巫细波，赖长强. 基于 POI 大数据的城市群功能空间结构特征研究：以粤港澳大湾区为例［J］. 城市观察，2019（3）：44－55.
[90] 吴都文，谢彬，骆感广，等. 广州市城区零售商业企业区位布局的探讨［J］，地理科学，1988，8（3）：208－217.
[91] 吴佳宁. 网络在线消费对广州市零售业空间的影响研究［D］. 广州：华南理工大学，2020.
[92] 吴康敏，王洋，叶玉瑶，等. 广州市零售业态空间分异影响因素识别与驱动力研究［J］. 地球信息科学学报，2020，22（6）：1228－1239.
[93] 吴康敏，张虹鸥，王洋，等. 广州市多类型商业中心识别与空间模式

[J]. 地理科学进展，2016，35（8）：963－974.
[94] 吴康敏，张虹鸥，王洋，等. 广州市零售业态空间分异特征与机制 [J]. 热带地理，2018，38（2）：196－207.
[95] 仵宗卿，柴彦威. 商业活动与城市商业空间结构研究 [J]. 地理学与国土研究，1999（3）：20－24.
[96] 席广亮，甄峰，汪侠. 南京市居民网络消费的影响因素及空间特征 [J]. 地理研究，2014，33（2）：284－295.
[97] 肖峰. 新零售背景下我国零售业态发展前瞻 [J]. 商业经济研究，2018（5）：11－13.
[98] 肖怡. 零售学 [M]. 3 版. 北京：高等教育出版社，2013.
[99] 徐印州，林梨奎. 新零售的产生与演进 [J]. 商业经济研究，2017（15）：5－8.
[100] 徐智邦，王中辉，周亮，等. 中国“淘宝村”的空间分布特征及驱动因素分析 [J]. 经济地理，2017，37（1）：107－114.
[101] 许学强，周素红，林耿. 广州市大型零售商店布局分析 [J] 城市规划，2002，26（7）：23－28.
[102] 许学强，周一星，宁越敏. 城市地理学 [M]. 北京：高等教育出版社，1997.
[103] 薛冰，肖骁，李京忠，等. 基于 POI 大数据的沈阳市住宅与零售业空间关联分析 [J]. 地理科学，2019，39（3）：442－449.
[104] 薛冰，肖骁，李京忠，等. 基于 POI 大数据的城市零售业空间热点分析：以辽宁省沈阳市为例 [J]. 经济地理，2018，38（5）：36－43.
[105] 薛娟娟，朱青. 城市商业空间结构研究评述 [J]. 地域研究与开发，2005，24（5）：21－25.
[106] 鄢金明. 虚拟商业对城市商业空间的影响研究 [D]. 武汉：武汉大学，2017.
[107] 鄢章华，刘蕾. 新零售的概念、研究框架与发展趋势 [J]. 中国流通经济，2017（10）：12－19.
[108] 闫小培，许学强，杨铁辉. 广州市中心商业区土地利用特征、成因及发展 [J] 城市问题，1993（4）：14－20.
[109] 杨慧. 新零售之圈理论：零售业态发展理论的新探索 [J]. 中国流通经济，2002（6）：55－57.

[110] 杨秋彬，何丹，高鹏．上海市体验型商业空间格局及其影响因素［J］．城市问题，2018（3）：34－41．

[111] 杨吾扬．北京市零售商业与服务业中心和网点的过去、现在和未来［J］．地理学报，1994，49（1）：9－17．

[112] 杨瑛．20 年代以来西方国家商业空间学理论研究进展［J］．热带地理，2000（3）：62－66．

[113] 杨子江，何雄，张堃，等．POI 视角下的外卖与城市空间关联性分析研究：以昆明主城区为例［J］．城市发展研究，2020，27（2）：13－17．

[114] 叶强．大型综合购物中心对城市空间结构的影响研究：以长沙为例［D］．南京：南京大学，2005．

[115] 叶强．集聚与扩散：大型综合购物中心与城市空间结构互动演变［M］．长沙：湖南大学出版社，2007．

[116] 于伟，王思儒，宋金平．1984 年以来北京零售业空间发展趋势与特征［J］．地理学报，2012（8）：1098－1108．

[117] 于伟，杨帅，宋金平．功能疏解背景下北京商业郊区化研究［J］．地理研究，2012，31（1）：123－134．

[118] 俞金国，王丽华，李娜．电子商铺空间分布特征分析：来自淘宝网的实证［J］．经济地理，2010，30（8）：1248－1253．

[119] 曾思敏，陈忠暖．国外网上零售商业空间及其影响效应研究综述［J］．人文地理，2013（1）：36－42．

[120] 曾思敏，陈忠暖．信息时代我国电子商铺区位取向的实证分析［J］．人文地理，2011（5）：88－92．

[121] 张春法，韩耀．网络化与电子商务对批发业的影响与对策［J］．审计与经济研究，2005（4）：69－72．

[122] 张津玮．新零售行业对传统零售行业的优势分析［J］．现代商贸工业，2019，40（6）：13－15．

[123] 张文．基于“新零售”模式的传统零售业的发展趋势研究［J］．商业经济，2018（3）：84－85．

[124] 张文忠，李业锦．北京城市居民消费区位偏好与决策行为分析：以西城区和海淀中心地区为例［J］．地理学报，2006，61（10）：1037－1045．

[125] 张文忠，李业锦．北京市商业布局的新特征和趋势［J］．商业研究，2005（26）：170－172．

[126] 张小英. 服装批发市场发展电子商务的转型战略探讨：以广州为例 [J]. 商业经济研究，2015 (32)：71 - 73.
[127] 张燕飞. 厦门市城市商业空间发展演化及原因分析 [J]. 商业研究，2014 (6)：132 - 133.
[128] 张耀荔，谢广营，陈静. 中国网络购物现状与发展趋向分析 [J]. 商业研究，2013 (6)：28 - 31.
[129] 张祎. 首都实体店网上零售的问题及其发展对策探讨 [J]. 现代商业，2014 (28)：55 - 56.
[130] 章雨晴，甄峰，张永明. 南京市居民网络购物行为特征：以书籍和衣服为例 [J]. 地理科学进展，2016，35 (4)：476 - 486.
[131] 赵萍. 国外零售组织演进假说及其局限性分析 [J]. 经济理论与经济管理，2006 (1)：30 - 35.
[132] 赵树梅，徐晓红. "新零售"的含义、模式及发展路径 [J]. 中国流通经济，2017 (5)：12 - 20.
[133] 钟海东，张少中，华灵玲，等. 中国 C2C 电子商务卖家空间分布模式 [J]. 经济地理，2014，34 (4)：91 - 96.
[134] 周慧. 体验式购物中心与城市商业空间结构的互动研究 [D]. 长沙：湖南大学，2011.
[135] 周家地. 杭州市专业市场移动商务发展对策研究 [J]. 科技通报，2015，31 (11)：239 - 242.
[136] 周丽娜，李立勋. 基于 POI 数据的大型零售商业设施空间布局与业态差异：以广州市为例 [J]. 热带地理，2020，40 (1)：88 - 100.
[137] 周尚意，李新，董蓬物. 北京郊区化进程中人口分布与大中型商场布局的互动 [J]. 经济地理，2003，23 (3)：333 - 337，362.
[138] 周素红，林耿，闫小培. 广州市消费者行为与商业业态空间及居住空间分析 [J] 地理学报，2008，63 (4)：395 - 404.
[139] 周章伟，张虹鸥，陈伟莲. C2C 电子商务模式下的网络店铺区域分布特征 [J]. 热带地理，2011，31 (1)：65 - 76.
[140] 朱红，叶强. 新时空维度下城市商业空间的演变研究 [J]. 大连理工大学学报 (社会科学版)，2011 (1)：82 - 86.
[141] 朱茂君. 运用体验经济理论促进大众创业大众体验消费 [J]. 经济师，2017 (2)：40 - 42.

[142] CHRISTALLER W. 德国南部中心地原理 [M]. 常正文，王兴中，等，译. 北京：商务印书馆，1998.

[143] LOCH A. 区位经济学 [M]. 王守礼，译. 北京：商务印书馆，1995.

[144] ANDERSON W P, CHATTERJEE L, LAKSHMANAN T R. E-commerce, transportation, and economic geography [J]. Growth and Change, 2003, 34 (4): 415 -432.

[145] BERRY B L, Tennant R J. Chicago commercial reference hand book [M]. Chicago: University of Chicago, 1963.

[146] COLLEDGE R C, STIMSON R. Spatial behavior: a geographie perspective [M]. New York: The Guilford Press, 1997: 327 -343.

[147] CREWE L. Geographies of retailing and consumption: market in motion [J]. Progress in Human Geography, 2003, 27 (3): 352 -362.

[148] CUBUKCU K M. Factors affecting shopping trip generation rates in metropolitan areas [J]. Studies in Regional and Urban Planning, 2001 (9): 51 -67.

[149] DAVIDSON W R, BATES A D, BASS S J. The Retail life cycle [J]. Harvard Business Review, 1976 (54): 89 - 96.

[150] DIXON T, MARSTON A D. UK retail real estate and the effects of online shopping [J]. Journal of Urban Technology, 2002, 9 (3): 19 -47.

[151] FARAG S, KRIZEK K J, Dijst M. E-shopping and its relationship with in-store shopping: empirical evidence from the Netherlands and the USA [J]. Transport Reviews, 2006, 26 (1): 43 -61.

[152] GERGAARD E A, OLSEN P A, ALLPASS J. The interaction between retailing and the urban centre structure: a theory of spiral movement [J]. Environment and Planning, 1970 (2): 55 -71.

[153] GOLOB T F, REGAN A C. Impacts of information technology on personal travel and commercial vehicle operations: research challenges and opportunities [J]. Transportation Research, 2001, 9 (2): 87 -121.

[154] HAYASHI N. Development of commercial activities and urban retail system in Canada [J]. Studies in Informatics and Sciences, 2003, 17: 227 -252.

[155] HERNANDEZ. Non-store retailing and shopping centre vitality [J]. Journal of Shopping Centre Research, 2011, 8 (2): 58 -81.

[156] HOLLANDER S C. Retailing: cause or effect [C]//EECKER W S. Emer-

ging concepts in marketing. Chicago: American Marketing Association, 1962: 220 - 230.

[157] HUH W K, SONG Y. E-shopping and off-line delivery systems in Korea: real space still matters [J]. Networks and Communication Studies, 2006, 20 (3 - 4): 219 - 235.

[158] ILBERY B , MAYE D. Retailing local food in the Scottish-English borders: a supply chain perspective [J]. Geoforum, 2006, 37 (3): 352 - 367.

[159] WELTEVREDEN J. Substitution or complementarity? how the internet changes city centre shopping [J]. Journal of Retailing and Consumer Services, 2007 (14): 192 - 207.

[160] NIELSEN O. Developments in retailing [C]//Hansen M K. Readings in Danish theory of marketing. Amsterdam : North Holland Publishing Company, 1966 : 101 - 115.

[161] PORTA S, LATORA V, WANG F, et al. Street centrality and the location of economic activities in Barcelona [J]. Urban Studies, 2012, 49 (7): 1471 - 1488.

[162] PORTER R B. The urban retailing system: location, cognition, and behavior [J]. The Geographical Journal, 1982: 371 - 372.

[163] POTER R B. Corelates of the functional structure of urban retail areas: an approach employing multivariate ordination [J]. Professional Geography, 1981, 33 (2): 208 - 215.

[164] REILLY W J. Methods for the study of retail relationships [M]. Texas: University of Texas, 1929.

[165] TONN B E, HEMRICK A. Impacts of the use of e-mail and the internet on personal trip-making behavior [J]. Social Science Computer Review, 2004, 22 (2): 270 - 280.

附录一　2012 年消费者行为问卷调查及访谈

一、问卷调查

尊敬的女士/先生：

您好，我是广州市社会科学院的访问员，我们正在进行消费者行为研究的调研，劳烦您在百忙之中抽出一点时间填写这份小问卷，这将对我们有极大的帮助。本问卷不要求公开您的私人信息，您所填写的内容，仅用于学术研究，请您选择合适的答案（打钩）。诚挚感谢您的大力支持！

地点：＿＿＿＿＿ 日期：＿＿＿＿ 时间：＿＿＿＿ 编号：＿＿＿＿＿

1. 您来这里多数情况下采用的交通方式是（可选 2 项）：

A. 公交车　　B. 地铁　　C. 出租车　　D. 私家车

E. 步行或者自行车

2. 您来这里一般路上花多少时间？

A. 15 分钟　　B. 30 分钟　　C. 1 小时内　　D. 超过 1 小时

3. 您来这里的频率是：

A. 一周 2 次以上　　B. 一周 1 次　　C. 半个月 1 次

D. 一个月或数月 1 次

4. 您来这里多数情况是：

A. 自己一个人　　B. 跟家人一起　　C. 跟男友（女友）一起

D. 跟朋友一起

5. 您来这里的主要目的是（可选 2 项）：

A. 购物　　B. 就餐　　C. 娱乐/休闲　　D. 会友　　E. 旅游

6. 您喜欢光顾这里最重要的原因是（可选 3 项）：

A. 商品档次高　　B. 商品种类齐全　　C. 商品潮流时尚

D. 商品价格合理　　E. 购物环境优越　　F. 休闲娱乐设施多

G. 服务态度好　　H. 主题活动精彩　　I. 交通便利

7. 您来这里购物，通常属于下列哪一种：

A. 直奔要买的东西，买了就走　　B. 随便逛逛，放松心情

C. 了解最新时尚潮流　　D. 在几家商场比较，选择合适的买

8. 您在这里消费有什么感受：

A. 没感觉，仅仅是消费而已　　B. 感受时尚和流行的信息

C. 消费带来了快乐　　D. 随便逛逛放松心情

E. 感觉无聊

9. 您在这里一般停留多长时间：

A. 1 小时以内　　B. 1～2 小时　　C. 半天时间　　D. 超过半天

10. 您来这里的消费金额一般为：

A. 200 元以内　　B. 200～500 元　　C. 501～1000 元

D. 1001～3000 元　　E. 3001 元以上

11. 您是否持有这里的会员卡？

A. 是　　B. 否

12. 您来这里之前是否已经计划好消费什么商品？

A. 是　　B. 否

13. 您比较喜欢逛这里面的哪种类型商铺（可选 3 项）？

A. 超市　　B. 百货店　　C. 专卖店　　D. 专业店

E. 便利店　　F. 折扣店

原因：

A. 质量有保证　　B. 价格合理　　C. 商品种类多　　D. 商品档次高

E. 购物环境好　　F. 服务态度好　　G. 购物时间短　　H. 个人的习惯

14. 在这里面您经常消费的商品是（可多选）：

A. 食品/日用品　　B. 服装　　C. 皮包皮具

D. 珠宝首饰、手表　　E. 化妆品　　F. 电器、电子产品

G. 家私　　H. 美容健身　　I. 就餐

J. 游乐场/滑冰　　K. 玩电玩　　L. 看电影

15. 在购物中心里您能较快找到要光顾的商店吗？

A. 能马上找到　　B. 要找一会儿　　C. 经常想不起来

16. 您会经常关注品牌商品吗？

A. 是　　B. 否

17. 您会经常光顾喜欢的几个特定品牌吗？

A. 是　　B. 否

18. 您会经常光顾喜欢的几个特定商店吗？

A. 是　　B. 否

19. 您下次是否还会光顾这里？

A. 是　　B. 不一定　　C. 否

20. 有人觉得逛购物中心是一种放松休闲的好方式，您认为呢？

A. 完全不同意　　B. 不太同意　　C. 说不清楚

D. 基本同意　　E. 完全同意

21. 有人认为购物中心是一个代表时尚、潮流的购物场所，您认为呢？

A. 完全不同意　　B. 不太同意　　C. 说不清楚

D. 基本同意　　E. 完全同意

22. 有人说购物中心是比较高档次的购物场所，您认为呢？

A. 完全不同意　　B. 不太同意　　C. 说不清楚

D. 基本同意　　E. 完全同意

23. 逛街让人心情愉快，您认为呢？

A. 完全不同意　　B. 不太同意　　C. 说不清楚

D. 基本同意　　E. 完全同意

24. 有人觉得逛街很无聊，您认为呢？

A. 完全不同意　　B. 不太同意　　C. 说不清楚

D. 基本同意　　E. 完全同意

25. 您在购物时是否会尽量少花时间和精力？

A. 是　　B. 否

26. 您是否觉得自己很会买东西？

A. 是　　B. 否

27. 您在购物时是否喜欢与同伴或店员交流意见？

A. 是　　B. 否

28. 您在购物时喜欢购买新款式、独特样式的商品吗？

A. 是　　B. 否

29. 您会因为商品种类太多，而不知如何选择吗？

A. 是　　B. 否

30. 您在购物的时候，是否会比较商品价格？

A. 是　　B. 否

31. 您是否关注商品打折信息？

A. 关注　　B. 不关注

32. 您是否愿意为了省钱而等商品打折了再买？

A. 是　　B. 否

33. 您的购物是否会受到广告的影响？

A. 十分受影响　　B. 比较受影响　　C. 一般　　D. 不太受影响

E. 没有影响

34. 您觉得自己属于什么消费类型：

A. 看中了就买　　B. 买之前货比三家　　C. 能不买就不买

35. 您在购买服装时主要考虑的因素是（可选 2 项）：

A. 价格　　B. 质量　　C. 品牌　　D. 款式

E. 风格与职业相吻合

36. 您平时购买服装一般选择（可选 3 项）：

A. 购物中心（如天河城）　　B. 百货商场（如广百）

C. 专卖店　　D. 专业店

E. 品牌折扣店　　F. 大型超市（如百佳）

G. 一般服装商场（如女人街）　　H. 街边服装店

37. 您认为品牌衣服比非品牌的衣服要好一些吗？

A. 是　　B. 否

38. 您工作之余主要选择什么休闲方式（可选 3 项）：

A. 在家看书、看电视等　　B. 体育运动　　C. 看电影

D. 上网　　E. 逛街　　F. 到 KTV

G. 游乐场　　H. 打麻将　　I. 桑拿或 SPA

J. 听音乐会　　K. 打高尔夫　　L. 其他

被访者个人信息：

性别：1. 男　2. 女　　婚姻：1. 未婚　2. 已婚

年龄：①18 岁以下　②18～25 岁　③26～35 岁　④36～45 岁　⑤46～55 岁 ⑥56 岁以上

学历：1. 小学及以下　2. 初中毕业　3. 中专或高中　4. 大专　5. 本科　6. 硕士及以上

您的月收入：①1000元以下　②1000～3000元　③3001～5000元　④5001～7000元　⑤7001～10000元　⑥10001～20000元　⑦20001元以上

您的职业：1. 党政机关干部　2. 党政机关公务员　3. 私营企业主（雇工8人以上）　4. 个体工商户（雇工少于8人）　5. 企业管理人员　6. 科研人员（包括高校教师）　7. 专业技术人员/非高校教师/医生　8. 一般办事人员（企事业机关）　9. 商业和服务业一般员工　10. 工人　11. 农业劳动者　12. 待业/无业/失业人员　13. 全职妻子　14. 学生　15. 其他

二、访谈提纲

被访者的基本情况：性别、婚姻、年龄、学历、月收入、职业等。

1. 您平时喜欢逛街购物吗？为什么？

2. 您平时喜欢上哪里购物/您最喜欢哪个购物中心？为什么？一般什么时候出来逛街？多久逛一次？一般会逛多久？一般会怎么逛呢，是一家家看过去，还是直奔要买东西的地方，还是看到合适的买完就走？您会光顾几个特定的商店吗？

3. 您逛街一般是跟谁一起来，还是喜欢一个人逛，为什么？跟不同的人来关注的商品会不一样吗，你在决定买东西的时候，会征求同伴的意见吗？还是自己决定？

4. 您觉得逛街是一种放松身心的休闲方式吗？买完东西您会有一种成就感吗？您很有自信会买到好东西吗？

5. 您认为男性、女性购物逛街有什么区别（如购物时间长短、购物行为、购物目的、购物内容）？您认为为什么会有这些区别？

6. 您这次来购物中心主要目的是什么（购物？看电影？电玩？游乐园？去哪些店？）？

7. 您为什么喜欢来购物中心？您来购物中心有什么感受？跟传统的百货店、专卖店（商业街）、专业店、大型超市、普通商场相比，购物中心最突出的特点是什么？

8. 您对这里的服务态度、商场的设计、商店的种类组合等有什么看法？你觉得还有哪些方面需要完善？

9. 有人认为购物中心是一个代表最新时尚、潮流的购物场所，您有什么看法？

10. 有人觉得逛购物中心是一种放松休闲的好方式，您有什么看法？

11. 有人说购物中心是比较高档次的购物场所，您有什么看法？

12. 家里的生活用品、买菜之类的，一般谁经常去买？为什么？

13. 您在选购服装的时候比较看重什么（价格、质量、款式和品牌）？为什么？选择服装的风格会考虑什么因素？

14. 您对品牌是怎么看的？您认为品牌衣服比非品牌的衣服要好一些吗？为什么？您喜欢什么牌子的服装？您会经常关注这些牌子吗？为什么？

15. 您买东西会比较注重价格吗？是否关注商品打折信息？为什么？

16. 您平时主要有哪些休闲方式？为什么喜欢？

附录二　2017年消费者行为问卷调查及访谈

一、问卷调查

尊敬的女士/先生：您好，我是广州市社会科学院的访问员，我们正在进行“推动广州实体零售店创新转型的路径研究”课题问卷调查，劳烦您在百忙之中抽出一点时间填写这份小问卷，这将对我们有极大的帮助。本问卷不要求公开您的私人信息，您所填写的内容，仅用于学术研究，请您选择合适的答案填到（ ）中。诚挚感谢您的大力支持！

地点：__________ 日期：________ 时间：________ 编号：___________

1. 您来这里多数情况下采用的交通方式是（可选2项）：（　　）

A. 公交车　　B. 地铁　　C. 出租车　　D. 网约车

E. 私家车　　F. 步行或者自行车

2. 您来这里一般路上花费多少时间？（　　）

A. 15分钟以内　　B. 15～30分钟　　C. 31～60分钟

D. 超过1小时

3. 您来这里的频率是：（　　）

A. 一周2次以上　　B. 一周1次　　C. 半个月1次

D. 一个月或数月1次

4. 您在这里一般停留多长时间：（　　）

A. 1小时以内　　B. 1～2小时　　C. 半天时间

D. 超过半天

5. 您来这里多数情况是：（　　）

A. 自己一个人　　B. 跟家人一起　　C. 跟男友（女友）一起

D. 跟朋友一起

6. 您来这里的主要目的是（可多选）：（　　）

A. 购物　B. 就餐　C. 娱乐/休闲　D. 会友　E. 旅游

7. 您来这里之前是否已经计划好消费什么商品？

A. 是　B. 否

8. 您喜欢光顾这里最重要的原因是（可多选）：（　）

A. 商品档次高　B. 商品种类齐全　C. 商品潮流时尚

D. 商品价格合理　E. 购物环境优越　F. 餐饮配套设施多

G. 休闲娱乐设施多　H. 主题活动精彩　I. 服务态度好

J. 交通便利

9. 在这里面您经常购买的商品是（可多选）：（　）

A. 食品/生活用品　B. 服装　C. 皮包皮具

D. 珠宝首饰、手表　E. 化妆品　F. 母婴用品

G. 电器、电子产品　H. 家私　I. 美容健身

J. 就餐　K. 游乐场/滑冰　L. 看电影

10. 您来这里的消费金额一般多少？（　）

A. 100 元以内　B. 100 ～500 元　C. 501 ～1000 元

D. 1001 ～3000 元　E. 3001 元以上

11. 您平时经常光顾哪些商店？经常购买什么商品？商店有什么优缺点？（多选）

A. 业态：a. 购物中心　b. 超市　c. 百货店　d. 专卖店　e. 专业店　f. 便利店　g. 网上商店

B. 商品：a. 食品　b. 生活用品　c. 服装　d. 皮包皮具　e. 珠宝首饰、手表　f. 化妆品　g. 母婴用品　h. 电器、电子产品　i. 家私　j. 美容健身　k. 就餐　l. 游乐场/滑冰　m. 看电影

C. 优点：a. 质量有保证　b. 商品价格优惠　c. 商品种类多　d. 商品档次高　e. 购物环境好　f. 服务态度好　g. 购物方便快捷　h. 可看到实物　i. 售后服务有保障　j. 送货上门服务　k. 营业时间长　l. 分期付款等服务　m. 促销力度大　n. 商品新款时尚

D. 缺点：a. 路上耗时长　b. 商品质量差　c. 商品价格贵　d. 商品种类少　e. 搜索商品耗时长　f. 销售太过“热情”　g. 结账排队时间长　h. 休闲娱乐设施不足　i. 促销力度小　j. WiFi 等设施不齐全　k. 停车位紧张　l. 看不到实物，货不对板　m. 配送时间长　n. 退换货麻烦

12. 您平时在哪些网站购买商品比较多？（可多选）（　）

A. 淘宝　B. 天猫　C. 京东　D. 天猫/京东超市
E. 唯品会　F. 当当网　G. 亚马逊　H. 携程/同程
I. 美团/大众点评网　J. 微商　K. 广百荟等　L. 苏宁易购
M. 海淘网站

13. 自从有了网上购物后，您平时外出购物次数变化情况是（　　）
A. 次数减少很多　B. 次数有所减少　C. 次数不变
D. 次数有所增多　E. 次数增加很多

14. 您每周外出逛街购物的频率是（　　），网上购物频率是（　　）
A. 一周 2 次以上　B. 一周 1 次　C. 半个月 1 次
D. 一个月或数月 1 次

15. 您在实体店购物金额占日常消费采购支出的比例（　　），网上购物占比（　　）
A. 10% 及以下　B. 11%～20%　C. 21%～30%
D. 31%～50%　E. 51%～80%　F. 81%～100%

16. 您平时获取商品信息主要通过以下哪种渠道？（可多选）（　　）
A. 电视、报纸等传统媒体广告　B. 户外媒体广告
C. 互联网视频网页广告　D. 网上搜索信息
E. 朋友圈/社交平台信息　F. 网上商家信息
G. 亲朋好友推荐　H. 到实体店咨询体验

17. 您购买商品比较注重什么？（可多选）（　　）
A. 价格　B. 质量　C. 品牌
D. 款式　E. 口碑　F. 有特色

18. 您一般在逛街购物过程中会用手机做什么？（可多选）（　　）
A. 规划出行路线等　B. 查找商家信息　C. 获取优惠信息/优惠券
D. 对比价格　E. 在线征求朋友意见　F. 在线支付
G. 拍照片　H. 分享朋友圈

19. 您在逛街购物的时候选择什么支付方式？（　　）
A. 现金　B. 信用卡　C. 储蓄卡　D. 电子支付（微信、支付宝）

20. 您希望实体店在哪些方面有所提升？（可多选）（　　）
A. 价格优惠　B. 质量提高　C. 增加种类
D. 提升消费体验　E. 提高购物效率　F. 优化销售服务

21. 有人觉得逛街购物是一种方式休闲的好方式，您的看法是（　　）

A. 完全不同意　　B. 不太同意　　C. 说不清楚
D. 基本同意　　E. 完全同意

22. 如今人们越来越注重体验消费（在消费过程中注重体验和参与），你的看法是（　　）

A. 完全不同意　　B. 不太同意　　C. 说不清楚
D. 基本同意　　E. 完全同意

23. 您工作之余主要选择什么休闲方式（可多选）？（　　）

A. 在家看书、看电视　　B. 体育运动　　C. 看电影（电影院）
D. 上网　　E. 逛街　　F. 到 KTV
G. 游乐场　　H. 打麻将　　I. 桑拿或 SPA
J. 听音乐会　　K. 旅游　　L. 其他

被访者个人信息：

现居住地：________ 市________ 区________ 街道

性别：1. 男　　2. 女　　婚姻：1. 未婚　　2. 已婚

年龄：①18 岁以下　②18 ～ 25 岁　③26 ～ 35 岁　④36 ～ 45 岁　⑤46 ～ 55 岁 ⑥56 岁以上

学历：1. 小学及以下　2. 初中毕业　3. 中专或高中　4. 大专　5. 本科　6. 硕士及以上

您的月收入：①1000 元以下　②1000 ～ 3000 元　③3001 ～ 5000 元　④5001 ～ 7000 元　⑤7001 ～ 10000 元　⑥10001 ～ 20000 元　⑦20001 元以上

您的职业：1. 党政机关干部　2. 党政机关公务员　3. 私营企业主（雇工 8 人以上）　4. 个体工商户（雇工人数不超过 7 名）　5. 企业管理人员　6. 科研人员（包括高校教师）　7. 专业技术人员/非高校教师/医生　8. 一般办事人员（企事业、机关）　9. 商业和服务业一般员工　10. 工人　11. 农业劳动者　12. 待业/无业/失业人员　13. 学生　14. 其他

您从事的行业类型：1. 国家机关、政党机关和社会团体　2. 科学研究和综合技术服务业　3. 教育、文化艺术及广播电影电视业　4. 社会服务业　5. 房地产业　6. 金融、保险业　7. 批发、零售贸易及餐饮业　8. 交通运输、仓储及邮电通信业　9. 地质勘查业、水利管理业　10. 建筑业　11. 电力、煤气及水的生产和供应业　12. 制造业　13. 采掘业　14. 农林牧渔业

请问您是否拥有私家车？1. 是（国产/合资）　　2. 否

二、访谈提纲

被访者的基本情况：性别、婚姻、年龄、学历、月收入、职业等。

1. 您来商场主要目的是什么（购物？看电影？电玩？游乐园？去哪些店?)?

2. 您为什么喜欢逛商场?

3. 您一般在商场买哪些商品？选择在哪些业态购买?

4. 您有没网上购物？一般在网上买什么商品？在哪些网站购买？为什么喜欢这个网站?

5. 您觉得实体店与网店相比，有哪些优势？哪些劣势?

6. 您觉得实体店应该在哪些方面提升?

7. 您在选择商品时候比较看重哪些（比如服装、日用品、手机等)?

8. 有人说，体验式消费（不以购物、消费为专门目的，在消费过程中注重体验和参与）是一种趋势，您有什么看法?

9. 有人说，服务消费（比如外出就餐、旅游等消费）是一种趋势，您有什么看法?

10. 你对最近推出的无人便利店、无人超市等新业态有什么看法?

附录三　广州市商业服务业网点规模情况表

表 1 "十三五"时期广州市购物服务网点规模变化

（单位：个）

地区		2015 年	2017 年	2019 年	2015—2017 年增长（%）	2017—2019 年增长（%）	2015—2019 年增长（%）
全市	广州市	295352	331181	467853	12.1	41.3	58.4
中心城区	荔湾区	19919	20817	41928	4.5	101.4	110.5
	越秀区	15119	14096	40758	-6.8	189.1	169.6
	海珠区	28510	29796	53035	4.5	78.0	86.0
	天河区	34136	37639	55446	10.3	47.3	62.4
	小计	97684	102348	191167	4.8	86.8	95.7
近郊区	白云区	64923	72309	90091	11.4	24.6	38.8
	黄埔区	14222	17810	19974	25.2	12.2	40.4
	番禺区	45305	53949	63818	19.1	18.3	40.9
	小计	124450	144068	173883	15.8	20.7	39.7
外围区	花都区	29854	33907	42950	13.6	26.7	43.9
	南沙区	9739	11492	12647	18.0	10.1	29.9
	从化区	8817	10832	12664	22.9	16.9	43.6
	增城区	24808	28534	34542	15.0	21.1	39.2
	小计	73218	84765	102803	15.8	21.3	40.4

表2　“十三五”时期广州市购物中心网点规模变化

（单位：个）

地区		2015年	2017年	2019年	2015—2017年增长(%)	2017—2019年增长(%)	2015—2019年增长(%)
全市	广州市	302	284	406	-6.0	43.0	34.4
中心城区	荔湾区	16	17	25	6.3	47.1	56.3
	越秀区	30	24	29	-20.0	20.8	-3.3
	海珠区	23	28	30	21.7	7.1	30.4
	天河区	58	42	78	-27.6	85.7	34.5
	小计	127	111	162	-12.6	45.9	27.6
近郊区	白云区	64	61	82	-4.7	34.4	28.1
	黄埔区	13	20	27	53.8	35.0	107.7
	番禺区	50	47	63	-6.0	34.0	26.0
	小计	127	128	172	0.8	34.4	35.4
外围区	花都区	20	16	30	-20.0	87.5	50.0
	南沙区	9	10	12	11.1	20.0	33.3
	从化区	2	3	7	50.0	133.3	250.0
	增城区	17	16	23	-5.9	43.8	35.3
	小计	48	45	72	-6.3	60.0	50.0

表3　“十三五”时期广州市大型商厦网点规模变化

（单位：个）

地区		2015年	2017年	2019年	2015—2017年增长(%)	2017—2019年增长(%)	2015—2019年增长(%)
全市	广州市	1347	1304	1840	-3.2	41.1	36.6
中心城区	荔湾区	59	75	105	27.1	40.0	78.0
	越秀区	106	88	154	-17.0	75.0	45.3
	海珠区	138	113	197	-18.1	74.3	42.8
	天河区	122	128	201	4.9	57.0	64.8
	小计	425	404	657	-4.9	62.6	54.6

续表3

地区		2015 年	2017 年	2019 年	2015—2017 年增长（%）	2017—2019 年增长（%）	2015—2019 年增长（%）
近郊区	白云区	320	302	421	−5.6	39.4	31.6
	黄埔区	70	55	91	−21.4	65.5	30.0
	番禺区	219	208	288	−5.0	38.5	31.5
	小计	609	565	800	−7.2	41.6	31.4
外围区	花都区	137	133	154	−2.9	15.8	12.4
	南沙区	66	68	78	3.0	14.7	18.2
	从化区	31	30	34	−3.2	13.3	9.7
	增城区	79	104	117	31.6	12.5	48.1
	小计	313	335	383	7.0	14.3	22.4

表4 “十三五”时期广州市超市网点规模变化

（单位：个）

地区		2015 年	2017 年	2019 年	2015—2017 年增长（%）	2017—2019 年增长（%）	2015—2019 年增长（%）
全市	广州市	3360	4385	10120	30.5	130.8	201.2
中心城区	荔湾区	122	170	484	39.3	184.7	296.7
	越秀区	161	201	474	24.8	135.8	194.4
	海珠区	344	408	1029	18.6	152.2	199.1
	天河区	392	507	1371	29.3	170.4	249.7
	小计	1019	1286	3358	26.2	161.1	229.5
近郊区	白云区	1031	1195	2518	15.9	110.7	144.2
	黄埔区	158	251	604	58.9	140.6	282.3
	番禺区	482	693	1549	43.8	123.5	221.4
	小计	1671	2139	4671	28.0	118.4	179.5
外围区	花都区	308	409	862	32.8	110.8	179.9
	南沙区	100	173	316	73.0	82.7	216.0
	从化区	83	128	319	54.2	149.2	284.3
	增城区	179	250	594	39.7	137.6	231.8
	小计	670	960	2091	43.3	117.8	212.1

表5　“十三五”时期广州市专业店网点规模变化

（单位：个）

地区		2015 年	2017 年	2019 年	2015—2017 年增长(%)	2017—2019 年增长(%)	2015—2019 年增长(%)
全市	广州市	100860	104201	169152	3.3	62.3	67.7
中心城区	荔湾区	8387	7712	19544	-8.0	153.4	133.0
	越秀区	6221	5565	19375	-10.5	248.2	211.4
	海珠区	8744	8504	17612	-2.7	107.1	101.4
	天河区	11401	11968	20563	5.0	71.8	80.4
	小计	34753	33749	77094	-2.9	128.4	121.8
近郊区	白云区	22679	23046	31370	1.6	36.1	38.3
	黄埔区	4323	4905	5994	13.5	22.2	38.7
	番禺区	15577	17336	22172	11.3	27.9	42.3
	小计	42579	45287	59536	6.4	31.5	39.8
外围区	花都区	9651	10278	13687	6.5	33.2	41.8
	南沙区	3228	3604	3912	11.6	8.5	21.2
	从化区	2719	2855	3984	5.0	39.5	46.5
	增城区	7930	8428	10939	6.3	29.8	37.9
	小计	23528	25165	32522	7.0	29.2	38.2

表6　“十三五”时期广州市专卖店网点规模变化

（单位：个）

地区		2015 年	2017 年	2019 年	2015—2017 年增长(%)	2017—2019 年增长(%)	2015—2019 年增长(%)
全市	广州市	4678	6700	12684	43.2	89.3	171.1
中心城区	荔湾区	230	207	604	-10.0	191.8	162.6
	越秀区	494	662	2085	34.0	215.0	322.1
	海珠区	342	497	909	45.3	82.9	165.8
	天河区	985	1188	2527	20.6	112.7	156.5
	小计	2051	2554	6125	24.5	139.8	198.6

续表6

地区		2015年	2017年	2019年	2015—2017年增长(%)	2017—2019年增长(%)	2015—2019年增长(%)
近郊区	白云区	1168	1412	2654	20.9	88.0	127.2
	黄埔区	238	679	660	185.3	-2.8	177.3
	番禺区	576	866	1373	50.3	58.5	138.4
	小计	1982	2957	4687	49.2	58.5	136.5
外围区	花都区	247	590	822	138.9	39.3	232.8
	南沙区	155	210	225	35.5	7.1	45.2
	从化区	60	80	129	33.3	61.3	115.0
	增城区	183	309	696	68.9	125.2	280.3
	小计	645	1189	1872	84.3	57.4	190.2

表7“十三五”时期广州市便利店网点规模变化

（单位：个）

地区		2015年	2017年	2019年	2015—2017年增长(%)	2017—2019年增长(%)	2015—2019年增长(%)
全市	广州市	35984	38819	46765	7.9	20.5	30.0
中心城区	荔湾区	1455	1575	2366	8.2	50.2	62.6
	越秀区	1050	1140	2158	8.6	89.3	105.5
	海珠区	3080	3345	4485	8.6	34.1	45.6
	天河区	3358	3671	4709	9.3	28.3	40.2
	小计	8943	9731	13718	8.8	41.0	53.4
近郊区	白云区	9013	9853	11082	9.3	12.5	23.0
	黄埔区	2346	2562	2888	9.2	12.7	23.1
	番禺区	5193	5752	6379	10.8	10.9	22.8
	小计	16552	18167	20349	9.8	12.0	22.9
外围区	花都区	4397	4577	5388	4.1	17.7	22.5
	南沙区	1236	1316	1434	6.5	9.0	16.0
	从化区	1222	1242	1453	1.6	17.0	18.9
	增城区	3634	3786	4423	4.2	16.8	21.7
	小计	10489	10921	12698	4.1	16.3	21.1

表 8 “十三五”时期广州市餐饮服务网点规模变化

（单位：个）

地区		2015 年	2017 年	2019 年	2015—2017 年增长（%）	2017—2019 年增长（%）	2015—2019 年增长（%）
全市	广州市	141973	169030	208722	19.1	23.5	47.0
中心城区	荔湾区	7478	8823	11179	18.0	26.7	49.5
	越秀区	9385	10277	12561	9.5	22.2	33.8
	海珠区	14077	16851	21039	19.7	24.9	49.5
	天河区	21973	25675	33020	16.8	28.6	50.3
	小计	52913	61626	77799	16.5	26.2	47.0
近郊区	白云区	30598	37293	44216	21.9	18.6	44.5
	黄埔区	8099	9653	11469	19.2	18.8	41.6
	番禺区	20881	25484	31004	22.0	21.7	48.5
	小计	59578	72430	86689	21.6	19.7	45.5
外围区	花都区	11471	13593	18051	18.5	32.8	57.4
	南沙区	4368	4971	6413	13.8	29.0	46.8
	从化区	3864	4593	5469	18.9	19.1	41.5
	增城区	9779	11817	14301	20.8	21.0	46.2
	小计	29482	34974	44234	18.6	26.5	50.0

表 9 “十三五”时期广州市休闲娱乐网点规模变化

（单位：个）

地区		2015 年	2017 年	2019 年	2015—2017 年增长（%）	2017—2019 年增长（%）	2015—2019 年增长（%）
全市	广州市	40240	49771	60856	23.7	22.3	51.2
中心城区	荔湾区	1993	2381	3020	19.5	26.8	51.5
	越秀区	3086	3490	4640	13.1	33.0	50.4
	海珠区	4505	5454	7189	21.1	31.8	59.6
	天河区	5871	7352	9421	25.2	28.1	60.5
	小计	15455	18677	24270	20.8	29.9	57.0

续表 9

地区		2015 年	2017 年	2019 年	2015—2017 年增长(%)	2017—2019 年增长(%)	2015—2019 年增长(%)
近郊区	白云区	8708	11002	12695	26.3	15.4	45.8
	黄埔区	1966	2472	2939	25.7	18.9	49.5
	番禺区	5826	7430	8852	27.5	19.1	51.9
	小计	16500	20904	24486	26.7	17.1	48.4
外围区	花都区	3326	4186	5058	25.9	20.8	52.1
	南沙区	1116	1327	1542	18.9	16.2	38.2
	从化区	1047	1182	1464	12.9	23.9	39.8
	增城区	2796	3495	4036	25.0	15.5	44.3
	小计	8285	10190	12100	23.0	18.7	46.0

后　记

我坐在广州市社会科学院图书馆窗边写作，抬头眺望窗外景色，静看云卷云舒的变幻，体验四季景色的迥异。一年来，窗外的景色也已悄然发生改变；5 月，窗外还是旧仓房、旧厂房，到了 10 月，教学楼已拔地而起。我不禁感叹城市发展变化之快。若把时空的维度放大，经过 5 ～ 10 年，科技发展突飞猛进，人们所处的城市、国家、世界的格局均已发生了巨大变化。“变化”是永恒的主题，有些变化是肉眼可见的，有些变化是无法感知的；有些变化是缓慢无声的，有些变化是急速明显的。在这大变革的时代，以不变的初心记录这变化的时代，从变化的社会经济现象中找寻发展规律，是哲学社会科学工作者的使命。

我自 2008 年就读于中山大学地理科学与规划学院起，便开始关注商业地理学领域。因 2015 年以来，我一直在广州市社会科学院国际商贸研究所（原现代市场研究所）从事商贸流通业及商业地理学研究工作，10 多年来亲眼见证了广州、中国、世界商贸流通领域的变革与发展。近年来，我在广州市社会科学院设置的青年课题资助下，每年主持开展一项商贸流通领域相关课题研究工作，结合研究所的研究工作，开展了众多的调研考察、案例调查、问卷调查、深度访谈等工作，持续跟踪关注商贸流通及商业地理领域的发展动向，结合国内外理论探索和实践创新，最后形成的本书是我多年持续关注该领域的研究成果。

本书虽已完成，但是时代的步伐继续向前，人类实践的脚步快速向前迈进，研究工作永无止境，书中一些设想或已得到实践的验证，或尚未实现，均是意料之中。本书仅仅是商业新变革的一个缩影，也仅仅是商业地理学研究工作的一小部分成果。由于本人能力有限，写作时间匆忙，文中肯定还存在许多疏漏与不成熟之处，衷心希望各位专家学者、师长前辈、同仁的批评指正，也衷心地感谢你们的指导！

在此，我要特别感谢我的研究生导师林耿教授。林老师是我学术的引路人，他将我领入商业地理学的殿堂；同时，要感谢广州市社会科学院领导对年轻科研人员的关心关怀，分管领导杨再高副院长、市场研究所何江所长以及国际商贸研究所、区域发展研究所的同事们对本书给予了大力支持和宝贵建议。此外，感谢广州市社会科学院的学术委员们及各位同事对本书提出的宝贵建议，感谢广东金融学院学弟学妹们为本书的问卷调查给予的大力支持，感谢巫细波对本书相关图形绘制及数据分析给予的大力支持与帮助。同时，感谢所有关心帮助过我的朋友们！

最后，深深感谢我的家人，他们给予我极大的鼓励与支持，我将怀着感恩的心继续新的旅途！

张小英

2020 年 12 月于广州市社会科学院